sapientia
サピエンティア 52

ロシアの愛国主義

プーチンが進める国民統合

Патриотизм в современной России

西山美久［著］

法政大学出版局

ロシアの愛国主義／目次

ロシア連邦地図

1 ベルゴロド州，2 クルスク州，3 オリョール州，4 トゥーラ州，5 トヴェリ州，6 カレリア共和国，7 チェチェン共和国，
8 ヴォルゴグラード州，9 タタルスタン共和国，10 ハバロフスク地方，11 カムチャツカ地方

凡例

・人名、機関名などは、原則的に初出時のみアルファベット表記を添えた。
・引用箇所における亀甲括弧〔 〕は、筆者による説明を意味している。中略の場合は……を付した。
・引用した文献のうち、邦訳のあるものはそれを参照した。原著を入手できた場合にはそれも参照し、注で記した。
・新聞や雑誌は基本的に原紙を参照したが、電子アーカイヴが提供されている場合には電子版も併用した。電子版のみを参照した場合には、ＵＲＬを記した。
・本書の人名表記が引用文献のそれと異なる場合、（ママ）と注記した。

序章　国家の崩壊と構築

ヴォルゴグラード市内の広場にあるレーニン像。2012 年 5 月 30 日筆者撮影。

二〇一一年一二月四日、ロシアでは四年に一度の下院選挙が実施され、野党が躍進するなか、与党「統一ロシア」は第一党の地位を何とか守り切りきった。ところが、選挙当日の夜には不正を訴える野党支持者らがデモを行い選挙のやり直しを求めた。それは次第にプーチンの退陣を求めるものへと変容し、モスクワやサンクトペテルブルグなどロシア各地で発生するようになり、内外のメディアは「ソ連崩壊後最大規模のデモ」と評した。こうした抗議デモは二〇一二年の大統領選挙でも実施され、参加者らが「プーチンなきロシア」といったスローガンを連呼するなど、プーチンの求心力の低下が露わになった。

ところが、二〇一四年三月にプーチンがウクライナ南部クリミア半島の併合を断行すると、ロシア社会の雰囲気は一変した。通りに繰り出した人々は「プーチン、プーチン！」「ロシア、ロシア！」の大合唱で、国民の愛国心が瞬く間に燃え上がるようすを内外に見せつけた。そして、欧米諸国による経済制裁でロシアが国際的に孤立を深めるなか、併合に踏み切ったプーチンの支持率は上がり続け、過去最高を記録するに至った。現在、プーチンは国民の愛国心に訴えかけることでクリミア併合を正当化し、国民の結束を強化している。

二〇〇〇年のプーチン政権の誕生以来、国民統合はロシアの重要な政治課題であり続けてきた。ではプーチンは、国民を統合するためになぜ愛国主義に依拠するようになったのだろうか。また、統合にあたっていかなる政策を策定してきたのであろうか。本書は以上の問題意識に基づき、ソ連崩壊後のロシア、とりわけプーチン政権期に焦点を当て、ナショナル・アイデンティティの再構築を目的に進められた愛国主義政策の内実を明らかにしていく。では少し回り道ではあるが、ソ連崩壊後のロシアの状況か

サンクトペテルブルグでの抗議デモの様子。デモ参加者の一人が「正直な人々はここにいる」と書かれたプラカードを掲げている。2012年2月26日筆者撮影。

ら話を始めたい。

第一節　統合理念の模索

ソ連邦の崩壊に伴い、ロシアでは経済体制の移行や政治体制の転換が急がれたばかりでなく、国民を再統合するという難題も突きつけられた。周知のように、旧ユーゴや旧ソ連構成共和国では国家の再編ないし構築の過程で民族紛争が発生し、ナショナル・アイデンティティの再定義が急務とされた(1)。これは、それまで多民族を曲がりなりにもまとめ上げてきた社会主義やマルクス主義といった理念の正当性が失われ、新たな精神的紐帯の構築に迫られたことを意味している。ロシアも例外ではなかった。タタルスタンやチェチェンといった国内の少数民族がさまざまな権利や独立を主張するようになり、ついには連邦中央とチェチェンの間で武力紛争が生

プーチンの退陣を求める人々。「ヤブロコ」党の活動家が党旗を掲げている。サンクトペテルブルグ，2012年2月26日筆者撮影。

じるまでに至った。ソ連崩壊後のロシアでは民族問題が重要なイシューとなり、多様な諸民族をいかに包摂するのかが問われたのである(2)。

ただ、課題となったのは民族問題だけではない。アメリカに並ぶ超大国として国際社会でも大きな地位を占めてきたソ連が崩壊し、その中核をなしてきたロシア人は、ロシア帝国以来の自らの歴史を振り返り、「ロシアとは何か」を問わざるを得なかったのである。すなわち、ロシア自身のアイデンティティが模索され、ロシアをまとめていく理念が求められた。ナショナル・アイデンティティの再構築が優先事項とされたのである。

このため政治エリートや知識人は共産主義に代わって異なる民族を包摂し、ロシアの再興の基礎となり得る新たな統合理念を模索した。一例をあげれば、ソ連時代から続く代表的な学術雑誌『哲学の諸問題』は、ソ連崩壊後の早い段

ロシア連邦共産党の活動家も参加している。サンクトペテルブルグ，2012 年 2 月 26 日筆者撮影。

階で、「ロシア民族のアイデンティティの模索」や「ロシアにとっての統合理念」といったタイトルの論文を掲載している[3]。ロシア知識人の間では「「アイデンティティ」や「統合理念」を提供するような、グランドセオリーへの飢えが感じられる」と指摘する人もいた[4]。

ソ連時代の統合イデオロギーであった共産主義に代わる新たな理念としてまず注目されたのが、「ユーラシア主義（евразийство）」であった。アジアとヨーロッパにまたがるユーラシア大陸で一六世紀以降覇権を握ったロシア帝国、その後の「ソヴィエト帝国」の歴史と深く結びついた思想である。もともと、ユーラシア主義は一九二〇年代の亡命ロシア人らが唱道した思想であり、ロシアを「西でも東でもないユーラシア」と自己規定した。ユーラシア主義は亡命ロシア人による思想であるため、ソヴィエト期には黙殺されてきた[5]。しかし、ソ連末期ごろからそのユニークさが注目されはじめ、ユーラシア主義の読み直しが行われるようになった。長年ロシア・ナショナリズムを研究してきた廣岡正久は、「ユーラシア主義は、マルクス・レーニン主義がかつてそうであったように、様々な民族を結びつけ、統合する超民族的枠組みを提供するとともに、ユーラシア国家としてのロシアが有する地政学的重要性を明らかにするイデオロギーの一つであると看做されているのである」(傍点引用者)と指摘し[6]、ユーラシア主義が現代ロシアにおける統合理念になりうると主張した。

ユーラシア主義が再評価されるなか、ロシア連邦共産党議長ゲンナジー・ジュガーノフは、著書『ロシアと現代世界』を上梓し、「地政学的観点からは、ロシアは、ユーラシア大陸ブロックの軸かつ重要な支柱であり、その〔ロシアの〕利益は、「海洋の大国」アメリカや大西洋の「大地域」の覇権主義的傾向と対立する」[7]と述べ、ロシアの地政学的優位性を強調した。この考えは、ナショナリストや反米主義者などを魅了し、共感を集めた[8]。というのも、「統合イデオロギーを未だ構築することができず、しかも宿命的に「西」と「東」の二つの世界に挾撃され、あるいは引き裂かれてきたロシアにあっては、ユーラシア主義とその地政学理論は依然として抑えがたい魅力を有している」からである[9]。とはいえ、ジュガーノフのユーラシア主義には批判もあった。ある論者は「ジュガーノフの世界観につきまとう危険な影として指摘されるべきは、……その世界観を貫く反欧米思想である」と指摘し、そのイデオロギー性を強調した[10]。また別のロシア人研究者はユーラシア主義ブームを嘆き、「残念ながら、ユーラシア主義は新たなイデオロギーとして復活し始めた。……現代のユーラシア主義の主役たちは、それをイデオロギーとして必要としているのはまちがいない」と述べた[11]。これらの指摘は、ユーラシア主義がソ連

サンクトペテルブルグの目抜き通りネフスキー大通りに面している「カザン大聖堂」。ロシア正教の大聖堂であり，1811 年に完成。2012 年 5 月 9 日筆者撮影。

崩壊後のロシアをまとめ上げる理念というよりも、むしろ自らの目的を実現するために政治勢力が利用するイデオロギーといった色彩を帯びていることを明らかにしたといえよう。

実際、ユーラシア主義は、初期エリツィン政権の対外姿勢を批判するために打ち出され、ロシアの外交路線の一つのモデルに位置づけられていった。エリツィンはアンドレイ・コーズィレフを外相に任命し、欧米を重視する大西洋主義的な外交路線を採用したが、その反動でロシアの地政学的特徴や国益を考慮するユーラシア主義が勢力を伸ばしたのである。[12]大西洋主義とユーラシア主義の対立は、一九世紀のロシア知識人を二分した西欧主義とスラヴ主義の論争を想起させ[13]、自己認識の違いを示した。アイデンティティを模索するロシアにあっては、外交路線の選択も、国民意識や文化と切り離せなかったのである。しかし、エリツィン政権は、多民族国家ロシアを統合する理念としてユーラシア主義を採用することはなかった。ジュガーノフに対する批判に見られたように、外交戦略上のイデオロギーでしかなかったからである[14]。まさにユーラシア主義が「国家体制のイデオロギー」とされる所以である[15]。

同じころ勢いを増していたのが、ロシア正教である。ソ連崩壊によって新たなアイデンティティが模索されるなか、ロシアの伝統文化に注目が集まり、国民統合を促す精神的紐帯として正教は捉えられるようになった。周知のように、正教はロシア革命後、ソ連では弾圧の対象とされた。しかし、ペレストロイカ期にミハイル・ゴルバチョフ（M.C. Горбачёв）が正教会と和解する意思を表明すると多くの信者が教会を訪れるようになり、一九八八年の「千年祭」では、正教会が発行したロシア語訳聖書一〇万部が高額にもかかわらず即日完売したほど勢いを取り戻していた[16]。一九九一年の調査によれば、七四％ものロシア国民が正教会を政治的に信頼していた[17]。

正教は国民の支持を集めるようになったため、一部の教育現場では正式科目に導入され、

サンクトペテルブルグの「スモーリヌィ聖堂」。18 世紀にピョートル大帝の娘エリザヴェータが創設を命じた。2012 年 1 月 21 日筆者撮影。

サンクトペテルブルグの「イサク聖堂」。ロシア正教の聖堂で，アレクサンドル1世の時代に建造され，40年もの歳月を費やし1858年に完成。2012年3月8日筆者撮影。

専門の教科書を使った宗教教育が始まった[18]。こうして、正教はロシアを統合させる理念として注目されるようになった。このようにロシアでは伝統回帰が顕著だった。確かに、旧ソ連諸国では「ロシアからの離脱」を掲げ多数派の伝統文化を重視した国家建設が進められたが[19]、一方ロシアでは少数民族のナショナリズムが高揚したのみならず、多数派自身もアイデンティティ危機の状態にあったのである[20]。

しかし、そもそもロシア正教が統合理念たり得るのかという疑問は生じる。確かに非ロシア民族でも正教の信者はいるだろう。しかし、正教はあくまでもロシア民族の精神的支柱であり、他の宗教を信ずる少数民族まで包摂する理念にはなりづらい。したがって、国民統合を進めるには、特定民族の伝統文化に依拠せず、あらゆる民族が支持できる理念をもとにしながらロシアへの帰属意識を涵養すべきという意見が出るのは自然であろう[21]。カーネギー国際平和財団モスクワ・センター所長のドミートリー・トレーニン（Д.В.

Тренин）は、次のように述べている。

ロシア人という民族を基礎に国民国家を作ると、ロシア国家は現在の形では存続できなくなるかもしれない、という意識が〔ソ連崩壊後のロシアのエリート層には〕ある。……これだけ多くの少数民族が自分の憲法、国語、そして誇りをもって、（自治）共和国という故郷を形成している中で、ロシア人という民族を基礎にした国家を作れば、ソ連崩壊に次ぐ新しい破局が起きることは確実である（傍点引用者）[22]。

モスクワの赤の広場にある「聖ヴァシリイ大聖堂」。ロシア正教の大聖堂で，独特でカラフルな外観が目を引く。2012年4月18日筆者撮影。

このように複雑な事情を抱えつつも、多民族国家の再構築を進める作業は不可欠であり、為政者はナショナル・アイデンティティの確立に努め、国民統合を進めなければならない。それは、ソ連崩壊後のロシアだけの問題ではない。例えば二〇世紀以降のアメリカでも、

モスクワの「救世主ハリストス大聖堂」。ロシア正教の大聖堂で，ナポレオン戦争勝利を記念して建造された。1931 年に宗教弾圧を進めたスターリンの命により爆破されたが，2000 年 8 月に再建された。2012 年 4 月 20 日筆者撮影。

英語を共通言語とし、それに基づきながら文化的背景の異なる移民を統合し、さらには自由や民主主義などの理念を基盤とし、人種のるつぼとされる国家の統一が進められ、「アメリカニズム」が構築されたという(23)。また、アジアの多民族国家シンガポールでは、エスニック間の言語をめぐる対立、とりわけ華人の文化言語への執着を抑える目的で英語の普及が試みられた。とはいえ、初代首相リー・クアンユー（Lee Kuan Yew）は、新世代と自らを繋ぐ新たな価値観を模索し始め、シンガポール人のアイデンティティ確立が必要と考えた。そこで導入されたのが「アジア的価値」であり、華人・中国文化の奨励であった。その結果、社会に波紋を広げたとされる(24)。

このように各国ごとに多少の違いはあるものの、多民族国家では何らかの理念に基づいて国民統合が進められ、その際依拠する理念は特定の民族集団のものではなく、あらゆる民族を包摂できるものであった。

第二節　統合理念としての愛国主義

理念の具体化

ではロシアでは、いかなる理念に基づき統合が進められたのであろうか。一言でいえばそれは、「愛国主義」である。ソ連崩壊によって多くのロシア人が旧ソ連諸国に取り残されている在外ロシア人問題や大国としての地位の喪失などを痛切に感じているなか、愛国主義が国民統合の理念として浮上してきたのである。(25) 確かに、ユーラシア主義に基づく外交やロシア正教への回帰も愛国心の発露と言えなくもない。しかし先に述べた理由から、政治エリートはこれらではなく愛国主義をシンボルとして活用し、前面に押し出すことで、国民統合を進めようとしたのである。

政治エリートが愛国主義を利用したのは、世論の動きを反映していた。国民の多くはエリツィン政権の改革に期待を寄せながらも、国際的地位の低下などの問題に直面し、愛国心を拠り所とした。(26) エリツィン政権もそうした風潮を無視できず、愛国心の重要性を次第に主張するようになった。

エリツィン政権の下でもすでに始まっていたとはいえ、さまざまな民族を包摂し、国民統合という難問に本格的に取り組んだのは、ウラジーミル・プーチンであった。プーチンはエリツィンの後継者として大統領に就任すると種々の改革を断行するが、その一環で国民の愛国心醸成計画を推し進め、多様な民族を内包するロシアの統合を図った。プーチンは一九九九年末に発表した「千年紀の境目におけるロシア」と題する論文で次のように述べている。

〔愛国心という〕言葉は、大多数のロシア国民にとって、本来、完全に肯定的な意味をもつ。これは、自分たちの祖国とその歴史、偉業を誇りとする感情だ。これは、自分の国をより美しく、より豊かに、より強固に、そしてより幸福にしたいという欲求だ。……これは国民の勇気と不屈さ、力の源泉である。われわれは民族の誇りや尊厳と結びついた愛国心を失い、偉業を成し遂げる能力を持つ国民としての自己を喪失しつつある。(27)

このようにプーチンは愛国心の重要性を指摘し、それを国民統合の理念にしようとしたのである。(28)連邦政府は「二〇〇一年～二〇〇五年までのロシア連邦国民の愛国心教育に関する国家プログラム」（以下、「愛国心プログラム」と略記する）を採択し、多民族国家ロシアの伝統や偉業といったナショナルなものに連帯の源泉を求め、全国民を対象として、国民の愛国心を鼓舞しながら「一体不可分のロシア」を創出しようとした。

この「愛国心プログラム」では、独ソ戦（ロシアでは「大祖国戦争」と呼ばれる）での勝利が強調されており、大国ロシア国民というプライドをかきたて、愛国心の向上が図られた。では、その愛国心とは何を意味しているのだろうか。あるロシア人研究者は、「ロシア国民がイメージする愛国心とは、何よりも祖国への愛情であり、祖国への忠誠、自国の歴史や年長世代の記憶に対する尊敬の念」だとする。(29)そして「多くの人々にとって祖国に対する誇りとは、現在のロシアの状況ではなく、歴史的過去、すなわち歴史的事件や偉大な先人たちに関する記憶が中心である。……多くのロシア国民が有する祖国に対する尊敬の念は、何よりも一九四一年から一九四五年の大祖国戦争での勝利、また宇宙開発や科学技術の成果などによって喚起される」と説明しており(傍点引用者)[30]、プログラムの内容と合致する。プーチンの愛国心とは、国家への帰属意識を育み、さまざまな民族をロシアへ統合する理念であると理解できよう[31]。

こうしてプーチン政権は全国民を対象とした「愛国心プログラム」に基づき、戦勝記念式典の開催、国旗・国歌の法制化、愛国映画の製作、さらには新しい歴史教科書の編纂などあらゆる方面でその拡充に努めた。政権が「一体不可分のロシア」の創出を主導したのである。もっとも政府の指示にただ従うのではなく、さまざまな利害関係者が望ましい政策案を提出し、その実現に向けてイニシアティヴを発揮した。一般的にはプーチンによる強権的な統治が注目され、トップダウン型とイメージされやすいが、とりわけ愛国主義政策に関して言えば、事態は異なる。例えば、プーチンが大祖国戦争の勝利を「愛国心プログラム」の柱にすると、退役軍人らは欠点を指摘し、新たな政策の策定を迫った。退役軍人の取り組みに一部の国会議員も賛同し、愛国主義政策はさまざまなアクターを巻き込みながら立案されていったのである。もちろん、関係者の要求がすべて政策に反映されたわけではない。政策に反映されるのはあくまでも一部だけで、国内の統合は図られた。

さて、「愛国心プログラム」の実施期間は二〇〇五年までだったため、「二〇〇六年から二〇一〇年までのロシア連邦国民の愛国心教育に関する国家プログラム」(第二次愛国心プログラム)も引き続き政府が採択し、実施に移された。しかし、第二次愛国心プログラムは、二〇〇五年までとは力点の置き方が異なる。全国民を対象としながらも、特に青年層に力を入れたのである。

政治的主体としての青年層の台頭

なぜ第二次プログラムでは青年層を主な対象にしたのであろうか。その背景には、二〇〇三年から二〇〇四年にかけてグルジアやウクライナで起きた政治変動がある。[32]これらの国々では、不正選挙をきっかけに一般市民、とりわけ青年層が中心となって「民主主義」や「自由」を求める抗議デモを連日繰り広げ、最終的に政権交代を実現させた。後にこの政変は、支持者のシンボルカラーを総称して「カラー革命」と呼ばれた。そして、この「革命」に勢いを得て、ロシアでも反プーチンを標榜する青年組織が次々に設立され、若者たちがロシア版「カラー革命」の実現を目指した。政治運動がこのように活発化したのは、ソーシャル・メディアの目覚ましい普及に負うところも大きい。若者らはこの現代的ツールを活用して支持者を増やしていった。

ロシアの若者の政治運動は内外のメディアで取り上げられ、政権としても無視できない存在となりつつあった。ロシアの若者は、エリツィン政権半ばから次第に伝統的価値を重んじ権威主義になったと指摘されているが、[33]その半面、年長世代に比べて民主主義的価値観をもっている。[34]また安定よりも変化を望む割合が他の世代よりも高く、[35]政治エリートの注目を集めていた。国内では排外主義勢力や過激主義団体も台頭しており、[36]若者が取り込まれる危険性もあり、その結果民族間の対立が起きて「一体不可分のロシア」が頓挫しかねなかった。

そのためプーチン政権は青年層の統合に乗り出したと考えられる。まず青年層[37]をターゲットに愛国主義政策を推し進め、ロシアの一体性を確保しようとしたのだ。グローバル化が進むなか、若者がロシア的価値観ではなく、西側の価値観に基づいてアイデンティティを形成する可能性を危惧した政治エリートの焦りが表れていると言えよう。ただ、単にプログラムを策定するだけでは若者を取り込むには不十分であった。そこで、政権のイデオローグとされた大統領府副長官ウラジスラフ・スルコフやプーチン支持派は、ナチス・ドイツの親衛隊「ヒトラー・ユーゲント」(38)やソ連時代の「コムソモール」(39)に倣い、新たな青年組織を設立して愛国心を醸成し、ロシアの価値観に基づくアイデンティティを形成することにしたのである。この青年組織こそ、二〇〇五年以降、ロシアのみならず世界的にも注目を集めた「ナーシ」である。こうして、愛国主義の名の下に多くの若者を動員し、政権を支持したり民族間の友好を演出させ、ロシア国内で似たような政変が起きるのを阻止しようとした。国家の一体性を保持するため、青年層に愛国心を植え付けることにしたのである。

第三節　先行研究とその問題点

愛国主義に関する研究

本書の問題意識を踏まえつつ、関連する内外の先行研究をみてみよう。最初に取り上げるべきは、ロシアの愛国主義について精力的に成果を発表してきたアメリカのクラーク大学教授ヴァレリー・スパーリングの研究である。スパーリングは一連の「愛国心プログラム」に着目し、各プログラムが軍の偉業を讃える「軍事愛国主義」に基づき国民の愛国心を鼓舞し、国内の統一を図ったことをいち早く理解した。特にスパーリングは、政権が各プログラムに基づき国内統合を図りつつ、大祖国戦争での勝利を利用して若者のロシア軍への積極的入隊を促し、祖国へ尽くす世代の育成に努めていた点を強調している。[40]本書も彼女の研究から多くの示唆を得た。その他にも、一連の「愛国心プログラム」は若者のアイデンティティ形成を目的とし、政権は青年層の意識改革を政策の中心に据えていたと指摘する研究もある。[41]

愛国心を育む手段として教育に着目する研究もある。プーチン政権の意向に沿った教科書が編纂され始めたため、教育行政に対する政権の干渉が強まっていると批判する研究である。[42]より射程を広げて、シティズンシップ教育という観点から政権の愛国主義政策をとらえ、一九九〇年代までの教育政策との相違を指摘する研究もある。[43]また社会学博士で在野の研究者であるエリザベス・コズロウスキーは、政権の愛国主義政策は青年層を対象に退役軍人との交流や戦勝の記憶の内面化を促し、祖国へ尽くす次世代の育成を図る「軍事的愛国教育」に力を入れていたとし、その内容を詳細に説明している。[44]

以上の先行研究について、若干の問題点を指摘したい。まず、従来の研究は、プーチン政権のトップダウン型の政策策定を強調し、愛国主義政策の形成過程をやや単純化する傾向がある。しかし、愛国主義政策の策定に際しては、さまざまなアクターが関与したことに注目しなければならない。政権が政策の大枠を定めると、その欠点や問題点を退役軍人や国会議員らが指摘し、最終的な政策が決まったのである。

また、先行研究の多くは、政策の対象が全社会層から青年層に移ったことを見落とし、当初から青年層が対象だったと決めつける傾向にある。しかし、そのような断定は拙速であり、プログラムの対象が変更された理由に注目すべきだろう。政策は内外情勢を考慮して策定されるのであり、変更の理由を考察しなければ、国際情勢をはじめ複雑なプロセスを単純化し、そのダイナミズムを見失うことになりかねない。

ナーシに関する研究

プーチン政権は「カラー革命」を契機として愛国主義政策の対象を青年層に設定するだけでなく、さらに青年組織ナーシを設立して多くの若者を動員し、ロシアの一体性を確保しようとした。突如として現れたナーシに注目し、さまざまな観点から分析する研究は多い。

例えば、ナーシが設立された二〇〇五年から下院選挙が実施される二〇〇七年末までを対象に、組織の設立過程やマニフェストの分析など、制度的な枠組みに着目する研究である[45]。マイケル・シュウォルツはロシアの政治過程に関連づけ、新たな視点からナーシを検討した。彼は、二〇〇五年以降に存在感を示した反政権派の青年組織にも目を配りつつ、プーチン政権が選挙で確実に勝利するためにナーシを「政治的ツール」として用いたと主張した[46]。また、膨大な一次資料を用いて同様の観点から組織の展開過程を詳述し、政権がナーシを反対派を抑制するために利用した姿を追った研究もある[47]。

さらに、メドヴェージェフが大統領に就任した二〇〇八年以降の動向をフォローし、従来とは異なる視点から青年組織を分析した研究も発表され始めた。例えば、プーチン後はナーシが不要となると予測した研究から[48]、その逆に、プーチンとメドヴェージェフでナーシの活動を比較検討し、ナーシが政権から一定程度の自律性を確保したと強調した研究まで広がりを見せている[49]。その他、活動家へインタヴュー調査し、その実態を描き出した研究も現れている[50]。

二〇一二年には、ナーシが設立された二〇〇五年以降の、主にロシアとエストニアの歴史認識問題やナーシのサマー・キャンプを検討し、組織の活動を豊富な資料で丹念に跡付けた本格的な研究書が刊行された(51)。この年は、ナーシがインターネット上に発表したニュースリリースや声明などを分析することで、政治に無関心な若者を動員する組織の取り組みを検討した研究書も現れるなど(52)、ナーシに対する関心は研究者の間で高まっている。

これらの先行研究はいずれも注目に値し学ぶべき点も多いが、本書の関心に照らせば、問題点も指摘できる。先行研究の多くが、ナーシが設立されたのは「カラー革命」がきっかけだったと示唆するが、プーチン政権がナショナル・アイデンティティの再構築をめざし愛国心プログラムを開始したのは、「カラー革命」よりも前の二〇〇一年である。二〇〇五年の第二次プログラムで初めて対象を主に青年層に定めたのであって、こうした過程を踏まえると、個別の青年組織論を展開するのではなく、まずもって国民の統合を目的にした愛国主義政策の一環としてナーシをとらえなければならない。

以上を勘案すると、最も参考になる先行研究はロシア人研究者セルゲイ・ゴルノフの著作である。ゴルノフは、スパーリングと同じように、祖国に尽くす若者の育成が各プログラムの目的であったと強調しながらも、第二次プログラムでは旧ソ連諸国で生じた政変を背景にその主な対象者が若者になり、またナーシが設立されるに至ったとして政策の変化を指摘している(53)。しかし、政策の具体的内容を検討しているとは言い難い。また、プーチンが愛国心で国民統合を図っていると明確に指摘したジャーナリストも一部にはいるが(54)、あくまでも指摘であって、そのメカニズムが明らかにされたわけではない。

本書の課題とその意義

そこで本書は、ソ連崩壊から現在までを対象に、さまざまな民族からなるが「一体不可分のロシア」を創出するために進められた愛国主義政策の内実を、国内外の政治情勢を通して明らかにしたい。国民統合は重要な論点であるにもかかわらず、先行研究では十分に実態が解明されていない。その意味で、ロシアにおけるナショナル・アイデンティティの形成過程と関連させて、プーチン政権が推進する愛国主義政策を解明する本書の課題は学術上の意義があると言えよう。

さらに本書は、現代ロシア政治のダイナミズムも探求している。先にも指摘したが、愛国主義政策の形成過程ではさまざまな利害を有する団体やグループが関与しており、愛国主義政策は想像以上に多様な声を取り入れている。近年、プーチンの強権性や権威主義的統治スタイルがしばしば指摘されており、筆者もそのような点を否定するわけではない。しかし、内容を先取りすれば、本書での分析から、政権は政策の大枠を設定しながらも、退役軍人や地方などの要求を集約し、それらを政策にうまく反映させていたことが明らかになる。したがって、本書は既存の研究では十分扱われてこなかった側面に光を当てることになろう。

第三に、本書は現状分析に資する。愛国心プログラムが終了して一〇年以上経つが、プーチンがその後も愛国心の重要性を何度も説いているように、いまでも愛国主義はロシア政治を理解する上で欠かせない理念である。本書で得られた知見は、日々変化するロシア政治の分析にとって、なにかしらの参考になると思われる。もちろん、愛国心がすべての決定要因ではないことは言うまでもない。とはいえ、愛国心を重要視するプーチンの取り組みが政治エリートのみならず、大多数の国民から支持されている点に鑑みれば、本書で提示する視点は現状分析に資すると思われるのである。

第四節　資料について

次に本書で利用した資料（史料）について若干触れておきたい。本書では、ロシア内外で公刊された文献、雑誌、新聞を参照した。特に新聞については、全国紙のみならず、タタルスタン共和国の新聞や共産党の影響力が強いヴォルゴグラード州などの地方紙も参照することで、ロシア連邦における愛国主義政策のダイナミズムを検討した。現代ロシアでは言論統制が敷かれているとのイメージは当然にあるが、新聞に関しては大規模な規制は行われておらず、過去に公刊された各地の新聞を丁寧に見ていけば実態を把握する手助けになる。全国紙『コメルサント（Коммерсантъ）』は比較的中立の立場から記事を書いており、本書では同紙の情報を主に利用した。地方の動向を知りたいときは、複数の新聞で確認し、客観性を担保した。このように公刊物や内外の各種関連文献を網羅的に用い、それらの情報を相互に組み合わせている。

また、活字媒体の資料（史料）のほか、インターネットによりリア・ノーヴォスチ通信や「ガゼータ・ル（Газета.Ru）通信」といった報道機関の情報、現地のテレビ・ラジオ番組なども積極的に活用した。すでに指摘されているように、ソ連崩壊後のロシアは「情報洪水のさなかにある」[55]。そのため本書では、公刊物のみならず、インターネットで公開されている現地メディアの報道も基礎資料として用いた。さらに、フィールドワークで得た資料も使用した。現地では資料調査を行いながら、愛国心のシンボルたる記念碑などを撮影した。

第五節　本書の構成

最後に本書の構成について簡単に説明したい。まず第一章では、ソ連崩壊後のロシアにおける愛国主義の実情を簡単にまとめた上で、独ソ戦に代表されるソヴィエト期の偉業を讃える新しい歴史教科書の編纂や愛国映画の製作、さらには帝政期のコサックの復権といった政策を紹介し、愛国主義の制度化を図るプーチン政権の思惑を明示する。

第二章では、前章の検討を踏まえて、愛国主義の制度化を求める地方の動きを解明する。特にヴォルゴグラードやオリョールといった共産党の影響力が強い「赤いベルト」地帯が、連邦中央にさまざまな働きかけを行っていたことを明らかにする。具体的には、スターリン復権を図る両州の取り組みを追い、実態を浮き彫りにしていく。その上で、スターリン復権を図るヴォルゴグラードの取り組みを紹介し、この問題が現代ロシアにおいて歴史認識をめぐる今日的テーマであることを確認する。

第三章では、愛国主義政策のダイナミズムを明らかにするために、二〇〇五年に設けられた名誉称号「軍事栄光都市」の創設や付与について、退役軍人や彼らを支援する国会議員、地方の動向を見ながら検討する。

第四章でも政策形成に関わる地方の連邦中央に対するイニシアティヴを分析する。とりわけロシア政治に一定の影響力を発揮してきた民族共和国タタルスタンに焦点を当て、愛国主義をめぐる中央地方関係の内実を探究する。

第五章以下では、ロシアの青年層に焦点を当て、彼らを取り込む政権の試みを明らかにしていく。政権が若者に着目せざるを得なかった原因を「カラー革命」に求め、グルジアやウクライナの政変を詳細に分析して愛国主義政策の変化を裏付ける。

第六章では、政権が若者を取り込むために青年組織ナーシを設立したことを示す。ナーシがいかなる理念や課題を掲げているのかを詳細に検討し、政権がこの組織を選挙マシーンとして動員する過程を追う。

第七章では、存在意義が問われながらも、新たな目的を掲げて活動を継続するナーシの姿を浮き彫りにする。解散へ向かうプロセスを確認し、愛国主義政策の変化を示す。

終章では、以上の議論で得られた知見をまとめるとともに、愛国主義政策の特徴を提示する。そして、残された課題や今後の展望について簡単に言及する。

注

（1）月村太郎『ユーゴ内戦――政治リーダーと民族主義』東京大学出版会、二〇〇六年。廣瀬陽子『旧ソ連地域と紛争――石油・民族・テロをめぐる地政学』慶應義塾大学出版会、二〇〇五年などを参照。

（2）当時のロシア情勢を観察してきた防衛研究所の兵頭慎治は、「現在のロシア連邦には絶対的な「ナショナル・アイデンティティ」が欠如しており、それゆえに国家のレジティマシー（正当性）に対する疑念が生じている。このことがチェチェンをはじめとする民族の分離主義の動きを誘発している」と説明している（兵頭慎治『多民族連邦国家ロシアの行方』東洋書店、二〇〇三年、一〇頁）。

（3）*Гройс Б.* Поиск русской национальной идентичности // Вопросы философии, 1992, № 9, С. 52–60; *Косолапов Н.А.*

Интегративная идеология для России: интеллектуальный и политический вызов // Вопросы философии, 1994, № 1, С. 3–24.

（4）望月哲男「思想状況」木村汎編『もっと知りたいロシア』弘文堂、一九九五年、八四頁。

（5）本格的研究として、浜由樹子『ユーラシア主義とは何か』成文社、二〇一〇年がある。

（6）廣岡正久『ロシア・ナショナリズムの政治文化――「双頭の鷲」とイコン』創文社、二〇〇〇年、八六頁。

（7）ゲンナジー・ジュガーノフ（佐藤優・黒岩幸子訳）『ロシアと現代世界――汎ユーラシア主義の戦略』自由国民社、一九九六年、二八頁。

（8）廣岡、前掲書『ロシア・ナショナリズムの政治文化』、八七―八八頁。

（9）廣岡正久「ユーラシア主義とロシア国家像の転換――スラブ国家からユーラシア国家へ」木村雅昭・廣岡正久編『国家と民族を問いなおす』ミネルヴァ書房、一九九九年、六二頁。

（10）黒岩幸子「ジュガーノフ・ロシア共産党党首の世界観――現代ロシアの反欧米思想に関する一考察」『（岩手県立大学）言語と文化』創刊号、一九九九年、六一―六二頁。

（11）*Кортунов С.В.* Национальная идентичность: Постижение смысла, М.: Аспект Пресс, 2009, С. 285; *Он же.* Становление национальной идентичности: какая Россия нужна миру, М.: Аспект пресс, 2009, С. 235.

（12）木村汎「ロシアと世界――〝冷戦終焉〟後におけるアイデンティティの模索」伊東孝之・木村汎・林忠行編『講座 スラブの世界7――スラブの国際関係』弘文堂、一九九五年、三三一―三四一頁。

（13）この両者の政治哲学に関する研究書として、『勝田吉太郎著作集』第一巻、第二巻、ミネルヴァ書房、一九九三年がある。

（14）ロシア政治社会を長年研究してきた中村裕は、「ユーラシア主義は、……ロシア人のアイデンティティを再度確立する新たな選択肢の探求として、その意義が問い直されている」とし、現代のユーラシア主義者とされる知識人の言説を丹念に分析し、それらと現実政治の関連性を読み解いた上で、「ロシア人とロシア国家が欧米のリベラリズムとは異なる理念で自らのアイデンティティの確立を志向するなかで、ユーラシア主義が自らの現実性に自信を持つようになった」と指摘している（中村裕「現代ロシアのユーラシア主義の検証――現実政治の脈絡のなかで」塩川伸明・小松久男・沼野充義・宇山智彦編『ユーラシア世界1――〈東〉と〈西〉』東京大学出版会、二〇一二年、七三―九九頁）。とはいえ、同論文が、政治エリートがユーラシア主義に基づき国民統合を図った点を明らかにしたわけではない。また、ユーラシア主義に関する研究成果を精力的に発表している浜由樹子も、「プーチン政権下の「ユーラシア」概念が示すことは、経済的、あるいは安全保障上の地域協力を通じて、ロシアがアジアとの連帯を志向し、協力関係を着実に築きつつあるということである」と説明しており、統合理念として捉えていなかった（浜由樹子「プーチン政権下の「ユーラシア」概念」木村汎・袴田茂樹編『アジアに接近するロシア——その実態と意味』北海道大学出版会、二〇〇七年、四九—六七頁）。

(15) *Исаев И.* Евразийство: идеология государственности // Общественные науки и современность, 1994, № 5, С. 42–55.

(16) 土肥恒之『ロシア・ロマノフ王朝の大地』講談社、二〇〇七年、三四五頁。

(17) *Зоркая Н.А.* Православие в постсоветском обществе // Общественные науки и современность, 2013, № 1, С. 93–94.

(18) 宮川真一「現代ロシアにおける「ロシア正教ファンダメンタリズム」」『ロシア・東欧研究』第三一号、二〇〇二年、一八一—一九八頁。同「現代ロシアの公教育における宗教教育——「正教文化の基礎」コース導入をめぐって」『ロシア・東欧研究』第三四号、二〇〇五年、一四六—一五六頁。地方の取り組みは *Лункин Р.А.* Православие в школах: русская вера как идеология // Вопросы образования, 2006, № 4, С. 301–309. を参照。

(19) 塩川伸明『民族と言語——多民族国家ソ連の興亡Ⅰ』岩波書店、二〇〇四年、一〇四—一〇九頁。事例研究としては、中西健『中央アジア・クルグズスタン——旧ソ連新独立国家の建設と国民統合』明石書店、二〇一一年。

(20) 塩川伸明『現存した社会主義——リヴァイアサンの素顔』勁草書房、一九九九年、六〇〇頁。

(21) 民間の世論調査機関「レヴァダ・センター」の調査結果によれば、二〇一二年時点で七七％の国民が正教を信仰していると回答（*Зоркая.* Указ. статья, С. 92）。「全ロシア世論調査センター」や「世論財団」の調査でも、正教を信仰しない者の割合は、一九八九年から二〇〇二年までの間に五三％から三一％に減少していた（*Локосов В.В.* Влияет ли религиозность на политическую консолидацию общества? // Социологические исследования, 2006, № 11, С. 83）。このように、ロシア正教を信仰する者の割合が増加傾向にある点が重要である。

(22) *Тренин Д.* Post-Imperium: евразийская история, М.: РОССПЭН, 2012, С. 97（ドミートリー・トレーニン（河東哲夫・湯浅剛・小泉悠訳）『ロシア新戦略——ユーラシアの大変動を読み解く』作品社、二〇一二年、一一四頁）.

(23) 古矢旬『アメリカニズム——「普遍国家」のナショナリズム』東京大学出版会、二〇〇二年。

(24) 田村慶子『シンガポールの国家建設——ナショナリズム、エスニシティ、ジェンダー』明石書店、二〇〇〇年。

(25) 塩川伸明『国家の構築と解体——多民族国家ソ連の興亡Ⅱ』岩波書店、二〇〇七年、二五五頁。

(26) 序章ではこの指摘にとどめ、詳細は第一章で検討していく。

(27) Независимая газета, 30 декабря 1999 г.

(28) 一九九九年論文について敷衍すれば、この中でプーチンは「ロシア社会統一の支点」として愛国主義に言及しているが、

「ユーラシア主義」についてはまったく触れていない。

(29) *Покида А.Н.* Специфика патриотических чувств россиян // Власть, 2010, № 12, С. 125.

(30) Там же, С. 126–127.

(31) 手元にあるソ連科学アカデミー編纂のロシア語辞典によれば、愛国心とは、「祖国への愛、自国や故郷への献身」とされている（Словарь русского языка / Академия наук СССР. институт русского языка, Т. 3, М.: Издательство «Русский язык», 1983, С. 33）。政権が愛国心・愛国主義という言葉に付与した具体的な意味は本書の本文で言及される。

(32) 我が国は二〇一五年、グルジアの呼称をジョージアに変更した。本書では変更前の政治事象を扱っていることから、グルジアと表記している。詳細は第五章の注（1）を参照。

(33) *Горьев С.И.* 17-летние россияне 1997 года: сочетание либеральных и антилиберальных ориентаций // Социологические исследования, 1999, № 8, С. 44; Молодежь: тенденции социальных изменений: сборник статей / Под ред. В.Т.Лисовского, СПб: СПб университет, 2000, С. 88; *Ватoропин А.С.* Политические ориентации студенчества // Социологические исследования, 2000, № 6, С. 39–43; Sarah E. Mendelson, Theodore P. Gerber, "Soviet Nostalgia: An Impediment to Russian Democratization," *The Washington Quarterly*, Vol. 29, No. 1, 2005–06, pp. 88–90.

(34) Michael McFaul, "Generational change in Russia," *Demokratizatsiya: The Journal of Post-Soviet Democratization*, Vol. 11, No. 1, 2003, pp. 64–78; Jeffrey W. Hahn and Igor Logvinenko, "Generational Differences in Russia Attitudes towards Democracy and the Economy," *Europe-Asia Studies*, Vol. 60, No. 8, 2008, pp. 1345–1369. 別の調査では、農村地域の若者は民主主義よりも秩序を重視していた（*Петров А.В.* Ценностные предпочтения молодежи: диагностика и тенденцииизменений // Социологические исследования, 2008, № 2, С. 86–87）。

(35) *Бызов Л.Г.* Контуры новорусской трансформации. социокультурные аспекты формирования современной российской нации и эволюция социально-политической системы, М.: РОССПЭН, 2013, С. 228.

(36) 排外主義勢力については、中村逸郎『虚栄の帝国ロシア――闇に消える「黒い」外国人たち』岩波書店、二〇〇七年、一二〇―一三三頁。堀江典生編『現代中央アジア・ロシア移民論』ミネルヴァ書房、二〇一〇年、第一五章。

(37) ここで、「青年層」「若者」という言葉が示す年齢の範囲について確認しておきたい。一九九五年採択の「青少年団体への国家支援に関する連邦法」の第四条一項によれば、国家支援は三〇歳未満の青年団体および一八歳未満の児童団体に認められており、「青年層」「若者」は一八歳から二九歳までとなる（Собрание законодательства Российской Федерации, 1995, № 27, Ст. 2503）。もっとも、ここで示した範囲は、あくまでも青年・若者をイメージするための手がかりに過ぎないことを断わっておきたい。なお、本書では、「青年層」「若者」を同義語として用いている。

（38）　ヒトラー・ユーゲントはナチス傘下の青少年団体で、一〇歳から一八歳の加入が義務づけられた。詳しくは、中道寿一『ヒトラー・ユーゲントがやってきた』南窓社、一九九一年。田村栄子『若き教養市民層とナチズム――ドイツ青年・学生運動の思想の社会史』名古屋大学出版会、一九九六年などを参照されたい。

（39）　コムソモールはソ連共産党傘下の青年組織であり、一四歳から二三歳の加入が義務づけられていた。詳しくは、松井康浩『ソ連政治秩序と青年組織――コムソモールの実像と青年労働者の社会的相貌　一九一七―一九二九年』九州大学出版会、一九九九年。

（40）　Valerie Sperling, “The Last Refuge of a Scoundrel: Patriotism, Militarism and the Russian National Idea,” *Nations and Nationalism*, Vol. 9, No. 2, 2003, pp. 235–253; Valerie Sperling, “Making the Public Patriotic: Militarism and Anti-Militarism in Russia,” in Marlène Laruelle (ed.), *Russian Nationalism and the National Reassertion of Russia*, New York: Routledge, 2009, pp. 218–271.

（41）　Douglas W. Blum, “Official Patriotism in Russia: Its Essence and Implications,” *POMARS Policy Memo*, No. 420, 2006, pp. 1–5; Douglas W. Blum, “Russian Youth Policy: Shaping the Nation-State’s Future,” *The SAIS Review of International Affairs*, Vol. 26, No. 2, 2006, pp. 95–109.

（42）　例えば、*Миллер Алексей.* Россия: власть и история // Pro et Contra, 2009, № 3–4, C. 6–23; *Он же.* Историческая политика в России: новый поворот? // Историческая политика в XXI веке / Под ред. А.Миллера, М.Липман, М.: Новое литературное обозрение, 2012, C. 328–367; Thomas Sherlock, *Historical Narratives in the Soviet Union and Post-Soviet Russia: Destroying the Settled Past, Creating an Uncertain Future*, New York: Palgrave Macmillan, 2007, pp. 168–181; Joseph Zajda, “The New History School Textbooks in the Russian Federation: 1992–2004,” *Compare*, Vol. 37, No. 3, pp. 291–306; Karina Korostelina, “War of textbooks: History Education in Russia and Ukraine,” *Communist and post-Communist Studies*, Vol. 43, Issue 2, 2010, pp. 129–137; Thomas Sherlock, “Confronting the Stalinist Past: The Politics of Memory in Russia,” *The Washington Quarterly*, No. 34, 2010, pp. 93–109.

（43）　Nelli Piattoeva, “Citizenship Education as an Expression of Democratization and Nation-Building　Processes in Russia,” *European Education*, Vol. 37, No. 3, 2005, pp. 38–52;　嶺井明子編『世界のシティズンシップ教育――グローバル時代の国民／市民形成』東信堂、二〇〇七年、一五〇―一五二頁。

（44）　Elisabeth Sieca-Kozlowski, “Russian Military Patriotic Education: A Control Tool against the Arbitrariness of Veterans,” *Nationalities Papers*, Vol. 38, No. 1, 2010, pp. 73–85.

（45）　*Борсяк Л.* “Наши”: кого и как учат спасать Россию // Вестник общественного мнения: данные. анализ. дискуссии, 2005, № 5, C.

17–29; *Савельев В.А.* Горячая молодежь России: Лидеры организации и движения.Тактика уличных битв. Контакты, М.: Кванта, 2006, С. 85–112; *Лоскутова Е.* Юная политика. История молодёжных политических организаций современной России, М.: Центр «Панорама», 2008 ; *Громов Д.В.* Движение «Наши». 2007 год // Молодежные субкультуры Москвы / Сост., Д.В. Громов, отв. ред., М.Ю. Мартынова, М.: ИЭА РАН, 2009, С. 115–172; 田中良英「ロシア青年政治運動の現況――「ナーシ」の分析を中心に」『拓殖大学海外事情研究所報告』第四〇号、二〇〇六年、一三三―一四二頁。

(46) Michael Schwirtz, "Russia's Political Youths," *Demokratizatsiya: The Journal of Post-Soviet Democratization*, Vol. 15, No. 1, 2007, pp. 73–84.

(47) Graeme B. Robertson, "Managing Society: Protest, Civil Society, and Regime in Putin's Russia," *Slavic Review*, Vol. 68, No. 3, 2009, pp. 528–547; Robert Horvath, *Putin's Preventive Counter-Revolution: Post-Soviet Authoritarianism and the Spectre of Velvet Revolution*, London and New York: Routledge, 2013, pp. 85–122. なお、組織の分析を直接の課題としていないものの、歴史認識問題で他国と対立を深めるプーチン政権の姿勢との関連でナーシを取り上げた論文もある（Marlène Laruelle, "Negotiating History: Memory Wars in the Near Abroad and Pro-Kremlin Youth Movements," *Demokratizatsiya: The Journal of Post-Soviet Democratization*, Vol. 19, No. 3, 2011. pp. 233–252）。

(48) Regina Heller, "Russia's 'Nashi' Youth Movement: The Rise and Fall of a Putin-Era Political Technology Project," *Russian Analytical Digest*, No. 50, 2008, pp. 2–4.

(49) Maya Atwal, "Evaluating Nashi's Sustainability: Autonomy, Agency and Activism," *Europe-Asia Studies*, Vol. 61, No. 5, 2009, pp. 743–758; Maya Atwal, Edwin Bacon, "The Youth Movement Nashi: Contentious Politics, Civil Society, and Party Politics," *East European Politics*, Vol. 28, No. 3, 2012, pp. 256–266; Julie D. Hemment, "Nashi, Youth Voluntarism and Potemkin NGOs: Making Sense of Civil Society in Post-Soviet Russia" *Slavic Review*, Vol. 71, No. 2, 2012, pp. 234–260.

(50) Elena Karmalskaia, ""I am Concerned About the Quality of Reproduction…": Russian State Demographic Policy in the Eyes of Youth Movement Activists in Tver'," Anthropology of East Europe Review, Vol. 26, No. 2, 2008, pp. 56–67.

(51) Ivo Mijnssen, *The Quest for an Ideal Youth in Putin's Russia I: Back to Our Future! History, Modernity and Patriotism according to Nashi, 2005–2012*, Stuttgart: ibidem-Verlag, 2012.

(52) Jussi Lassila, *The Quest for an Ideal Youth in Putin s Russia II: The Search for Distinctive Conformism in the Political Communication of Nashi, 2005–2009*, Stuttgart: *ibidem*-Verlag, 2012.

(53) Sergei Golunov, "Patriotic Upbringing in Russia: Can It Produce Good Citizens?" *PONARS Eurasia Policy Memo*, No. 161, 2011, pp. 1–5.

(54) 佐藤親賢『プーチンの思考――「強いロシア」への選択』岩波書店、二〇一二年、六七頁。

(55) 下斗米伸夫『ロシア現代政治』東京大学出版会、一九九七年、二三一頁。

第一章　プーチン政権の思惑

2015年5月9日にモスクワの赤の広場で開催された戦勝70周年記念コンサート。プーチン大統領もコンサートを鑑賞した。ロシア連邦大統領府 HP。

第一節　エリツィン政権と愛国主義

政権初期の外交方針

ソ連崩壊後、ロシアが国際政治で占めるべき位置や役割を巡って、政治エリートの立場は揺れ動いていたが[1]、国家の立て直しを担う新政権にとって、諸外国、とりわけ欧米の支援は必須であった。初代大統領ボリス・エリツィン（Б.Н. Ельцин）は、アンドレイ・コーズィレフ（А.В. Козырев）を外相に任命した[2]。外相就任後、コーズィレフは民主主義大国とのパートナー関係の構築が重要であるとの認識を示し[3]、欧米諸国と友好を深めようとした。そして、西側諸国を無条件に同盟国と位置づけた。もちろん、旧共産圏の「近い外国」を完全に無視したわけではなかったが、コーズィレフはソ連の経験は何ももたらさなかったと述べて頭ごなしに否定するなど、「脱ソヴィエト化」の姿勢は明らかであった[4]。

一九九二年一月下旬に『ロシア新聞』のインタヴューに応じたコーズィレフは、民主主義を重視し、西側諸国と対峙しないとこれまでどおり強調した[5]。エリツィンもアメリカとの間で進めてきた戦略兵器の削減交渉に触れ、露米関係を改善していくと約束した[6]。一九九二年二月二六日にロシア外務省で開かれた会議では、「西側先進国とのパートナーシップ関係を構築することは、ロシアの国益を損なうものではない。……ロシアの国益とは、自由で独立した国家にすること、民主主義制度を確立すること、効率的な経済を作り上げることである」と述べ[7]、ここでも欧米との関係を重視する姿勢を見せた。

外務省の会議後、コーズィレフは『イズヴェスチャ』紙に論文を寄稿し、「共産主義から民主主義へ移行する路線は先進民主主義諸国に共感をもって迎えられ、支持されている」と述べ、自ら主導する外交政策の正当性をアピールした。[8] 欧米との関係を重視するコーズィレフの外交方針は、後に「大西洋主義」と呼ばれた。

しかし、西側一辺倒であったこの外交方針は次第に修正を余儀なくされる。エリツィン政権は徐々に東西均衡（全方位外交）の必要性を語るようになり、旧ソヴィエト諸国との関係構築を重要な課題として掲げ始めたのである。外相のコーズィレフ自身も認めたように、旧ソ連圏で起きた紛争にロシアが果たすべき役割はあり、外交政策の軌道修正が模索されるようになった。[9] エリツィンも手記で次のように述べている。

> われわれは、さまざまな、極めて矛盾した他国の利害に取り囲まれている。ロシアは常に周囲に統治領土を配し、終始、拡大してきた。より多くの領土を手に入れることに力を入れてきた。その過程ですべての西側文明との敵対関係に入った。そしてついには物質的にではなく、精神的に疲れ果ててしまったのだ。今までのような鎖国は不可能になってしまったのだ。……だからといって、この国の強力なエネルギーを失ってはならない。わが国の周りには、いま中間段階にあり、まだ不安定なＣＩＳ（独立国家共同体）という空間がある。ロシアへの依存を望む国はない。が、その半面、ロシアを失いたいと思っている国もない。……周囲の国々の平穏は、われわれにとって戦略的観点からだけではなく、道徳的観点、同族としての観点からも、わが国の責任なのだ。わが民族は、皆、例外なく旧ソ連に属しており、互いに親密な民族である。何千という地の結びつきがある。共通の

記憶、共通の文化を有している。[10]

このようにエリツィンは、「近い外国」との関係も重視する姿勢を鮮明にしていったが、大西洋外交を推し進めたコーズィレフを高く評価する姿勢は変えなかった。自身の手記の中で、若くて根気強く、専門的知識を持つコーズィレフならば、交渉、提案、相手に対する再提案といったさまざまな課題をうまく処理するだろうと述べた上で、[11]「私の選択はやはり正しかった」と回想している。[12]つまりエリツィンは、大西洋主義外交を徐々に修正し、旧ソ連の地政学的空間に配慮し始めたが、一九九〇年代前半の時点では、西側重視の姿勢を決定的に変えたわけではなかった。

この姿勢が大きく転換するきっかけとなったのは、次で触れるような、ロシア国内で高まる愛国心であった。

野党の台頭と愛国心の高揚

一九九三年の議会選挙では共産党やロシア自由民主党が躍進したが、[13]これは体制転換に伴い経済的に困窮した人が増えたせいで、一時的なものだと捉える識者が多かった。[14]アメリカの研究者がロシアで行った社会学的調査によれば、ソ連崩壊を「悪かった」「どちらかと言えば悪かった」とした者は、一九九三年には六九%であったが、一九九五年には七七%へと上昇しており、[15]国民の愛国心の高揚も野党の躍進に関係していた。その後に行われた別の調査でも類似の結果が継続し、一九九九年には八五%に達した。[16]

このような事態の変化を察知していたからこそ、ロシア連邦共産党議長のゲンナジー・ジュガーノフ（Г.А. Зюганов）は党大会で、「現在の歴史的状況においてロシア共産主義者のかなめとなるのは、愛国主義とロシアの国家的統一性の理念である」と愛国主義を積極的に擁護したのであろう。(17) もちろん、社会主義という旧来のイデオロギーでは国民の支持が得られないという認識から、愛国主義や「国家統一性」が強調されたのは言うまでもないが、それでも愛国主義を主張したのは、国民感情を汲み取ってのことであろう。ジュガーノフは、一九九六年には『ロシア 我が祖国』(18) と題する著書を発表し、愛国主義の重要性を訴えながら、国際舞台でロシアが占めるべき位置を説いた。こうした戦略が功を奏し、一九九五年時点で共産党は最も支持を得る政党となった。(19) また、「危機からロシアを救うのは誰か」との世論調査に、国民はジュガーノフへ期待を寄せ続け、その支持率は一九九五年には二一％、一九九九年にも二三％と、九〇年代を通じて比較的安定していた。(20) 世代別にみると、若年世代の支持率は最も低かったが、(21) 概してジュガーノフの支持率が高かった点は注目に値する。

ジュガーノフ以外にも、当時副大統領であったアレクサンドル・ルツコイ（А.В. Руцкой）も愛国心をシンボルに掲げ、ロシアの凋落を嘆きながら、大国としてのプライドを国民に訴える発言を繰り返した。(22) ルツコイは、回想録で次のように述べている。少し長くなるが引用したい。

彼ら、化け物〔若手のガイダールとそのグループ〕は、西側の国々を夢見て、大国の破壊という構想を持った地獄の使者たちであり、彼らにとって自分の国の政治、経済、文化、歴史、そして、その国の国民のことなど、何の痛みも感じない、何の足しにもならないものであるというわけだ。(23)

今また〈ロシアの復興〉のための〝代用民主主義〟という万能薬を西側から持ちこんで、われわれの同胞の血の上に建てられた住み心地の悪いかつての建物を壊したばかりではなく、すでに土台をも壊しにかかっている。……目指さなければならないのは他の民族の性格や信仰を真似ることではなく、自分たち国民の精神の基礎、国民的な性格と呼ばれているもの、つまり道徳、精神性、恥と罪を感じる心、意思、ゆるぎない信じる心、愛、勇気を復興させることであることを、エリツィンたちは理解できていない(傍点原文)[24]。

国民が愛国心を高揚させたのには、ルツコイの政治姿勢にも表れているように、国外情勢も大きく関係していた。当時、ユーゴスラヴィア空爆などもあって、NATOの東方拡大を危惧する声が国内で高まっていた[25]。そうした世論を受け、ロシアの国益を重視するエヴゲニー・プリマコフ(E.M. Примаков)の支持は上昇傾向にあった。プリマコフは一九九六年に外相に就任し[26]、九八年には首相に抜擢され[27]、国民の支持も厚かった。一九九九年の調査では、彼の支持率は二九・二%であり、政治家の中で最も高かった[28]。

政策なきスローガン

このように国内でさまざまな勢力が愛国心をシンボルとして利用しはじめると、エリツィン政権もそれに追随し、政治家はこぞって愛国心を重視するようになり、ロシア政治における「総愛国化」現象が生じた[29]。

ソ連崩壊後のロシアでは「ロシアとは何か？」が熱く議論された。その際、ソヴィエト体制を作り出したロシア革命以前の帝政ロシアとの歴史的連続性を求める視点は、当然のことながら広く見られた。エリツィンも帝政期と新生ロシアの連続性を強調した。手記でも「私は「ソビエト」の遺産からの解放を最大限に抜本的に行うことにした」と述べている。(30) 帝政期のシンボルをロシアのシンボルとしたのも、その表れであった。「脱ソヴィエト化」の一環として、三色旗を国旗とする大統領令、(31) 双頭の鷲を国章とする大統領令、(32) 帝政期の作曲家グリンカの「愛国歌」を新国歌とする大統領令を次々と出し、(33) 帝政ロシアのシンボルを復権させたのである。

さらに、「脱ソヴィエト化」どころか、ソヴィエト期の「偉業」にも触手を延ばした。一九九四年には、翌年に控えた戦勝五〇周年記念祭のプログラムを連邦政府が計画している。(34) また、エリツィン政権下では過去の栄光を記憶に留める目的で「軍事栄光の日に関する連邦法」の法制化が進められた。この連邦法には、五月九日の戦勝記念日が加えられるなど、ソ連期の偉業が称揚されていた。エリツィンは同法に一九九五年に署名した。(35) さらに一九九八年二月のラジオ演説では、「愛国主義、祖国は人生の中で最も重要な言葉である」と発言した。(36)

もっとも、エリツィン政権は、愛国心の具体的な育成については積極的でなかったようだ。世論や野党に対抗する必要から愛国心をシンボルに掲げたが、実際には、一種のスローガンにとどまっていた。ただ、エリツィン政権末期の一九九九年一〇月に「ロシア教育システムにおける早期教育開発プログラム」が教育省によって採択され、愛国心教育が盛り込まれたことは見逃せない。(37) その後、間もなく発足するプーチン政権の愛国主義政策につながる一歩だったからである。エリツィンの後を継いだウラジーミル・プーチン（B.B. Путин）は、愛国心の重要性を幾度となく主張してその制度化を図り[38]、国民統合という難問に挑んだのである[39]。

第二節　精神的紐帯としての愛国心

ソ連崩壊後は、経済や政治、さらにはアイデンティティの危機などが一七世紀の「大動乱《スムータ》」に喩えられるほど混乱を極め[40]、そこからの脱却は容易ではなかった。一九九七年に実施されたある社会学的調査によれば、「現在のロシアで誇れるものは何もない」と回答した国民は二三・七％にも達した。一方、「過去の誇れるもの」は、軍隊（二六・三％）や愛国主義・力強さ（一五・三％）などが挙げられ[41]、ある種のノスタルジーが表れていた。またこの時期、エゴイズムや個人主義が国民の間に急速に広まり、国家の尊厳が希薄化するとともに、大国としての地位を失ったことに多くの国民が屈辱感を抱くようになったと指摘された[42]。

ただ、一般に指摘されるそのようなイメージは、統計上は必ずしも確認できず、より複雑な様相をみせた。当時確かに愛国心が徐々に高まってきていたが、一九九八年と一九九九年のある調査によれば、愛国心が最も重要な価値観だと回答した者はわずか一〇・五％であったし、愛国主義を掲げた政党に投票すると答えた有権者は一六％にすぎなかった。もっとも、この統計を紹介した社会学者によれば、これはロシア国民に愛国心がないことを意味しているのではない。むしろ愛国心が軍国主義や帝国の復活を想起させるために否定的に捉えられる傾向があるためだというのである[43]。また、一九九八年に『廃墟のなかのロシア（Россия в обвале）』を上梓した作家アレクサンドル・ソルジェニーツィン（А.И. Солженицын）は、ロシアの再建に愛国主義は不可欠だと次のように説いた。

我が国では、愛国主義を「ファシズム」とほぼ同列に置き、これを排斥するのが流行している。ところがアメリカ合衆国に目を移せば、愛国主義は高く掲げられている。愛国主義を恥じる者はいないどころか、アメリカは愛国主義によって生き、これを誇りにしている。そして、種々さまざまな民族集団は愛国主義によって融和している。アメリカの学校の教室には例外なく国旗が掲げられ、多くの学校で国旗に対する忠誠が宣誓される。
愛国主義は、多くの国にとって財産となる。ヨーロッパ全土においても。愛国主義とは民族を統合する原理であり、その民族を、他の人々から離反させるものではない[44]。

その上で、こう指摘している。

多民族国家が危機に陥った場合、頼みの綱はすべての市民が支持し元気づけてくれることである。団結して国家全体の利益を守ることが、自分たちの民族にとっても生死を決するほど重要なのであると、いかなる民族も銘記しなければならない。
この意味での国家規模の愛国主義は今日のロシアにはおよそ存在しない。個々の自治体のなかでは、愛国主義が称揚されているにもかかわらず、ロシア全体を混沌が支配し、国家権力はおよその名に値しない振る舞いを見せ、道徳的に堕落した姿をすべての国民にさらけだしてしまっている[45]（傍点原文）。

エリツィン政権で国家安全保障会議書記も務めたアレクサンドル・レーベジ（А.И. Лебедь）は自伝で「ソ連の崩壊を残念に思わない人は心の冷たい人だが、ソ連をかつての形態で復活できると考えている人は頭がたりない」と述べた[46]。その上で、「われわれが一〇〇〇年にわたる正教を信ずるルーシ、三〇〇年のロマノフ家、およそ七五年のソヴィエト政権の継承者であるということだ。われわれはロシアの歴史の何をも、誰をも拒む権利を有してはいないのだ。過去なくして未来はなく、またありえない」と指摘し[47]、自国の歴史を顧みる重要性を説きながら、愛国心に立脚した統一を訴えた[48]。

いずれにしても、ロシアの政治エリートにとり、数字に表れたロシア国民の否定的な意識、そして何より祖国の尊厳が揺らぐ現状を急いでなんとかしなければならなかった。こうした状況を目の当たりにしたプーチンは、首相時代に「千年紀の境目におけるロシア」なる論文を公表し、次のように述べていた。

> この言葉〔愛国心〕は、大多数のロシア国民にとって、本来の、完全に肯定的な意味を有する。これは、自分たちの祖国とその歴史、偉業を誇りとする感情だ。これは、自分の国をより美しく、より豊かに、より強固に、そしてより幸福にしたいという欲求だ。……これは国民の勇気と不屈さ、力の源泉である。われわれは民族的な誇りや尊厳と結びついた愛国心を失い、偉業を成し遂げる能

力を持つ国民としての自己を喪失しつつある（傍点引用者）[49]。ロシアはいま、何世紀にもわたる歴史で最も困難な時期にある。この二〇〇、三〇〇年ではじめて、ロシアは二流、あるいは三流の国にまで堕ちる真の危機に直面している。この事態を避けるために、われわれは持てるすべての知性、物資、モラルの力を動員しなければならない[50]。

また、大統領選を前にした二〇〇〇年二月、全国紙にプーチンの「有権者への公開書簡（Открытое письмо Владимира Путина к российским избирателям）」が掲載された。彼はロシアの内外政策について言及し、今後ロシアがとるべき指針を示すとともに、「ロシア国民にとって、家庭ではじめて育む精神的支柱、また他ならぬ愛国心の核となる精神的支柱は重要である」と訴えた[51]。その後、大統領に就任したプーチン[52]は、最初の教書演説でも愛国心がロシア社会において欠かせない価値観であることをふたたび強調し、「ロシアの統一は、国民固有の愛国心、文化的伝統、共通の歴史的記憶が強化する」と述べた[53]。エリツィン政権で外相や首相を歴任したエヴゲニー・プリマコフ[54]は回顧録で次のように述べている。

私はプーチンと何度か面談したあと、この人物は愛国者であること、だが、ショービニズム（排外的愛国主義）の思想とは無縁であること、左翼、右翼いずれの思想にも染まっていないこと――が理解できた。ある問題について彼が政治的に親近感、あるいは反感を抱くかは、その問題がロシアの国益になるかどうかにかかっていること、彼がロシアの国益をよく理解していること――は明らかだった[55]。

こうして、プーチンは国民の意識改革が政権の重要課題であるとアピールし、愛国主義を再興して国家統一を推し進める姿勢を示した。この認識に基づき、政権は愛国主義の制度化を図るのである。

第三節　愛国主義の制度化

国家シンボルの制定

ソ連崩壊後、エリツィンは新たな国歌として帝政期の作曲家ミハイル・グリンカ（М.И. Глинка）の「愛国歌」を大統領令で採択した。また、三色旗を国旗とし、双頭の鷲を描いた国章を新たに定めた。しかし、ロシア連邦憲法第七〇条には、国家シンボルは「憲法的法律[56]」によって定めるとあるため、大統領令で決めるのではなくシンボルに関する法の制定を求める動きが出てきた。大統領に就任したプーチンは、国民の愛国心を養うため、まず新国歌の制定に乗り出した。

ロシア連邦共産党のヴァレンチン・ロマノフ（В.С. Романов）議員によれば、愛国歌の歌詞は共産党員には不評であるが、ソ連国歌のメロディーは国民にとって身近でわかりやすい[57]。この指摘を受け、国家シンボルのなかでも、とりわけ国歌（愛国歌）をめぐって賛否両論が交わされるようになった。例えば、「私は、現時点でグリンカの曲が最もふさわしいという意見に賛成だ。大統領令で大統領がグリンカの曲に決めたからだ」「私はアレクサンドロフの曲（ソ連国歌）を断然支持する。グリンカの「愛国歌」よりもずっと受け入れやすい。社会を調和させる曲だからだ」「私は、ソ連国歌を残し、歌詞を新しくすればよいと思う。曲は変えず歌詞だけ変えれば、ロシアがソ連を継承しつつも異なっていることを象徴できる。グリンカの曲は、二一世紀の国歌としては、あまりにも古すぎる」といった意見が各地で戦わされた。(58) 新国歌が国民になじみがないことはエリツィン自身も認めており、特に歌詞が無いことを問題視していた。(59)

そうしたなか、一九九九年三月一〇日に下院の第一読会で「ロシア連邦国歌に関する法律(О Государственном гимне Российской Федерации)」案が審議された。(60) この法案は、一九四四年に採用されたアレクサンドル・アレクサンドロフ作曲のソ連国歌を新国歌の曲として採択するものである。法案の意義を説明したアナトリー・コトコフ(А.С. Котков)議員は、「本法案はアレクサンドロフの曲〈ソ連国歌〉が国歌の基本だと謳っている。彼の曲は最も壮大である。ロシアはソ連の継承国であり、私たちは偉大な国家の法的な継承者である」と述べ、アレクサンドロフ作曲のソ連国歌が新国歌に相応しいと指摘した。共産党のアレクサンドル・サリー(А.И. Салий)議員も、「アレクサンドロフの曲を使ってもイデオロギーとは関係ない」と法案の趣旨に賛同した。他方、ヤブロコ党のユーリー・ネステロフ(Ю.М. Нестеров)議員はコトコフ議員の「壮大」発言について、「グリンカの曲よりもアレクサンドロフの曲のほうが壮大とする理由はなにか」と質した。コトコフは「アレクサンドロフは国歌としてあの曲を作曲した。しかしグリンカは国歌を作曲したわけではない」と答えた。ロシア連邦共産党のヴァシリー・シャンディビン(В.И. Шандыбин)議員は、「私たちはこの国歌のもとで育ったのであり、この国歌のもとで最期を迎えるべきだ」と述べ法案の採択を強く求めた。このような議論を経て、四五〇名中三〇七名の議員が賛成票を投じ、(61) 同法案は第一読会を通過した。(62)

翌日の『コメルサント』紙は、「下院、ソ連国歌を復活」の見出しでこのニュースを伝え、サリーの発言を引用しながら、共産党系の議員はこの法案を肯定的に捉えたと報じた。『コメルサント』のインタヴューで、ヤブロコ党のセルゲイ・イヴァネンコ（С.В. Иваненко）議員はソ連時代へ後戻りだと批判している(63)。作曲家のヴャチェスラフ・オフチェンニコフ（В.А. Овчинников）も「シャンディビン議員がソ連国歌のもとで最期を迎えたいのであれば、それを録音したカセットテープを買えばよい」と皮肉めいた否定的意見を述べた(64)。

第一読会から一年以上経過した二〇〇〇年一〇月、サンクトペテルブルグ市長のウラジーミル・ヤコヴレフ（В.А. Яковлев）は、新しい国歌の歌詞にかんして、ソ連国歌の作詞家であるセルゲイ・ミハルコフも候補者の一人だと指摘した。ヤコヴレフは「グリンカの曲を残すことは可能だが、歌詞は、大国の一員であることを自覚させるようなものでなければならない」と持論を展開した(65)。一〇月一二日には、国にとって重要な諸問題を議論する国家評議会(66)の幹部会が開催され、プーチンは幹部会メンバーの地方知事八名とさまざまなテーマについて話し合った。その際、新国歌も話題に取り上げられ、出席者はグリンカの「愛国歌」を廃止し、曲はソ連国歌のままで歌詞だけ新しくした新国歌を定めることに賛同した。これを受け、『コメルサント』は「ロシアにソ連国歌が現れる」と報じた(67)。

『コメルサント』は一二月に「ソ連国歌はまだロシアに役立つ」との見出しでこの問題を取り上げ、「プーチン大統領は下院諸会派の代表らとともに法案を下院に提出した」とし、「新年までにソ連国歌がロシア国歌になる」と伝えた(68)。新国歌の方向性が国民に明らかになるなか、下院は二〇〇〇年一二月六日、国歌、国旗、国章といった国家シンボルに関する一連の法案を審議することを決定した(69)。

その二日後の一二月八日、第二読会が開催されることになった。『コメルサント』は、審議前にもかかわらず、これらの法案が採択される予定であり、また新国歌を「世界は支持している」と伝えた。[70] 世間の関心が高まるなか、下院で審議が始まった。ロシア連邦共産党のアナトリー・ルキヤノフ（А.И. Лукьянов）議員はまず初めに、この法案は「一九九九年三月一〇日の第一読会で採択された」と述べ、これまで時間を要したことを率直に説明した。そして、第一読会でコトコフが指摘したように、ロシアがソ連の法的継承国家であることを確認したうえで、「アレクサンドロフの国歌は長きにわたってロシアそのものの国歌であり、ロシアの歴史や大祖国戦争の勝利、戦後の復興、我が国の文化や芸術と密接に関連していた」と法案の意義を改めて強調した。一通りの説明を終えると、彼は歌詞については専門の委員会を設けるべきだとした。[71] その後投票が行われ、法案は賛成多数で第二読会を通過した。[72] 同日に開催された第三読会でも賛成が多数を占め、国歌、国旗、国章に関する一連の法案は下院を通過し、上院に送られることになった。[73] 法案の下院通過後、元ソ連大統領のミハイル・ゴルバチョフは「国歌の問題はとにかく解決すべきであった。グリンカの音楽は覚えるどころか、誰も歌えなかったので！」と述べ、新国歌に肯定的な態度を示した。[74] 他方、エリツィンは『コムソモーリスカヤ・プラウダ』の取材に応じ、言い切った。「多くの人々、とりわけ年長世代の人々は昔の国歌に思い入れがあるのは事実だ。しかし、私は、国歌としてソヴィエト連邦の歌の復活には断固として反対である」。[75]

上院では二〇日に採決がなされ、その結果、法案は賛成多数で採択されるに至り、大統領に回付された。[76] そしてプーチンは二七日、ソ連国歌の曲をロシアの新国歌でも用いる「ロシア連邦国歌に関する連邦法」に署名し、同法は正式に公布された。[77] こうして、アレクサンドロフ作曲のソ連国歌が新国歌として採用されることになった。この決定は「プーチン、ソ連国歌に反対せず」などの見出しで取り上げられた[78]。また、この日プーチンは、エリツィン政権期に採用された三色旗を正式に国旗とする「ロシア連邦の国旗に関する憲法的法律（О Государственном флаге Российской Федерации）」[79]、および双頭の鷲が描かれた国章を用いる「ロシア連邦の国章に関する憲法的法律（О Государственном гербе Российской Федерации）」を正式に採用した[80]。

一連の国家シンボルが法制化され、次なる課題は国歌の新しい歌詞であった。そこでプーチンは一二月二六日、新たな作業部会を立ち上げ、メロディーに合う歌詞の選定を求めた。作業部会には、大統領府内政局長アンドレイ・ポポフ（А.А. Попов）や文化大臣ミハイル・シュヴィトコイ（М.Е. Швыдкой）、新国歌について発言してきたウラジーミル・ヤコヴレフなど一二名が委員として名を連ねた[81]。協議の末、事前の予想どおり、セルゲイ・ミハルコフの歌詞が採用されることになり[82]、プーチンは一二月三〇日に大統領令に署名し、作曲家も作詞家もソ連国歌と同じ新国歌が誕生した[83]。

このようにプーチンは、ソ連期のシンボルを活用して国民の愛国心を鼓舞することにしたのである[84]。

「愛国心プログラム」の策定

プーチンに刺激され、「二〇〇一年から二〇〇五年までのロシア連邦国民の愛国心教育に関する国家プログラム（Патриотическое воспитание граждан Российской Федерации на 2001–2005 годы）」が連邦政府によって承認された（以下、「愛国心プログラムⅠ」とする）[85]。その前文によれば、「愛国心プログラムⅠ」が採択された背景には、社会的亀裂や精神的な価値喪失が悪影響を与え、教育や文化政策が疎かになっているという認識があった。エゴイズムや個人主義が広まり、国家を軽んじる風潮も指摘された。そのような状況を打破するために、精神的紐帯として愛国心の重要性が強調された。愛国心プログラムは、すべての社会層および年齢グループ（все социальные слои и возрастные группы）で愛国意識を育み、国家統一や社会経済的な安定の確保を目指した。

プログラムは、①世界におけるロシアの役割や歴史的価値観に基づいた愛国心の促進、②国益の守護者たる国民の育成、③愛国心を高揚させる効果的かつ機能的な国家システムの構築を目的に掲げた。そのため特に教育やメディアの影響力は重視した。具体的には、映画や書籍、教科書等の出版活動を通じて愛国心を育もうとしたのである。そこでプーチン政権は愛国心を高揚させるため帝政期の版図拡大や大祖国戦争での勝利の記述を充実させようとした。もっとも、ソ連崩壊後も、大祖国戦争の勝利は新たな国際秩序をつくった歴史的偉業と変わらず見なされていたため[86]、国民意識を育むツールにしやすかった[87]。問題は、ソ連を勝利に導いたスターリンをいかに利用するかであった[88]。

この点、エリツィンは粛清などスターリンの負の側面に力点を置き、ソ連時代を否定的にとらえる傾向があった。回想録ではこう述べている。

わが民族は、皆、例外なく旧ソ連に属しており、互いに親密な民族である。何千という血の結びつきがある。共通の記憶、共通の文化を有し、戦争とスターリンによるテロの犠牲者も共有しているのだ[89]。

どの時代を振り返ってみても、急速な改革の後には必ず反動が来た。しかもそれは激しい反動だった。二〇世紀はとりわけそうだった。二度にわたる土地改革、三つの革命、ネップ（新経済政策）、スターリンの工業化政策、フルシチョフの改革、コスイギンの「穏健な」改革といろいろあったが、結局根本的変化はもたらさなかった。(90)

一方プーチンは、「スターリンはもちろん独裁者だった。彼は個人的権力を保持するという目的を重視した人物だった。問題は、彼の指導のもと我が国は第二次世界大戦に勝利したのであり、この勝利は彼の名と切り離せないことだ。この事実を無視するのは愚かなことであろう」(91)と語り、スターリンによる政治的抑圧を認めつつ良い面を強調し、これを利用して愛国主義政策を実施していくことを仄めかした。そして独ソ戦で激戦地の一つであったヴォルゴグラードを訪れた。これが選挙を意識した訪問であったことは否めないが、かつてスターリングラード（スターリンの町）と呼ばれた町で愛国心について演説したことは象徴的であったと言えよう。(92)また、政権与党「統一ロシア」前議長ボリス・グリィズロフ（Б.В. Грызлов）も同様に、「スターリンは国家の指導者として大祖国戦争時に多くのことを行った」と述べ、戦争を勝利に導いたその指導力を強調した。(93)こうした歴史認識は、ロシア連邦共産党議長ジュガーノフも共有していた。ジュガーノフは自著で、「周知のように、スターリンという名前は我が国の歴史の最も重要で悲劇的な時期と切り離せない。我が国を世界的大国に変えた工業化や集団化、文化的発展は、一国社会主義というスターリンの主張の正当性を示した。また、ファシズムへの偉大な勝利も意味したのだ」と指摘している。(94)プーチンは共産党系の支持者の取り込みを図ったとも見えるが、ともかく、エリツィン時代の評価に一定の修正を施したと言えよう。

とはいえ、スターリンの政治的抑圧を無視しているのではない。確かにプーチンは、スターリンの指

サンクトペテルブルグの地下鉄「ゴスチーヌィ・ドヴォール」駅前で集会を開くスターリン支持者たち。2013年12月7日筆者撮影。

導力は肯定したが、政治的弾圧にも批判を加え、[95]両義的な態度を示していた。[96] このように功罪を認めながらも、プーチン政権下のロシアでは、「スターリンの号令の下でのソヴィエト人民がナチス・ドイツと闘った「大祖国戦争」の記憶は、国威発揚のための不可侵の神聖な物語」で[97]あり、国民が「ロシアの誇りとすべき偉業」と見なす大祖国戦争での勝利[98]は、愛国心を高揚させるツールとしてあからさまに用いられた。

プログラムには、ロシア連邦教育科学省やロシア連邦国防省などの連邦機関のほか、共和国や州といったロシアを構成する主体（連邦構成主体）も加わり、中央・地方の協働の下に計画が進められることとなった。プログラムには総額一億七〇〇〇万ルーブルもの予算が割り当てられ、その多くは連邦予算からの支出である。プログラムの作成に関わったユーリー・クヴャトコフスキー（Ю.П. Квятковский）[99]は、「愛国主

壁に描かれた戦勝記念の絵。サンクトペテルブルグ市内。2013 年 5 月 15 日筆者撮影。

義的な理念に対する信用が長らく失墜しているなか、連邦政府が国家プログラムを採択することは、ロシアの国益を守る点でも必要不可欠であった」と述べ[100]、国民が愛国心に対して抱く感情を念頭に置きながら、「上から」指針を定めた意義を強調した。こうしてロシアの全社会層を対象にしたプログラムは開始された。

モスクワの第一二〇八学校の校長オリガ・クルグロヴァ（Ольга Круглова）は、愛国心を育むには歴史科目が重要だと説き、小中学校などで愛国心教育を実施する必要性を強調した[101]。政権はこの提案を取り入れ、歴史教科書の編纂を進めた。

歴史教科書の検定

プログラムが採択された翌年、プーチンは「大祖国戦争に関する真実を守りつづけ、真実を歪曲したり、斃れた人たちの記憶を侮辱しようとする風潮とは戦う」と語った。[102] 翌二〇〇三年、連邦教育科学省が歴史教科書をテーマにした会議を開催すると、プーチンは、「祖国に尊厳を抱く教育の必要性」を訴え、愛国心教育の重要性を強調するとともに、今後の歴史教育のあり方について専門家と意見を交わした。ここで重要なのは、プーチンの姿勢が明確になって以降、プーチンの政治方針やソヴィエト期に否定的な歴史教科書が排除され始めたことである。『コメルサント』は、現代史におけるプーチンの役割を軽視する教科書に不満を抱いた教育科学相ウラジーミル・フィリポフ（В.М. Филиппов）[103] が、現在出回っている教科書の記述をチェックする方針を打ちだしたと伝えている。まず標的にされたのが、歴史家イーゴリ・ドルツキー（И.И. Долуцкий）が執筆した教科書『祖国史――二〇世紀（Отечественная история. XX век）』である。この教科書は、一九九三年に高校生用（一〇～一一年生用）としてムネーモシュネー社から二巻本として発行され、それ以来版を重ね、教育科学省にも認可されていた。それが、突如調査の対象に選ばれたのである。[104]『祖国史』では、スターリンの粛清などソ連時代を否定的にとらえる記述があるほか、[105] プーチンの「権威主義的独裁」について生徒に是非を評価させるなど、現政権の方針に批判的なことが、その理由だとされている。[106] 実際フィリポフは、歴史教科書が「ロシア史を歪曲する擬似自由主義（псевдолиберализм）」であってはならないと述べていた。[107]

二〇〇三年一二月二日、教育科学相のフィリポフは『祖国史』の認可を取り消す決定を下した。[108] これに対して著者のドルツキーは、特にプーチンにかんする記述は、幾人かの論者の主張を比較したにすぎず、誤解であると反論した。[109] また、国内のいわゆるリベラル派は教育科学省の措置に批判的であったし、[110] 一部のメディアは「検閲」という見出しで教科書に対する干渉を詳細に報じた。[111]

いずれにせよ政治エリートは、ソ連崩壊後のアイデンティティ危機に対処するために過去の偉業を利用し、新たな歴史教科書の編纂を推奨した。特に、大祖国戦争での勝利やスターリンの指導力を前面に押し出し、国民に印象づけて意識改革をはかろうとした。歴史を担当するある教師は「私たちの学校では、五年前に比べ愛国心教育に大きな関心を払っている」と述べており[112]、政権が主導する愛国心教育は現場で着実に進められた。

こうして、独ソ戦の勝利や指導者スターリンの肯定的イメージは、愛国心を育む道具とされたのである。ついで政権はマスメディアの役割にも注目し、関与を強めることにした。

マスメディアへの介入

すでにエリツィン政権期にテレビの影響力が絶大であることが証明されたため、プーチン政権も看過できないと判断した。そこで、テレビの放送内容に関しても一定程度の規制を設けようとする動きが出てきた。政権与党「統一ロシア」のヴァレリー・ガリチェンコ（B.B. Гальченко）は二〇〇三年、「テレビ放送は祖国に対する尊敬や愛国心を国民に教えていない」との理由から、「テレビ放送における国産映画の上映および社会的に重要な情報の割り当てに関する法律」案を提出し、外国番組の放送をある割合以下に抑えようとした[113]。実際、映画関係者はガリチェンコに、国産映画の保護を陳情している。『コメルサント』はガリチェンコの法案を「割り当てられた愛国主義」と伝えた[114]。そうした要請を受け、彼は法制化を進めたのであろう。法案は、「テレビで国産映画の割合を六〇％以上にする」など具体的数字を挙げて国産映画の保護を図った[115]。また彼は、「視聴者、特に若年層は愛国心やロシアへの愛着を育む作品をほとんど見ていない。外国映画が増えるほど国産映画が復興する可能性は低くなる」と述べ、外国映画を制限する正当性を改めて強調した。[116] しかし批判も根強く、[117] 最終的に法案は否決されたため、[118] 連邦政府は新たなチャンネルの開設に乗り出した。

国防相のセルゲイ・イヴァノフ（С.Б. Иванов）[119] は二〇〇五年一月、ロシア国防省が管理運営する愛国チャンネルの創設に着手した。その名は「ズヴェズダー（Звезда）」である。まずイヴァノフはミハイル・フラトコフ（М.Е. Фрадков）首相宛てに書簡を送り、同チャンネルが「ロシア国民の社会的活動の向上をはかるため、情報・思想を効果的に伝えること」を目指していると伝えた。その上で、「ズヴェズダーの基盤構築および少なくともロシアの五一の地方で放送可能なネットワークの構築」を求めた。[120] 連邦政府はイヴァノフの要請に基づき新チャンネルの創設を認め、その予算を計上するとした。国民の愛国心を育成するために、「ズヴェズダー」の開設を決定したのである。[121] イヴァノフは「高齢者や大祖国戦争の退役軍人、若者らにチャンネルを見てほしい」と語った。[122]「ズヴェズダー」の開設を祝うセレモニーが四月二二日にモスクワのロシア軍中央劇場で開かれ、大臣や下院議員、退役軍人らが招かれた。「ズヴェズダー」の番組は今後、ロシア国内のみならず、ＣＩＳ諸国での放送も予定されているといわれ、愛国心の拡大に向けて整備が進められた。[123] 四月二八日に国防省が発表した計画によれば、一億ドルもの資金が「ズヴェズダー」に投入され、翌年には番組の受信が限定的にモスクワ全域で可能になるという。[124]「ズヴェズダー」の開設には賛否両論あり、特に社会団体「兵士母の会」は、従軍を促す番組は、「軍国主義の第一歩に他ならない」と厳しく批判した。[125] このような反対意見がありながら、連邦政府がロシア国防省傘下のチャンネルの開設に理解を示し、[126] 国民の愛国心を鼓舞しようとしたのは注目に値するだろう。

さらに着目すべきは、プーチン政権が、ソ連崩壊後に誕生した新興財閥（オリガルヒ）をメディアから排除したことである。エリツィン時代、ボリス・ベレゾフスキー（Б.А. Березовский）やウラジーミル・グシンスキー（В.А. Гусинский）といったオリガルヒは主要なメディアを支配し、政権との癒着を強めた。しかし、プーチンは二人を排除し、オリガルヒ傘下の主要全国ネットを国営企業に買収させ、政権の支配下に置いた。そのような事情から、放送内容も政権寄りになったとされる[127]。

愛国映画の製作

プーチン政権は愛国心を鼓舞するため、テレビのほかに映画も活用した。例えば、二〇〇四年にロシア連邦大統領府、上下両院、ロシア政府、連邦保安庁の支援で「愛国映画支援財団（Фонд поддержки патриотического кино）」が設立された。財団の公式サイトを見ると、その目的は「愛国的な映画や文学の復活、愛国理念の普及、祖国を守る人々への肯定的イメージの形成」とされている[128]。財団は、「愛国心プログラム」および二〇〇三年に「ロシア政府付属軍事史・文化センター」が作成した「ロシア連邦市民の愛国心教育のコンセプト（Концепция патриотического воспитания граждан Российской Федерации）」に基づき活動する。このコンセプトは愛国主義を「ナショナリズムや分離主義とは異なるもの」と定義しており[129]、国家統合を企むプーチンの目的にも沿う。財団の公式サイトもコンセプトの全文を載せており、効果的に愛国心を国民に植え付けようとした。財団の評議員には、現上院議員で政権与党「統一ロシア」に所属するアレクサンドル・トルシン（А.П. Торшин）や連邦保安庁大佐のミハイル・シェキン

2013 年モスクワでの軍事パレード。ロシア連邦大統領府 HP。

（M.B. Щекин）らが名を連ねており、政権と近い関係にあることが窺える。週刊誌『コメルサント・ジエンギ』は、国家機関の「支援によって財団が設立された事実が明らかになった」とし、財団の会長セルゲイ・バジェノフ（C.B. Баженов）にどのように愛国心を醸成するのか尋ねた。彼は、「ソ連時代、愛国主義は上からもたらされ、厳しく命じられた。今日、そのようなことは不可能だが、愛国心は教えなければならない。……ただイデオロギーを詰め込むのはよくない。若者は拒否してしまう。評判のよい良質な映画を製作し、愛国の思想を巧みに伝える必要がある(130)」と述べた。

バジェノフは記者の問いに対し、国の財政的支援を否定しなかった(131)。また二〇〇六年以降、同財団は連邦保安庁を扱った文学や芸術を表彰する「ロシア連邦保安庁賞」の主催者でもある。ある財団職員はインタヴューで「今日、ドラマや映画などで治安機関の活動は否定的に描かれており、私たちは……治安機関の威信を傷つけず、国を守る者としての肯定的イメージ作りに貢献している人々を表彰することにした(132)」と述べている。政権は祖国に尽くす者を愛国者ととらえ、芸術分野も利用しようとしたのである。

映画産業も例外ではない。二〇〇〇年代のロシア映画を分析したスヴェトラーナ・ザルビナ（C.H. Зарубина）によれば、独ソ戦を舞台とした愛国的な映画は国の財政的支援を受けており（二〇〇八年製作の「我々は未来から来た（мы из будущего）」など）、戦勝の記憶の醸成に一役買っているという(133)。映画評論家アレクサンドル・シャパギンが指摘するように、「戦争は……歴史の中でも輝かしい一ページ」であり(134)、政権も利用しやすかったのであろう。

サンクトペテルブルグでの戦勝記念パレード。いずれも 2012 年 5 月 9 日筆者撮影。

戦勝記念パレード

ロシアでは毎年五月九日の戦勝記念日に各地で大きな式典が開かれるが、プーチン政権はこの機会を見逃さなかった。祝祭や記念行事の象徴性はさまざまな研究で指摘されているとおりであり[135]、ここぞとばかりに愛国心の高揚を狙ったのである。モスクワの「赤の広場」で開催される戦勝記念祭には例年、退役軍人やその家族親族が招かれ、軍事パレードを見物する。祭典では「勝利の日（День победы）」という曲が演奏され、レフ・レシェンコ（Л.В. Лещенко）やヨシフ・コブゾン（И.Д. Кобзон）といった有名歌手や参加者が歌う姿が全国にテレビ中継される。これまでも政権は国民の参加を促して連帯感を演出し、愛国心を鼓舞しながら「一体不可分のロシア」の創出に努めてきた。

二〇〇〇年の戦勝記念パレードには、ロシア全土から三〇〇〇人の退役軍人が参加し[136]、赤の広場を行進した。退役軍人らが多くの勲章をつけ、胸を張って歩く姿が全国に中継された。首都だけでなく各地でも同様のパレードはあり、市民は勝利を共に祝った[137]。また、記念日前には赤の広場などさまざまな場所でコンサートが開催され、国民の戦勝気分を盛り上げ、愛国心を鼓舞する[138]。二〇〇二年に戦勝記念コンサート会場に現れたプーチンは、退役軍人らを労い「あなたがた退役軍人はみなの手本となるべきだ」と述べ、さらなる社会貢献に期待を寄せた[139]。ロシア科学アカデミー社会政治研究所のゲンナジー・オシポフは、「五月九日が国民にとって最もおめでたい日であり続けるようわれわれは努めなければならない。国際社会にもこの考えを認めてもらうべきだ[140]」と述べ、政権も従来の歴史観を保持した。そして、戦勝六〇周年を迎えた二〇〇五年には、プーチンは「同志の皆さん」と呼びかけ、祖国防衛に貢献した退役軍人らの功績を讃えながら、「我が国にとって五月九日は聖なる日、祝日であったし、これか

サンクトペテルブルグの戦勝記念パレードに参加した退役軍人と思われる男性。
いずれも 2013 年 5 月 9 日筆者撮影。

らも永遠に聖なる日、祝日であり続ける」と戦勝の意義を強調した[141]。

六〇周年記念式典後、週刊誌『コメルサント・ヴラスチ』は著名人に感想を聞いている。上院議長のセルゲイ・ミローノフ（С.М. Миронов）[142]は「赤の広場のコンサートは大変気に入った」と述べ、下院退役軍人委員会代表のニコライ・コヴァリョフも「パレードはよかった」と語った[143]。毎年式典では大がかりな演出がなされ、国民の愛国心を育んでいる。ある世論調査によれば、七二％もの回答者が、戦勝記念パレードは「対ドイツ勝利を常に記憶し我が国の誇りとするため、若者を愛国者にするために必要だ」としており[144]、政権の狙いどおりの効果があったようだ。

コサックの復権

愛国心を育む道具は、ソ連期の偉業に限らない。プーチン政権は、愛国心を鼓舞するために帝政期の伝統文化ともいえるコサックを利用することにした。コサックは、帝政ロシア時代、皇帝へ絶対的な忠誠を誓い、巨大な帝国の領土を守る役割を正式に与えられた人々である[145]。プーチンは二〇〇三年に「ロシアコサックの復権及び発展のための活動遂行に関する大統領令（О совершенствовании деятельности по возрождению и развитию российского казачества）」を発表した[146]。

周知のように、ソ連崩壊後は軍隊でいじめが多発し、徴兵拒否をする若者が増加した。作家ソルジェニーツィンはいみじくも次のように指摘している。


将校の多くは兵士たちが部隊で何をしようと関心を示さなくなった。ともに戦い、助け合うという一体感は数十年のうちにすっかり薄れていった。この一体感が兵士たちの絆を何よりも強めるというのに。国内にますます強まっている自己中心的な気分は軍隊にも侵入して、犯罪者やごろつきのような意識を生んでいる。これが新兵いじめの温床となった[147]（傍点原文）。

そのため政権は、徴兵を拒否する人を減らし、祖国に尽くす若者を育成する必要性を痛感した。プーチン自身が「国家は戦闘能力のある軍隊を必要としている。聡明な将校と、専門知識を備えた若い司令官のいる軍隊だ」と述べたのも[148]、これと無関係ではなかった。そこで政権は、愛国的な青年将校を養成する軍人学校を設立し、徴兵拒否者の増加に歯止めをかけようとした。その際、国家指導者に絶対的忠誠を誓い、祖国を守るコサックを愛国者の象徴とし、青年将校を育成するために利用することにした[149]。ヴァレリー・スパーリングが指摘するように、まさに「軍事愛国主義」に基づいた政策だった[150]。プーチン政権は、帝政期やソ連期の伝統や偉業をなんでも活用して、国民の愛国心を鼓舞しようとしたのである。

注

（1）加藤美保子『アジア・太平洋のロシア――冷戦後国際秩序の模索と多国間主義』北海道大学出版会、二〇一四年、三二頁。伊東孝之「ロシア外交のスペクトラム――自己認識と世界認識のあいだで」伊東孝之・林忠行編『ポスト冷戦時代のロシア外交』有信堂、一九九九年、三―六八頁。

（2）Внешняя политика России: сб. документов. 1990–1992, М.: Международные отношения, 1996, С. 589.

（3）*Козырев А.В.* Преображение, М.: международное отношение, 1994, С. 54.

（4）*Козырев А.В.* Преображенная Россия в новом мире // Известия, 2 января 1992 г. 加藤、前掲書、三三頁。

（5）Российская газета, 21 января 1992 г.

（6）Внешняя политика России, С. 190.

（7）*Козырев А.В.* Выступление на научно-практическая конференция МИД РФ (26–27 февраля 1992 года) // Международная жизнь, 1992, № 3–4, С. 93.

（8）Известия, 31 марта 1992 г.

（9）*Козырев А.В.* Внешняя политика преображающейся России // Вопросы истории, 1994, № 1, С. 3–11. 加藤、前掲書、三九頁。

（10）ボリス・エリツィン（中澤孝之訳）『エリツィンの手記（下）』同朋舎出版、一九九四年、二四一―二四二頁。

（11）ボリス・エリツィン（中澤孝之訳）『エリツィンの手記（上）』同朋舎出版、一九九四年、二九二頁。

（12）同右、二九一頁。

（13）Коммерсантъ, 14 декабря 1993 г.

（14）森下敏男「一九九四年ロシア新議会の成立（下）」『神戸法学雑誌』第四四巻第一号、一九九四年、八一頁。加藤、前掲書、八頁。Российское общество и радикальные реформы: мониторинг социальных и политических индикаторов / Под общий ред. В.К. Левашова, М.: Academia, 2001, С. 361.

（15）Jerry F. Hough, "Sociology, the State and Language Politics," *Post-Soviet Affairs*, Vol. 12, No. 2, pp. 111–113. 塩川伸明『国家の構築と解体――多民族国家ソ連の興亡II』岩波書店、二〇〇七年、二五九頁。

（16）塩川、前掲書、二五九頁。ちなみに、二〇一四年にレヴァダ・センターが実施した世論調査によれば、「ソ連崩壊を悲しい」とした回答者は五四％であり、逆に「悲しくはない」としたのは二八％であった（Огонёк, № 48, 8 декабря 2014 г., С. 7）。

（17）永綱憲悟「親ロシア共産党議長ジュガーノフ――愛国共産主義の相貌」『（亜細亜大学）国際関係紀要』第四巻第一号、一九九五年、八八頁。

（18）*Зюганов Г.А.* Россия - родина моя: Идеология государственного патриотизма, М.: Информпечать, 1996.

（19）*Под общий ред. В.К.* Левашова, Указ. соч., С. 544.

（20）Там же, С. 747.

（21）Там же, С. 751.

（22）塩川、前掲書、二五八頁。永綱憲悟「副大統領ルツコイ――ロシア政治風土論への一接近」『アジア研究所紀要』第一九号、一九九三年、四四頁。

（23）アレクサンドル・ルツコイ（國井亮訳）『クーデター前夜』実業之日本社、一九九五年、一一六頁。

（24）同右、四〇九頁。

（25）*Гудков Л.Д.* Массовая идентичность и институциональное насилие. статья первая: партикуляризм и вытеснение прошлого // Вестник общественного мнения: данные. анализ. дискуссии, 2003, № 1, С. 31. ちなみに、エリツィンはクリントン前大統領と交わしたコソボ危機に関するやり取りを、回顧録で次のように記している。「わたしも意見を述べた。／「もし空爆を実施したら、ロシア国民は米国とＮＡＴＯのことを見放すだろう。そうなった後でも、ロシアの国民や政治家たちの西側に対する態度を変えさせるのは難しい。しかし、なんとか手を打たなければならない。いままでの関係を全部捨ててしまうつもりなのかい」」（ボリス・エリツィン（網屋慎哉・桃井健司訳）『ボリス・エリツィン最後の証言』ＮＣコミュニケーションズ、二〇〇四年、三九八頁）。

（26）Собрание законодательства Российской Федерации, 1996, № 3, Ст. 158.

（27）Собрание законодательства Российской Федерации, 1998, № 38, Ст. 4772.

（28）Мониторинг общественного мнения: экономические и социальные перемены, 1999, № 2, С. 56.

（29）塩川、前掲書、二五九頁。

（30）エリツィン、前掲書『エリツィンの手記（上）』、七二頁。

（31）Собрание актов Президента и Правительства Российской Федерации, 1993, № 51, Ст. 4928; Российская газета, 18 декабря 1993 г.

（32）Собрание актов Президента и Правительства Российской Федерации, 1993, № 49, Ст. 4761; Российская газета, 3 декабря 1993 г.

（33）Собрание актов Президента и Правительства Российской Федерации, 1993, № 51, Ст. 4929; Российская газета, 18 декабря 1993 г.

（34）Собрание законодательства Российской Федерации, 1994, № 7, Ст. 764.

（35）Собрание законодательства Российской Федерации, 1995, № 11, Ст. 943.

（36）Коммерсантъ, 21 февраля 1998 г.

（37）天野尚樹「ロシアにおける日ロ関係史の現在――「複数の歴史認識」に向けて」木村汎・袴田茂樹編『アジアに接近するロシア――その実態と意味』北海道大学出版会、二〇〇七年、一七六頁。

（38）愛国シンボルの広範囲な浸透という限りでは、エリツィン政権後期からプーチン政権の間には一定の連続性がある（塩川、前掲書、二五九頁）。

（39）とはいえ、エリツィン政権も民族問題には注意を払っていた。一九九三年に採択されたロシア連邦憲法の前文では「われわれロシア連邦の多民族からなる人民」と記されており（高橋和之編『〔新版〕世界憲法集　第二版』岩波文庫、二〇一二年、四六三頁）、多民族性が強調されていた。またエリツィンは、連邦および民族問題委員会、民族地域政治問題担当大臣のポストを設けたり（Собрание актов Президента и Правительства Российской Федерации, 1993, № 10, Ст. 869; 1994, № 3, Ст. 190）、一九九六年には国家の民族政策の基本となる「民族政策コンセプト」を承認したりした（Собрание Законодательства Российской Федерации, 1996, № 25, Ст. 3010）。

（40）Shiokawa Nobuaki, "Russia's Forth *Smuta*: What was, Is, and Will Be Russia?" in Ieda Osamu (ed.), *New Order in Post-Communist Eurasia*, Sapporo: Slavic Research Center, Hokkaido University, 1993, pp. 202–221; 塩川伸明「ソ連の解体とロシアの危機」近藤邦康・和田春樹編『ペレストロイカと改革・開放』東京大学出版会、一九九三年、三〇五―三一〇頁。

（41）*Степнова Л.А.* Социальная символика России // Социологические исследования, 1998, № 7, С. 98.

（42）*Гудков Л.Д.* Время и история в сознании россиян (часть I) // Вестник общественного мнения: данные. анализ. дискуссии, 2009, № 3, С. 101; 木村汎・袴田茂樹・山内聡彦『現代ロシアを見る眼――「プーチンの十年」の衝撃』日本放送出版協会、二〇一〇年、三三―三九頁。

（43）*Дилигенский Г.Г.* "Запад" в российском общественном сознании // Общественные науки и современность, 2000, № 5, С. 6. その典拠は、"Современное российское общество: переходный период. М.: 1998, С. 101; Сообщения Фонда "Общественное мнение", 1999, № 49, С. 32–33. いずれも筆者未見。

（44）*Солженицын А.* Россия в обвале, М.: Русский путь, 2006, С. 152–153. アレクサンドル・ソルジェニーツィン（井桁貞義・上野理恵・坂庭淳史訳）『廃墟のなかのロシア』草思社、二〇〇〇年、一九六―一九七頁。

（45）Там же, С. 153–154. 同右、一九七―一九八頁。

（46）A・レベジ（工藤精一郎・工藤正広・佐藤優・黒岩幸子訳）『憂国』徳間書店、一九九七年、四〇三頁。

（47）同右、四二七頁。

（48）なお、社会学者レフ・グトコフが行った調査によれば、「国民（народ）という思想と第一に関連しているものは何か」との問いに、「私たちの過去、私たちの歴史」と回答した者は、一九八九年で二四％、一九九四年で三七％、一九九九年では四八％であった（*Гудков Л.* Негативная идентичность. Статьи 1997–2002 годов, М.: Новое литературное обозрение, 2004, С. 144）。

（49）Независимая газета, 30 декабря 1999 г.

(50) Там же.

(51) Коммерсантъ, 25 февраля 2000 г.; *Путин В.В.* Избиратеранные речи и выступления, М.: Книжный мир, 2008, С. 19.

(52) 二〇〇〇年三月二六日の大統領選挙で五二・六四%を獲得し、大統領に就任した（Коммерсантъ, 28 марта 2000 г.）。

(53) *Путин.* Указ соч., С. 42.

(54) 二〇一五年六月二六日、プリマコフは八五歳で死去した（Коммерсантъ, 27 июня 2015 г.）。二〇一五年六月二九日、モスクワのノヴォデーヴィチ修道院で埋葬式が行われ、プーチン大統領やラヴロフ外相など政権閣僚が出席した（Собрание законодательства Российской Федерации, 2015, № 26, Ст. 3879; Коммерсантъ, 30 июня 2015 г.）。

(55) エヴゲニー・プリマコフ（鈴木康雄訳）『クレムリンの五〇〇〇日――プリマコフ政治外交秘録』ＮＴＴ出版、二〇〇二年、六頁。

(56) 「憲法的法律（конституционные законы）」とは、「それ自体として憲法の本体をなすものではない」が、「その制定につねに両院の特別多数（連邦会議議員総数の四分の三以上、国家会議議員総数の三分の二以上）の賛成を要し、また大統領はこれへの署名を拒否することができないから、通常の法律に優越する効力を有し、硬性的な広義の憲法体制を形づくる要素のひとつとなる」（大江泰一郎・竹森正孝・樹神成「民主的法治国家」小森田秋夫編『現代ロシア法』東京大学出版会、二〇〇三年、七七頁）。

(57) Коммерсантъ, 24 января 1998 г.

(58) Коммерсантъ, 5 февраля 1998 г.

(59) Коммерсантъ, 17 марта 1998 г.

(60) Социалистическое земледелие, № 1, 1 января 1944 г., С. 1.

(61) 下院議事録データベース（http://transcript.duma.gov.ru/node/2407/）。

(62) Собрание законодательства Российской Федерации, 1999, № 12, Ст. 1423.

(63) Коммерсантъ, 11 марта 1999 г.

(64) Коммерсантъ, 12 марта 1999 г.

(65) Коммерсантъ, 11 октября 2000 г.

(66) Собрание законодательства Российской Федерации, 2000, № 36, Ст. 3633.

(67) Коммерсантъ, 13 октября 2000 г.

(68) Коммерсантъ, 5 декабря 2000 г.
(69) Собрание законодательства Российской Федерации, 2000, № 50, Ст. 4880.
(70) Коммерсантъ, 8 декабря 2000 г.
(71) 下院議事録データベース（http://transcript.duma.gov.ru/node/2053/）。
(72) Собрание законодательства Российской Федерации, 2000, № 51, Ст. 4970.
(73) Собрание законодательства Российской Федерации, 2000, № 51, Ст. 4974; Ст. 4971; Ст. 4972.
(74) Коммерсантъ, 10 декабря 2000 г.
(75) Комсомольская правда, 8 декабря 2000 г.
(76) Собрание законодательства Российской Федерации, 2000, № 52, Ст. 5031; Ст. 5032; Ст. 5033.
(77) Собрание законодательства Российской Федерации, 2000, № 52, Ст. 5022.
(78) Коммерсантъ, 27 октября 2000 г.
(79) Собрание законодательства Российской Федерации, 2000, № 52, Ст. 5020.
(80) Собрание законодательства Российской Федерации, 2000, № 52, Ст. 5021.
(81) Собрание законодательства Российской Федерации, 2001, № 1, Ст. 115. ポポフは二〇〇〇年六月四日から二〇〇一年二月一六まで内政局長を務めた（Собрание законодательства Российской Федерации, 2000, № 23, Ст. 2424; Собрание законодательства Российской Федерации, 2001, № 8, Ст. 741）。シュヴィトコイは二〇〇〇年二月八日から二〇〇四年三月九日まで文化大臣を務めた（Собрание законодательства Российской Федерации, 2000, № 7, Ст. 804; Собрание законодательства Российской Федерации, 2004, № 11, Ст. 958）。
(82) Коммерсантъ, 28 декабря 2000 г.
(83) Собрание законодательства Российской Федерации, 2001, № 1, Ст. 70.
(84) この他、ロシア連邦軍の軍旗を赤旗にする法律も採択された（Собрание законодательства Российской Федерации, 2001, № 1, Ст. 1; Российская газета, 4 января 2001 г.）。
(85) Собрание законодательства Российской Федерации, 2001, № 9, Ст. 822.
(86) *Афанасьева А.И. Меркушин В.И.* Великая отечественная вайна в исторической памяти Россиян // Социологические исследования, 2005 № 5, С. 11–22; *Саралиева З.Х., Балабанов С.С.* Отечественная война в памяти трех поколений //

Социологические Исследования, 2005, № 11, С. 30; *Гудков Л.Д.* Время и история в сознании россиян（часть II）// Вестник общественного мнения: данные. анализ. дискуссии, 2010, № 2, С. 30, 33–34.

（87） *Тренин Д.* Post-Imperium: евразийская история, М.: РОССПЭН, 2012, С. 290（ドミートリー・トレーニン（河東哲夫・湯浅剛・小泉悠訳）『ロシア新戦略――ユーラシアの大変動を読み解く』作品社、二〇一二年、三五四頁）.

（88） 一九九四年に行われた世論調査では、世界史におけるスターリンの役割を肯定的に捉える国民は二八％であったのに対して、否定的評価を下した国民は四七％にも達していた。また一九九九年の調査でも、ロシアの歴史上、最も恐ろしい指導者としてスターリンの名前が挙げられるなど、否定的評価が目立った。しかし同時に、戦勝に導いたスターリンの指導力に焦点を当てて評価する国民もいた（*Дубин Б.В.* Сталин и другие. Фигуры высшей власти в общественном мнении современной России（1）// Мониторинг общественного мнения: экономические и социальные перемены, 2003, № 1, С. 15, 19; *Его же.* Россия нулевых: политическая культура, историческая память, повседневная жизнь, М.: РОССПЭН, 2011, С. 53–54）。つまり、ロシア国民にとって戦勝と抑圧は一体不可分のものであった。

（89） ボリス・エリツィン（中澤孝之訳）『エリツィンの手記（下）』同朋舎出版、一九九四年、二四二頁。

（90） 同右、一二頁。

（91） Коммерсантъ, 20 января 2005 г.

（92） Независимая газета, 23 февраля 2000 г.

（93） Коммерсантъ, 22 декабря 2004 г.

（94） *Зюганов Г.А.* Сталин и современность, М.: молодая гвардия, 2009, С. 11.

（95） Независимая газета, 31 октября 2007 г.; Коммерсантъ（Санкт-петербург）, 31 октября 2007 г. 二〇一七年一〇月三〇日、スターリンによる大粛清の犠牲者を追悼する巨大な碑「悲しみの壁（Стена скорби）」の除幕式がモスクワで行われた。式典に出席したプーチンは、「この恐ろしい過去を国民の記憶から消し去ることはできない。また正当化することもできない」と述べた（Коммерсантъ, 31 октября 2017 г.; Российская газета, 31 октября 2017 г.）。

（96） Stephen F. Cohen, *The Victims Return: Survivors of the Gulag After Stalin*, Exeter, NH: Publishing Works, 2010, pp. 171–178.

（97） 渋谷謙次郎「現代ロシアの国家統一と民族関係立法（一）」『神戸法学雑誌』第五二巻第四号、二〇〇三年、九頁。

（98） Мониторинг общественного мнения: экономические и социальные перемены, 1999, № 5, С. 12; 2005, № 1, С. 17; Вестник общественного мнения. данные. анализ. дискуссии, 2003, № 1, С. 30.

(99) クヴャトコフスキーは一九九七年五月から二〇一一年三月まで「ロシア政府付属軍事歴史・文化センター」所長を務めていた（Собрание законодательства Российской Федерации, 1997, № 21, Ст. 2536; Собрание законодательства Российской Федерации, 2011, № 14, Ст. 2006）。

(100) Учительская газета, 13 марта 2007 г.

(101) Аргументы и факты, № 11, 2001 г., С. 4.

(102) *Тавокин, Табатадзе.* Указ. статья, С. 64.

(103) フィリポフは一九九九年五月に教育相に就任し、二〇〇四年三月まで務めた。その後はフラトコフ首相補佐官を二〇〇五年三月まで務めた（Собрание законодательства Российской Федерации, 1999, № 22, Ст. 2736; 2004, № 11, Ст. 959; 2004, № 18, Ст. 1819; 2005, № 12, Ст. 1056）。

(104) Коммерсантъ, 28 ноября 2003 г.

(105) *Долуцкий И.И.* Отечественная история XX век. 10–11 классы. Учебник для общеобразовательных учереждений в двух частях. Ч 1, М.: мнемозина, 2003, С. 254–257.

(106) Karina Korostelina, "War of textbooks: History Education in Russia and Ukraine," *Communist and post-Communist Studies*, Vol. 43, Issue 2, 2010, p. 131; Thomas Sherlock, *Historical Narratives in the Soviet Union and Post-Soviet Russia: Destroying the Settled Past, Creating an Uncertain Future*, Palgrave Macmillan, 2007, p. 171.

(107) Известия, 24 января 2004 г.

(108) Коммерсантъ, 3 декабря 2003 г.

(109) Коммерсантъ, 28 ноября 2003 г.

(110) *Багдасарян.* Указ. соч., С. 232.

(111) Коммерсантъ, 3 декабря 2003 г.

(112) *Суркова И.Ю.* Стратегии развития патриотизма в молодежной политике российского государства // Молодежь современной россии: альтернативы выбора духовных и нравственных убеждений / Отв. ред. В.А.Зернова, Г.В.Хлебникова, М.: ИНИОН РАН, 2012, С. 266.

(113) Коммерсантъ власть, № 21, 2–8 июня 2003 г., С. 34; Независимая газета, 21 февраля 2003 г.

(114) Коммерсантъ, 11 июня 2003 г.

(115) Коммерсантъ, 19 марта 2004 г.

(116) Коммерсантъ, 2 апреля 2004 г.

(117) Коммерсантъ власть, № 21, 2–8 июня 2003 г.,С. 36.

(118) Коммерсантъ, 22 апреля 2004 г.

(119) イヴァノフは、安全保障会議書記、国防相、第一副首相、副首相、大統領府長官といった要職を歴任してきた。二〇一六年八月には自然保護活動・環境・運輸問題担当大統領特別代表に就任し現在に至る（Собрание законодательства Российской Федерации, 1999, № 47, Ст. 5685; 2001, № 14, Ст. 1335; 2001, № 14, Ст. 1336; 2007, № 8, Ст. 990; 2008, № 20, Ст. 2299; 2011, № 52, Ст. 7572; 2016, № 33, Ст. 5170; 2016, № 33, Ст. 5171）。

(120) Коммерсантъ, 27 января 2005 г.

(121) Там же.

(122) Российская газета, 22февраля 2005 г.

(123) Коммерсантъ, 25 апреля 2005 г.

(124) Коммерсантъ, 29 апреля 2005 г.

(125) Независимая газета, 1февраля 2005 г.

(126) 「ズヴェズダー」の公式ＨＰによれば、二〇一七年二月時点でクリミアやセヴァストーポリを含む全八五の連邦構成主体で放送が受信可能とのこと。また、インターネットでも番組を視聴できる（https://tvzvezda.ru/）。

(127) 飯島一孝『ロシアのマスメディアと権力』東洋書店、二〇〇九年、三一—四九頁。木村汎・佐瀬昌盛編『プーチンの変貌？——9・11以後のロシア』勉誠出版、二〇〇三年、二三六—二五五頁。

(128) 「愛国映画支援財団」のサイト（http://patriotfilm.ru/rus/fund.html）。

(129) Протокол № 2 (12)-П4 от 21 мая 2003 г. заседания Правительственной комиссии по социальным вопросам военнослужащих, граждан, уволенных с военной службы, и членов их семей.

(130) Коммерсантъ деньги, № 46, 26 ноября 2007 г., С. 126.

(131) Там же.

(132) Коммерсантъ, 7 февраля 2006 г.

(133) *Зарубина С.Н.* Патриотизм в современном российском кинематографе（2000–2010гг.）// Общественные науки и современность,

2012, № 5, С. 170–172.

(134) *Шагин А.* Религия войны. Субъективные заметки о богоискательстве в советском военном кинематографе // Искусство кино, 2005, № 5, С. 57.

(135) ジョージ・L・モッセ（佐藤卓己・佐藤八寿子訳）『大衆の国民化——ナチズムに至る政治シンボルと大衆文化』柏書房、一九九四年。ジョン・ボドナー（野村達朗ほか訳）『鎮魂と祝祭のアメリカ——歴史の記憶と愛国主義』青木書店、一九九七年など。

(136) Коммерсантъ, 6 мая 2000 г.

(137) Коммерсантъ, 10 мая 2000 г.

(138) См. Коммерсантъ, 6 мая 2000 г.; Коммерсантъ, 7 мая 2005 г.

(139) Коммерсантъ, 8 мая 2000 г.

(140) *Осипов Г.В.* Значение подвига советского народа // Социологические исследования, 2005, № 5, С. 9.

(141) *Путин В.В.* Избранные речи и выступления, М.: Книжный мир, 2008, С. 293.

(142) ミローノフは二〇〇一年一二月に上院議長に選出され、二〇一一年五月まで務めた（Собрание законодательства Российской Федерации, 2001, № 50, Ст. 4654; Коммерсантъ, 19 мая 2011 г.）。二〇〇六年には「公正ロシア（Справедливая Россия）」党を結成し、党首も務めた。

(143) Коммерсантъ власть, № 19, 16 мая 2005 г., С. 8.

(144) Общественное мнение – 2013, М.: Левада Центр, 2014, С. 234.

(145) コサックの歴史は、中井和夫『ソヴェト民族政策史——ウクライナ一九一七—一九四五』御茶の水書房、一九八八年、三一—二一頁。塩川伸明『ロシアの連邦制と民族問題——多民族国家ソ連の興亡III』岩波書店、二〇〇七年、一六四—一七五頁などを参照されたい。

(146) Собрание законодательства Российской Федерации, 2003, № 9, Ст. 850.

(147) *Солженицын.* Указ. соч., С. 98. ソルジェニーツィン、前掲書、一二六—一二七頁。

(148) *Путин*, Указ. соч., С. 179.

(149) ＮＨＫ取材班『揺れる大国——プーチンのロシア』日本放送出版協会、二〇〇九年、二一〇—二六八頁。

(150) Valerie Sperling, "The Last Refuge of a Scoundrel: Patriotism, Militarism and The Russian National Idea," *Nations and Nationalism*, Vol. 9,

No. 2, 2003, pp. 235–253; Valerie Sperling, "Making the Public Patriotic: Militarism and anti-militarism in Russia," in Marlène Laruelle (ed.), *Russian Nationalism and the National Reassertion of Russia*, New York: Routledge, 2009, pp. 218–271.

第二章　連邦構成主体の取り組み

モスクワのクレムリン城壁沿いにある無名戦士の墓。2012 年 4 月 18 日筆者撮影。

第一節　地方に着目する意義

前章では、プーチン政権による愛国主義の制度化を確認した。本章では、愛国主義政策の形成過程に着目したい。政策形成過程においては利益集団や圧力団体などのアクターが自らの目的のために影響力を行使するのが一般的であって、必ずしも政権中枢の判断だけで決まるわけではないからである。その点はロシアも同様であり、実際にいろいろなアクターが関与している(1)。その際、「連邦構成主体」というアクターに注意を向けることが重要である。連邦構成主体とは、共和国や州などロシア連邦を構成する単位であり、日本の都道府県に相当する。二〇一七年時点で八五ある(2)。ロシアの政策形成過程では、中央政府の予想に反してこの連邦構成主体が急進的になることがしばしばある。

ただし、連邦構成主体の中央政府に対する働きかけは注目すべきだが、権力がプーチンに集中しているのは事実であって、地方自治体などさまざまなアクターが関わっていても、プーチンが最終決定を下すことは十分留意しておかなければならない(3)。とはいえ、ロシアの場合、いかなる勢力が政策の意思決定に関わっているのか不明な点が多く(4)、その意味でも、まずもっていかなるアクターが政策形成過程に関わり、政策が作られているのかを検討しなければならない。

連邦構成主体のなかでも注目に値するのが、「赤いベルト（красный пояс）」地帯である。ここは最大野党「ロシア連邦共産党」の影響力が強い地域である。同党は、どの政党よりもいち早く、ロシアの大国性やスターリンの指導力を評価しており(5)、ソヴィエト期の偉業を利用するプーチンの方針に何らかの影響を与えている可能性は否定できない。なお、政府が政策を策定する際は国内外の諸要因も関係し、[6]とりわけ愛国主義政策に関しては国際的な要因を無視することはできないが、ここでは国内的要因にまず注目して検討することにしたい。

第二節　「赤いベルト」地帯

「赤いベルト」地帯では選挙で共産党の候補者が多く当選していることから、同党の影響力が強い地域とされている。一九九〇年代に「赤いベルト」地帯は、スモレンスク州、ブリャンスク州、オリョール州、クルスク州、リャザン州、ヴォロネジ州、ウリヤノフスク州、サラトフ州、ヴォルゴグラード州、アストラハン州などからなるとされた。[7]しかし、二〇〇〇年のプーチン政権の発足に伴い、この地帯でも与党「統一ロシア」が影響力を伸ばし、その候補者が知事に当選した。[8]そこで地方の活動を考察するには、「赤いベルト」地帯のうち、プーチン政権になっても共産党がいまだに強い支持を受けている地域に注目すべきだろう。そうした地域として、オリョール州とヴォルゴグラード州を挙げることができる。以下では、両州が地元の要求を政権の愛国主義政策に反映させる過程を検証したい。

ヴォルゴグラード州

ヴォルゴグラード州はロシア西部に位置し、軽工業や農業を主たる産業としている。人口は二〇一七年一月の時点でおおよそ二五三万五〇〇〇人であり、州都はヴォルゴグラード市である。[9]ロシア連邦の総人口が一億四六〇〇万人であり、ヴォルゴグラード州は連邦のなかで一九番めに多い。州都ヴォルゴグラード市は、第二次大戦中はスターリングラード[10]（「スターリンの町」の意）といい、枢軸軍との攻防戦の舞台であった。死傷者二〇〇万人といわれるこの激戦は、大祖国戦争のその後の展開に大きな影響を与えた転換点と捉えられている[11]。このため歴代の州知事は毎年五月九日に、戦勝を記念する祝辞を出し、退役軍人らに謝意を表してきた。もちろん、このような戦勝記念祭はロシア全土で行われており、同州が特別というわけではない。ところが、二〇〇一年八月、ニコライ・マクシュータ（Н.К. Максюта）[12]州知事は今までとはやや異なるメッセージを突然発表した。

スターリングラード攻防戦六〇周年に当たる二〇〇三年にむけて、市の名称をスターリングラードへ変更する可能性は十分にあり得る。将来的には、ヴォルゴグラード州議会がレファレンダムの実施手続きを行う[13]。

州都の名を旧称スターリングラードへ戻すことを計画していると述べ、ロシア全土を驚かせたのである。『コメルサント』や『コムソモーリスカヤ・プラウダ』などの主要各紙は知事の提案を大々的に扱い、特集記事を掲載した。大祖国戦争に従軍した退役軍人のコメントも紙面をにぎわせた。スターリングラード攻防戦に参戦し、現在はスターリングラードの名誉回復運動に携わっているプラスコヴィヤ・グラシェンコヴァ（Прасковья Гращенкова）は、「私は名称変更に賛成である。スターリングラード攻防戦は他の地域での戦いと同様に偉大である。私が死ぬまでに名称の変更は間に合わないだろうが、この栄光を次世代にも伝えたい。また五〇万人近い人々が私たちの運動に賛同してくれている。ロシアだけでなく、アメリカやベルギーでも支持されている」と語り、旧称に対する思いを強調するとともに、自身が携わる運動の正当性をアピールした[14]。同じく攻防戦に参戦し、その後ソ連邦英雄の称号を授与されたヴァレンチン・ヴァレンニコフ（Валентин Варенников）も「戦った者、生き残った者たちにとって、この町はつねにスターリングラードである。旧称に戻すのはもっとも妥当な判断である」と知事の提案を支持した[15]。ヴォルゴグラード在住の退役軍人も州知事の提案に賛同し、その正当性を訴えた。地元紙『ヴォルゴグラーツカヤ・プラウダ』は「歴史的公正さを回復させる」という見出しのもと、名称変更を求めるこの退役軍人の思いを取り上げた[16]。

共産党議長のジュガーノフは、「都市名をヴォルゴグラードからスターリングラードへ変更するニコライ・マクシュータ州知事の提案に賛成する。……そして、素晴らしき歴史的記憶を守る必要がある」と知事を擁護した[17]。また自著でも、「退役軍人やその子供たちが、歴史や戦争が歪曲されていることに憤慨」しており、党機関紙に是正を求める投書が数多く寄せられていると述べている[18]。世論調査を見ても、「スターリングラード攻防戦は大祖国戦争での転換点」「人々はヴォルゴグラードではなく、スターリングラードのために血を流した」といった意見が多数を占めており[19]、勝利の記憶と都市の名称がこうした人々にとって強く結びついていることが明らかになった。

関係者が意見を表明するなか、州議会は名称の変更を求める要望書を二〇〇一年六月二八日に採択し、大統領に宛てて提出した。要望書は、「スターリングラード攻防戦におけるわれわれの勝利は、政治的、戦略的、そして国際的な意義を有していた。ゆえに、大祖国戦争ひいては第二次世界大戦における重要な転換点であった」として、旧称の代え難い意味を大統領に訴えた。[20] 二〇〇三年一月二一日には、「ヴォルゴグラードからスターリングラードへの名称変更に関する決議（О переименовании Волгограда в Сталинград）」が州議会で採択されるに至り、[21] 名称の変更が現実味を帯びてきた。

しかし、その後ヴォルゴグラードの裁判所が「住民の意見を調査し名称の変更にかかるコストを公開する必要がある」として、先走り気味の州議会を制した。[22] また、ヴォルゴグラード社会経済研究所が前年一二月に実施した世論調査によれば、名称の変更に賛成が四・六％、概ね賛成が一二・七％であったのに対し、反対はそれを大幅に上回る五八・九％にも達し、[23] 住民に支持されていない実態が浮き彫りになった。民間の世論調査機関である「世論財団」が全国民を対象に行った調査でも、「スターリンの名前を想起させる」「スターリンは独裁者」など、変更に否定的な回答が多数寄せられた。[24] とりわけ、ソ連時代の政治的抑圧を調査する社会団体「メモリアル（Мемориал）」の関係者は、次のように州議会の動きに不快感をあらわにした。

まったくもって不必要なことだと思っている。そんなことをしては全国民から総スカンをくらうだろう。第二次世界大戦に参加した人々にとってこの措置は何らかの意味があるかもしれないが、私は現実的だとは思わない。[25]

また、『コメルサント』紙によれば、ヴォルゴグラード市長のユーリー・チェーホフ（Ю.В. Чехов）も名称の変更に否定的だったようで、[26] 実現には困難が予想された。

このように都市名の変更は住民らに支持されておらず、断念せざるを得ないように思われるが、州知事は変更を求める退役軍人や年金生活者、共産党員らの意見だけに耳を傾け、計画を推し進めようとした。[27] 知事は「祖国に尽くすことを示す模範[28]」として退役軍人をとらえ、なによりも自身が共産党支持者であったことがその要因と考えられる。また、退役軍人会は名称の変更を求めて州議会へ働きかけていた。[29] 実際、同会はソ連崩壊後から半ば利益集団として、社会保障政策の是正を求めて全国で活動を展開し、地方議会と協調路線を取ろうとしてきた。[30] 州知事は、反対意見が多いことは十分承知していたが、影響力のある退役軍人会に逆らうことができなかったのかもしれない。

いずれにせよ、名称変更問題がロシア全土でクローズアップされたため、プーチンもなにかしら見解を示す必要に迫られた。プーチンは当初、名称の変更を求める退役軍人の声に肯定的だったが[31]、次第にそのトーンを弱めていった。世論調査で否定的な意見が多いことを考慮してか、二〇〇二年一二月に行われた国民とのテレビ討論で、「スターリングラード攻防戦は、大祖国戦争の輝かしい瞬間として、我が国および全世界の歴史に名を残すけれども、名称をスターリングラードに戻せば、またスターリニズムの時代へ回帰していると疑われる」と述べ、消極的な姿勢を示した。[32] しかし、ロシア連邦共産党議長のジュガーノフはこの発言を「〔支持獲得のための〕ありふれたPR活動」だと一蹴した。[33]

こうして名称変更をめぐる問題は連邦中央を巻き込む形で展開し、スターリングラード攻防戦六〇周年を前に全国の関心の的になった。また、オリョール州でも、同様の歴史認識に関わる問題が提起され、プーチン政権に追い打ちをかけた。

オリョール州

オリョール州はモスクワの西三八〇キロに位置し、二〇一七年一月時点での人口は約七五万人で、州都はオリョール市である。(34) オリョール州はロシア連邦共産党議長ゲンナジー・ジュガーノフの故郷でもあり、ロシア国内でも左派的な地域だとされる。(35) 独ソ戦の激戦地の一つであり、多くの犠牲者を出したため、戦争の勝利に寄与したと自負する人が多い。毎年五月九日には、他の州と同様に大々的に戦勝記念式典を行っている。州知事のエゴール・ストローエフ（E.C. Строев）(36) は知事に就任して以来、毎年式典で祝辞を述べ、退役軍人らに謝意を表している。

二〇〇四年七月に開かれた大統領付属国家評議会定例会議では、戦勝六〇周年記念行事を議題に取り上げた。ストローエフ知事は、プーチンやイヴァノフ防衛相ら政権閣僚に対して、ロシア国民にとってあの勝利は重要であり、退役軍人らに敬意を表すべき大切な機会であると強調した。地元紙『オルローフスカヤ・プラウダ』は、「将来世代へ勝利の火を守る」と題してこの会議における州知事の発言を全文掲載し、ストローエフは全国に向けて勝利の意義を訴えたと報じた。(37)

二〇〇五年三月二九日には、「ロシア組織委員会「勝利」（Российский организационный комитет “Победа”）」の会合が州都オリョール市で開かれた。この委員会は二〇〇〇年に創設され、大祖国戦争の退役軍人にかかわるさまざまな問題や国民の愛国心育成などに取り組んでいる。委員長はプーチンが務めており、四四名の委員からなる。(38) 今回の会合にはプーチンも招かれた。ストローエフはまず祖国を守り抜いた退役軍人らに謝意を表し、彼らの社会保障を充実させることが重要だと述べた。さらに、プーチンを前にして歴史教科書の記述について次のように語った。「歴史家ドルツキーの一一年生用教科書『祖国史――二〇世紀』には、オリョール・クルスクの戦い（Орловско-Курская битва）に関する記述は全部で二四行あり、その三分の一はヒトラーの感情に当てられ、戦いについてはたった四行しか記述がない」。そして、実際に教科書の文章を引用しながら、不快感を露わにした[39]。おそらく、大統領に教科書の記述を修正するよう直接求める思惑があったと思われる。しかしプーチンは退役軍人らと面会してその功績を讃えただけで[40]、教科書についてはまったく触れなかった。

このように戦勝六〇周年を控えたオリョール州は、偉業を讃える雰囲気を盛り上げながら、あらためて功績を連邦中央に訴えた。そして、プーチン訪問の二日後、オリョール市議会はスターリンの再評価を定めた決議案を大統領や連邦議会に提出した。その決議案を、少し長いが引用する。

我が州は、戦勝六〇周年を前に、大統領をはじめ議員諸氏に最高司令長官ヨシフ・スターリンの歴史的役割を再評価するよう求めるものである。一〇数年もの間、彼個人の役割は、われわれの勝利をねたむ者たちによって意図的にゆがめられてきた。そういった人々は、第二次世界大戦の勝利をねじまげようとしている。残念ながら、この策略にだまされる同胞が多い。あの勝利の恩恵を受けた私たち子孫は、スターリンの名誉を回復し、諸民族、全人類への功績を再評価しなければならない。そのためには、我が国のシンボルとしてスターリンの名を刻んだ記念碑を建立すべきである。われわれは、今回の決議案が支持されることを期待し、以下の具体策の実施を求める。一、ヴォルゴグラードの通りおよび広場の名称をスターリンに戻す。二、最高司令長官の銅像を再建する。三、我が祖国の歴史の歪曲を許さない[41]。

全国紙『イズヴェスチャ』は「スターリン戻る」との見出しでこの試みを一面で取り上げ、要望書の作成者の一人であるオリョール市議会議員のユーリー・クレトフ（Юрий Кретов）の意見を次のように紹介している。

歴史認識に関する何らかの委員会を設立し、歴史家をメンバーに加えることも考えなければならない。歪められた歴史ではなく、真の歴史を教科書に反映させなければならない。(42)

クレトフは、州知事ストローエフと同様に歴史教科書について不満を口にした。彼らの発言から、オリョール州はまず教科書の修正を連邦中央に訴え、ついでスターリンの復権に乗り出したと考えられる。その背景には、ヴォルゴグラード州と同様に退役軍人らの働きかけがあったようだ。電子版『ロシア新聞』によれば、州在住の退役軍人は各議員に「第二次世界大戦におけるスターリンの名誉を回復し、オリョールにヨシフ・ヴィサリノヴィチ〔・スターリン〕の胸像を建立すること」を求めていた。オリョール州には、退役軍人やその家族が大勢暮らしており、多くがスターリンの再評価に肯定的である。他方で、スターリニズムによる甚大な被害を鮮明に記憶する人々からは否定的な声も聞かれ、それを和らげるのはむずかしいと予想された。実際、オリョール市議会がスターリンの銅像建設を決定すると、反対派は直ちに連邦機関に見直しを訴えたという(43)。こうした軋轢は見られたものの、州議会は戦勝六〇周年記念の準備を進め、祝賀ムードを高めていった(44)。

こうしてヴォルゴグラード、オリョールの両州が提起した問題は、次第に中央でも議論されるようになり、地方発の動きは中央に一定程度の印象を与えることに成功した。スターリンの復権は全国的に重要な論点となったのである。

第三節　連邦中央の対応

名称変更をめぐる攻防

二〇〇三年、ロシア自由民主党のアレクセイ・ミトロファノフ（А.В. Митрофанов）議員はヴォルゴグラード州議会の提案に触発され、市の名称をスターリングラードに変更する法案を下院に提出した。同年一月一五日の法案審議で、彼は次のように法案の意義を強調した。

スターリングラード攻防戦六〇周年にあたる二月二日までに、この問題に決着を付けなければならない。すでに二〇〇二年に大統領宛の嘆願書がヴォルゴグラード州議会で採択されている。私は歴史的名称に戻すことが必要不可欠だと思っている。また、これは退役軍人の方々にとって重要なことなのである。(45)

これに対して、無所属のヴィクトル・ポフメルキン（В.В. Похмелкин）議員は法案を採択する必要はないと反論した。

私の祖父はスターリングラード攻防戦に参戦した。しかし祖父は、スターリニズムに断固として反対していた。わが国では、何百万もの人々が政治的抑圧の犠牲になった。スターリングラードという名称を復活させることは、彼らをひどく傷つける行為である。それをよく念頭に置くべきである。(46)

このように、ポフメルキン議員は親族の話を例にスターリニズムによる犠牲を強調し、名称の変更に賛同しない旨を述べた。彼の次に発言したロシア連邦共産党のアレフチナ・アパリナ（A.B. Апарина）議員は、ミトロファノフ議員の提案を支持した。

私はミトロファノフ議員が提出した法案に賛成する。また、ポフメルキン議員の発言について若干申し上げたい。なぜ、町の名称を旧称に戻すことがスターリニズムに回帰していると言えるのだろうか。スターリングラードは自ら名声を獲得したのであり、それはこの都市の名称であって、スターリンの名前ではない。ただ単に同じ名称だということもできる。(47)

こうしたやりとりがなされたものの、この日は採択に至らず、審議継続となった。そして、三月五日に改めて審議され、法案の提出者であるミトロファノフは、採択するよう前回同様に訴えた。その後投票が行われ、議員四五〇人のうち二七九人（六二％）は投票に参加せず、一七一人のみが参加した。(48) 結果は賛成一二六票（二八％）、反対四五票（一〇％）で賛成が過半数に届かず、法案は否決された。(49) 翌日、「ヴォルゴグラードはスターリングラードにはならない」との見出しでこの審議を取り上げた『コムソモーリスカヤ・プラウダ』紙は、「議員らは法案の審議を断固として拒否した」とし、名称の変更は事実上不可能になったと報じた。[50] とはいえ、地方のこうした動きは連邦中央にも波及し、スターリン復権が中央政府でも議論の俎上に載せられたのである。

ヴォルゴグラードからスターリングラードへ

ミトロファノフの提案は否決され、州都の名称は変更されなかった。しかし、それで事態が沈静化したわけではなかった。モスクワにある記念碑を改修するという変則的な形で決着したのである。この記念碑には、大祖国戦争で多くの犠牲者を出しながらも中心的役割を果たした「英雄都市（город-герой）」を讃え、各都市の名が刻まれている。スターリンは一九四五年に、レニングラード、スターリングラード、セヴァストーポリ、オデッサを英雄都市と定めた。[51] その後、キエフ、モスクワなども英雄都市に加えられ、[52] 最終的に、赤の広場に隣接するアレクサンドル庭園に記念碑が建立された。

しかしスターリンの死後、フルシチョフはその抑圧政治を批判し、レーニン廟に埋葬された彼の遺体[53]を別の場所に移すとともに、[54] 脱スターリン化のため「スターリンの町」を意味するスターリングラードをヴォルゴグラードへ改称した。[55] これにともない、記念碑に刻まれた都市名もヴォルゴグラードに変更されたのだった。[56] プーチンはスターリングラード攻防戦六〇周年を記念してヴォルゴグラード市を訪れ、同攻防戦の意義を強調して退役軍人らを労っていたため、[57] 政権としても名称変更を求める声を無視することはできなかった。

二〇〇四年、プーチンは都市名の変更は認めなかったものの、アレクサンドル庭園内にある記念碑に

スターリングラードと刻まれた記念碑。1つの英雄都市に1つの記念碑がある。2012年4月18日筆者撮影。

刻まれた名称をヴォルゴグラードからスターリングラードへ戻す決定を下した。[58] 戦勝六〇周年を前にそれが最善の策と判断したのだろう。[59]「スターリングラードの守護者たる英雄に敬意を表し、またロシア連邦の歴史を守るためである」とプーチンは説明した。[60]『ロシア新聞』は、「ヴォルゴグラードはスターリングラードへ改称される。しかし、アレクサンドル庭園内のみ」との見出しでこの決定を一面で報じた。[61]

ヴォルゴグラード州では、この決定は好意的に受け止められた。地元紙『ヴォルゴグラーツカヤ・プラウダ』は「スターリングラード：偉業の名」という見出しで名称の変更を一面トップで報じた。[62] 記念碑の改修後、スターリングラード攻防戦に参戦したある退役軍人の投書を掲載した。「フルシチョフ時代の一九六一年にスターリングラードはヴォルゴグラードへと改称された。……改称後、私は次のように書きとめている。「モスクワ、各共和国の首都、そして英雄都市レニングラード、スターリングラード、セヴァストーポリ、オデッサでは、花火が打ち上げられた」と」。当時を懐かしみながら、スターリングラードに対する思いを語っている。[63]

記念碑が改修された翌日、マクシュータ州知事は記者会見で、「いかなる名称にするかは、最終的に州民の意思に委ねるべきだ。改称を実現させるには、住民投票をして多数が変更を望んでいることを示さなくてはならない」と語り[64]、これまでよりも若干トーンダウンした形となった。いずれにせよ、州議会の要求は認められなかったものの、地方からの問題提起が引き金となり、最終的には中央が地方の要求を一定程度のむ結果になったのである。

教科書記述の修正

二〇〇七年には、オリョール州の要求を考慮してか、歴史教科書のスターリンに関する記述が修正されることになった。同年六月に全ロシア人文科学社会科学教員会議に出席したプーチンは、ロシアの世界的役割を強調するとともに[65]、未成年者に対する愛国心教育や歴史教育の重要性に言及した。[66]また、「ロシアの歴史を公正かつ奥深く記した実用的な教科書がない」と苦言を呈した。[67]

その後、アレクサンドル・フィリポフ（А.В. Филиппов）編の教員用教科書『ロシア現代史――一九四五―二〇〇六』が刊行された。発行部数は一万部である。[68]刊行に先立ち、モスクワで発表会見が開かれた。著者のフィリポフの他、教育科学相のアンドレイ・フルセンコ（А.А. Фурсенко）[69]や大統領府第一副長官のウラジスラフ・スルコフ（В.Ю. Сурков）らが参加し、教科書の内容を説明したが、記者たちの質問は、いかなる経緯でこの教科書が刊行されるに至ったかに集中した。週刊誌『コメルサント・ヴラスチ』によれば、大統領府が著者に発注し、各指導者の歴史的役割（スターリンは権力の垂直構造を確立し、フルシチョフはその権力構造を脆弱化させたなど）のどこを強調すべきか指示したという。実際、著者フィリポフは同誌のインタヴューで、大統領府と教育科学省から執筆依頼があったことを明らかにした[70]。またこの教員用教科書は、プーチン政権のシンクタンクである「国立外交政策研究所」と「国家クラブ（Государственный клуб）」の支援で作成され[71]、内容はプーチン路線を踏襲したものになっている。かつてプーチンが指摘したように、大祖国戦争におけるスターリンの指導力や工業化を取り上げており、否定的側面のみを強調する従来の教科書とは異なっている[72]。

スターリンの功罪両面を記述した点に、メディアは注目した。例えば『コムソモーリスカヤ・プラウダ』は、「新たなロシア史が記される：スターリンは正しいが、ゴルバチョフは間違った」と印象的な見出しで取り上げた[73]。しかし、『ロシア新聞』のインタヴューに応じた著者フィリポフは、スターリンの歴史的役割を肯定的に評価する国民が多いという世論調査の結果（賛成四七％、反対二四％、回答困難二九％）を示し、自分の意図を説明した[74]。

世論調査の結果は、スターリンがロシア史に果たした政治的役割を世間がどう見ているか、その一側面を表したにすぎない。スターリンを完全なる悪のシンボルとみなす人々もいれば、彼の政治活動をむしろ肯定的に見る人たちもいる。しかし、近い将来、これらの相反する評価がなくなるわけではない。この相反する評価は、世論が下したものである[75]。

この教科書が出版されると全国で議論が活発にかわされたが、連邦政府は「教育に関する連邦法」を改正し、連邦教育科学省が推薦した教科書を用いることを義務づけた。[76] 週刊誌『コメルサント・ヴラスチ』は、「推薦された教科書の使用を教員に強いる」法案が採択されたと批判的に報じた。[77]

しかし、そうした批判を意に介することもなく、その後、教育科学省は、教員用歴史教科書に基づき編纂した一一年生用（高校生用）の教科書『ロシア史――一九四五―二〇〇七』を承認した。発行元は、教員用教科書と同じ「啓蒙出版社《プロスヴシェーニエ》」で、執筆陣にはフィリポフの他、歴史家として著名なアナトリー・ウトキン（А.И. Уткин）やアレクサンドル・ダニーロフ（А.А. Данилов）らが名を連ねていた。『独立新聞』は「問題ある「歴史」が学校現場へ」とのタイトルで、この教科書が承認される前から内容を報じた。[78] そして実際に承認されると、[79] 国内のメディアでは「国家の意向を取り込んだ問題のある教科書」「公式の注釈書」などの否定的報道が目立った。[80] この教科書は、もっぱら戦後ソ連の政治的経済的な復興に焦点を当てている。しかし同時に、「スターリンの個人的権力体制のさらなる強化は新たな傾向を生み出す原因であった」[81] として政治的弾圧にも触れており、教員用教科書と同様に功罪両面を取り上げている。[82] しかし『コムソモーリスカヤ・プラウダ』は、「フィリポフの教科書は、事実上スターリンの抑圧を正当化してしまった」と指摘し、[83] より踏み込んだ批判を展開した。メディアは概ね「国家の意向を反映した教科書」と評価した。いずれにせよ、連邦中央は新たな歴史教科書をつくり、国民の愛国心の喚起に努めたのである。

このように、政権の意向をくんだ教科書には内外の研究者も注目し、活発な議論を呼んだ。[84] スターリンの評価の見直しを求めたオリョール州の提案は、連邦中央による教科書の記述の修正という形で実現されたといえよう[85]。

第四節　ヴォルゴグラード市議会の判断

プーチン政権は、スターリングラードに名称を変える要請については、記念碑を改修することでいったん決着を付けた。しかし、スターリングラード攻防戦七〇周年を前に再びこの動きが盛り上がってきた。この活動は現在も進行中であるため、ここではあくまでも愛国主義政策の形成過程で地方アクターが重要な役割を果たしたことを示すにとどめたい。

戦勝七〇周年記念にむけて

ソヴィエト政権は戦後、スターリングラード攻防戦での勝利を記念して、市中心部にあるママイの丘に記念碑の建立を決定した。一九五八年より建設が始まり、九年もの歳月をかけて記念碑は完成した。式典にはソ連共産党中央委員会書記長レオニード・ブレジネフ（Л.И. Брежнев）ら閣僚が参列し、歴史的意義を強調した。

戦勝七〇周年を控えた二〇一二年九月には、プーチンは「スターリングラード攻防戦でのソヴィエト軍によるドイツ・ファシスト軍の壊滅七〇周年記念に関する大統領令」を発布し、国民の愛国心を喚起しようとした[86]。

このころヴォルゴグラードからスターリングラードへ名称の変更を求める市民運動も活発化してきた。

ロシア第二の都市サンクトペテルブルグでは、二〇一二年一〇月一四日から市民団体「ロシア国民の労働組合（Профсоюз граждан России）」がペテルブルグ市民を対象に署名活動を始め[87]、電子版『ロシア新聞』によれば、開始当日だけですぐに三〇〇〇筆も集まった[88]。

市民運動が活発になるにしたがい、ロシア連邦共産党も同調するようになる。共産党ヴォルゴグラード支部機関紙は、党本部が本格的に名称の変更について議論し始めたと報じた[89]。同支部は、まずは自らの名称を「ヴォルゴグラード州委員会」から「スターリングラード州委員会」へ変更する必要があるとした。党第一書記ニコライ・パルシン（Николай Паршин）は『独立新聞』のインタヴューで、ジュガーノフもこれに前向きであるとし、次のように語っている。

現在、名称の変更については党中央委員会法務部の法律家たちが検討中だ。肯定的な結論が出たら、二、三カ月後にヴォルゴグラード州委員会からスターリングラード州委員会へ変更されるだろう[90]。

またパルシンは、地元の党機関紙にこう述べている。

私たちは常にスターリングラードの住民を名乗ってきたことを忘れてはならない。スターリングラード攻防戦七〇周年を前に、この問題は現在、地方支部で検討されている。私たちは近いうちに、ヴォルゴグラード州委員会からスターリングラード州委員会へ正式に名称を変更したいと考えている。……〔州委員会の〕名称変更は、市の名称を歴史あるスターリングラードに戻す第一歩になり

表 2–1　問：スターリングラードへの名称変更に賛成か，反対か

	2001.9	2002.12	2010.2	2012.10
賛成	22	31	17	18
反対	54	52	59	60
回答困難	24	17	24	23

出典：Общественное мнение – 2012, М.: Левада Центр, 2012, С. 221.

うる。党支部はこの件についていま積極的に活動しているところだ。……党支部の名称が変われば、市の名称の変更に対する社会的関心を高めるであろう。[91]

しかしパルシンらの思惑にもかかわらず、実際には、名称の変更に拒否反応を示す意見が依然として多く、世論調査でこうした運動が支持されていない実態が前回同様に明らかになった（表2–1を参照）。

名称をめぐって賛否両論があるなか、『独立新聞』のインタヴューに応じた社会学者のレフ・グトコフ（Л.Д. Гудков）は、スターリン支持者は国民のごく一部だと主張する。

スターリンは政治的犯罪者や独裁者といったイメージを想起させる。この人物に対する否定的な風潮は非常に強い。スターリンの銅像や名誉回復に反対する人が国民の大半と言えよう。もちろん、スターリンが戦時中に重要な役割を果たしたと考える人々もいる。その中心は年金生活者や農村部の人たちである。[92]

グトコフが指摘するとおり、名称の変更を望む人の割合は小さく、実現は期待

できないが、他方で国内各地で名称の変更を求める運動が起き、複雑な様相を呈してきた。こうしたなか、名称変更に関するヴォルゴグラード市の諮問委員会は、「〔特別な日の〕一日だけスターリングラードへ改称してはどうか」と提案した。委員の一人は、スターリングラード攻防戦終結の日である二月二日がその候補だと説明した。[93] ヴォルゴグラード国立大学教授のアレクサンドル・ストリゾエ（А.Л. Стризое）は『独立新聞』の取材にこう答えた。

名称の変更をめぐって活発に議論されているが、住民には反対意見のほうが圧倒的に多い。ヴォルゴグラードをスターリングラードへ戻すのは、実務的にみても法的にみても、実現は非常にむずかしいだろう。[94]

世論が反対するなか、ロシア連邦共産党ヴォルゴグラード支部は地元住民を対象にした署名活動を二〇一二年一一月一九日から始めた。二〇一三年一月末には活動を終え、三万五〇〇〇人分の署名を集めた。同支部は数日後に署名簿を大統領府に送付すると発表した。署名したある退役軍人は、「退役軍人や後世の人々にとって大祖国戦争七〇周年の最高のプレゼントは、ヴォルゴグラードからスターリングラードへ名称を変えることであろう」と述べ、節目の年に変更する意義を訴えた。[95] このように賛否が巻き起こるなか、ヴォルゴグラード市は七〇周年を前に何らかの決定を下す必要に迫られ、その判断が注目されていた。

名称の変更に関する決議の採択

二月二日の七〇周年を目前にした二〇一三年一月三〇日、ヴォルゴグラード市議会は「「英雄都市スターリングラード」という名称の使用に関する決議（Об использовании наименования «город-герой Сталинград»）」を採択し、事態は俄然、現実味を帯びる。決議を採択して、市議会は声明を公式サイトに掲載した。

大祖国戦争の転換点となったスターリングラード攻防戦の意義に鑑み、市議会議員は「「英雄都市スターリングラード」という名称の使用に関する決議」を採択した。われわれ〔市民〕はスターリングラードという名称を演説、講演、市の公式行事に用いることができる。(96)

もっとも、続きがある。

「英雄都市スターリングラード」という名称は、二月二日、戦勝記念日の五月九日、記憶と哀悼の日の六月二二日〔ドイツがソ連を奇襲攻撃した日〕、ナチス・ドイツ軍の空爆の犠牲者を弔う八月二三日、第二次大戦終結日の九月二日、スターリングラード攻防戦が始まった一一月一九日に用いる。(97)

スターリングラードという名称は、あくまでも記念日に限って使うことになったのである。市議会がこうした決断を下した背景には、一〇年前と同様に退役軍人らの圧力があった。市議会側も要求があったことを認めており、公式サイトには「本決議は大祖国戦争の退役軍人から寄せられた要望に基づいて採択された」とある。[98]

市議会の決定が明らかになると、主要各紙は大々的に取り上げた。例えば『コメルサント』紙は、「スターリングラード攻防戦七〇周年記念日の前夜に、ヴォルゴグラード市議会が「英雄都市スターリングラード」という名称の使用に関する決議を採択した」と報じた。[99]『コムソモーリスカヤ・プラウダ』も「ヴォルゴグラードはスターリングラードという名称に戻った。ただし六日だけ」という見出しで大きく取り上げた。[100]『独立新聞』は、今回の決議により、二月二日の記念日にはスターリンの肖像画が描かれたバスが運行する予定だと伝えた。[101]

ある市議会議員は『コムソモーリスカヤ・プラウダ』のインタヴューで、全議員が「大祖国戦争の退役軍人から寄せられた多くの訴えに基づき採択した」といい、今後は「「スターリングラード」という名称を報告やさまざまなイベントで公式に用いることができる」と語った。[102]そして今回の決定をこう総括した。

多くの人がこれまで名称の変更に反対していた。しかし、私たちはみんなが満足するこのような妥協点を見つけた。この決定は、私たちが長年目指していたものだ。称号「英雄都市」はヴォルゴグラードではなく、スターリングラードへ贈られたからだ。[103]

二〇一三年二月二日のスターリングラード攻防戦七〇周年記念日には、市議会の決定どおり、町の名称がスターリングラードに変更され、記念式典が開催された。ヴォルゴグラード版『コムソモーリスカヤ・プラウダ』も二月二日発行分は、『コムソモーリスカヤ・プラウダ：スターリングラード版』とされ、市議会の決定に従った(104)。

限定的であれ、名称を変えることができたヴォルゴグラードでは祝賀ムードが高まり、式典に参加したプーチンは、「スターリングラード攻防戦は大祖国戦争の転換点であっただけではなく、第二次世界大戦の転換点でもあったと誰もが認めるところである。……自らや自国の歴史に尊敬の念を抱き、また祖国、母国語、文化、歴史的記憶に敬愛の気持ちを抱いているならば、ロシアは不屈の存在になり得るのだ」「愛国心とは祖国に対する愛情以外の何物でもない。これがなければ国家は存在しえない」などと述べ、勝利を導いた退役軍人に敬意を表し、改めて祖国を守る愛国心の重要性を訴えた(105)。

こうした流れに呼応してか、名称の変更を支持する連邦議員も現れた。『イズヴェスチャ』紙は「住民投票で名称が変更されるかもしれない」との見出しで、副首相ドミートリー・ロゴジン（Д.О. Рогозин）(106)、上院議長ヴァレンチナ・マトヴィエンコ（В.И. Матвиенко）(107)、そして中央選挙管理委員会委員長ウラジーミル・チューロフ（В.Е. Чуров）(108)が変更に前向きであると報じた(109)。もっとも、同紙は三日後の紙面で「ヴォルゴグラードはスターリングラードへ変わるのを支持していない」とのタイトルで、ヴォルゴグラード市民はもとより、大統領府内にも支持者がいないため、実現の可能性は低いと伝えた(110)。

『イズヴェスチャ』紙のインタヴューに応じた「統一ロシア」党の州議会議員マリヤ・グリゴロヴァ（М.Н. Григорова）は、「この問題はこれまで議題となったことはない。近く開かれる州議会でも取り上げることはない」と述べていたほどだ(111)。また、『コムソモーリスカヤ・プラウダ』が実施した世論調査でも、現在の名称を支持する住民が六九・一一％であったのに対し、スターリングラードへ変更を支持する住民はその半分以下の三〇・八九％であった。[112] リベラル系とされる『ノーヴァヤ・ガゼータ』紙のある論説委員は、政権に歴史を利用されることを危惧した。

国民投票を実施しても望むような結果にはならない。レヴァダ・センターの調査によれば、〔都市の〕名称をスターリングラードに戻すことに反対する人の割合はここ一一年で増えたのに対し、賛成する人の割合は下がっている。二〇一二年一〇月の時点では反対が六〇％にも達し、賛成は一八％に止まった。差は非常に大きい。……スターリングラード攻防戦七〇周年記念の日には、〔都市名が〕再びスターリングラードとされた。このような名称の変更は、特定の集団のために大祖国戦争の勝利を国有化することを意味している。[113]

このように、都市の名称の変更は、さまざまな人を巻き込みながらロシア全土で議論され、現在でもその攻防が繰り広げられている。[114] また、各地のロシア共産党はスターリン像の建設を求める請願を連邦政府へ提出しており、[115] スターリンの評価をめぐる国内の動きから今後も目が離せない。

注

（1） 日本国際問題研究所編『ロシアの政策決定──諸勢力と過程』日本国際問題研究所、二〇一〇年。

（2） 当時、八九の連邦構成主体のうち、二一の主体が共和国と称していた。なお連邦再編により八三に減少したが、二〇一四年にクリミアとセヴァストーポリが「併合」されて八五になった（Собрание законодательства Российской Федерации, 2014, № 12, Ст. 1259; № 14, Ст. 1570）。それに伴い、連邦構成主体を定めた憲法第六五条の文言も改正された（Собрание законодательства Российской Федерации, 2014, № 15, Ст. 1691）。

（3）サンクトペテルブルグのヨーロッパ総合大学教授グリゴリー・ゴロソフは「重要なのは、彼のもとに最終決定権があることだ。彼は最高の調停員、拒否権プレイヤー（вето-игрок）なのである」と指摘し、プーチンの影響力を強調している（*Голосов Г.В.* Демократия в России: инструкция по сборке, СПб: БХВ-Петербург, 2012, С. 15）。また、以下の諸文献も参照。木村汎『現代ロシア国家論――プーチン型外交とは何か』中公叢書、二〇〇九年、第一章、第二章。同『メドベージェフvsプーチン――ロシアの近代化は可能か』藤原書店、二〇一二年、四二、五二、三四〇、三九六―三九七、三九九頁。武田善憲『ロシアの論理――復活した大国は何を目指すか』中公新書、二〇一〇年、二五頁。

（4）前掲、日本国際問題研究所編、「はしがき」を参照されたい。

（5）永綱憲悟「新ロシア共産党議長ジュガーノフ――愛国共産主義の相貌」『（亜細亜大学）国際関係紀要』第四巻第一号、一九九五年、一〇八―一一〇頁。中村裕「ロシア連邦共産党――ロシアの政党（三）」下斗米伸夫・島田博編『現代ロシアを知るための55章』明石書店、二〇〇二年、九二―九七頁。また、議長のジュガーノフが「スターリンは抜きん出た国家主義者（государственник）であった。スターリン大元帥は、最も強く正しい国家を作り上げた」と述べたのはその最たる例であろう（Советская Россия, 23 декабря 2004 г.）。ジュガーノフの著作も参照されたい。*Зюганов Г.А.* Сталин и современность, М.: молодая гвардия, 2009.

（6）Gabriel A. Almond, et. al, *Comparative Politics Today: A Theoretical Frameworks*, 5th editions, Pearson London, 2008, pp. 40–44.

（7）*Туровский Р.Ф.* Парламентские выборы 1999 г.: региональные особенности // Полития, 1999, № 4, С. 105.

（8）Коммерсантъ, 21 мая 2002 г.; Коммерсантъ, 9 декабря 2003 г.

（9）Регионы России: основные характеристики субъектов Российской Федерации, М.: 2008, С. 331. 人口は国家統計局のデータによる（http://www.gks.ru/free_doc/new_site/population/demo/Popul2017.xls）。

（10）都市名は、一九二五年にツァリーツィン（Царицын）からスターリングラードへ（СЗ СССР, 1925, № 25, Ст. 171）、一九六一年にはスターリングラードからヴォルゴグラードへと改称された。また、州名もスターリングラード州からヴォルゴグラード州へ変更された。

（11）今日のロシアの歴史教科書には、以下の記述がある。「スターリングラード攻防戦の勝利は、大祖国戦争での重要な転換点の始まりだった」（*Измозик В.С., Рудник С.Н.* История России: 11 класс. Учебник для учащихся общеобразовательных учреждений, M.: Вентана-Граф, 2012, С. 211）、「スターリングラードにおける赤軍の勝利は、大祖国戦争だけでなく第二次世界大戦において根本的転換の転機になった。戦略主導権は、最終的にはソ連軍の手に移った」（ダニロフ、コスリナ、ブラント（吉田衆一ほか監修）『ロシアの歴史（下）一九世紀後半から現代まで——ロシア中学・高校歴史教科書』明石書店、二〇一一年、五〇五頁）。

（12）一九四七年五月二六日ウクライナ生まれ。一九九六年のヴォルゴグラード州知事選挙に立候補し、当選。その後、二〇〇〇年と二〇〇四年の州知事選挙で再選を果たす。二〇〇九年一二月、メドヴェージェフ大統領はアナトリー・ブロフコ（А.Г. Бровко）を州知事に推薦し、州議会に承認される。『コメルサント』によれば、マクシュータが共産党系の知事のため、「統一ロシア」の議員がブロフコを推したとされる（Коммерсантъ, 11 января 2010 г.）。二〇一四年からは同じく「統一ロシア」のアンドレイ・ボチャロフ（А.И. Бочаров）が州知事を務めている（Коммерсантъ, 16 сентября 2014 г.）。なお、現代ロシアの地方知事任命制については、永綱憲悟「プーチンと地方政治——知事任命制度の実際」『（亜細亜大学）国際関係紀要』第二〇巻第一・二号合併号、二〇一一年、五七—一二〇頁が非常に詳しい。

（13）Волгоградская правда, 14 августа 2001 г.; Коммерсантъ, 11 августа 2001 г.

（14）Комсомольская правда, 26 ноября 2002 г.

（15）Там же.

（16）Волгоградская правда, 20 ноября 2002 г.

（17）Российская газета, 14 августа 2001 г.

（18）*Зюганов Г.А.* Ленин, Сталин, Победа, M.: ИТРК, 2010, С. 91.

（19）Независимая газета, 31 января 2003 г. また「世論財団」のサイトも参照されたい（http://bd.fom.ru/report/cat/eu_part/volgograd_area/dd012633）。

（20）Волгоградская правда, 25 августа 2001 г.

（21）Коммерсантъ, 6 июня 2003 г.

（22）Там же; Российская газета, 24 июля 2004 г.

（23）Коммерсантъ, 6 июня 2003 г.

（24）「世論財団」のサイト（http://bd.fom.ru/report/cat/eu_part/volgograd_area/dd012633）。無関心が賛成を上回った（賛成二〇％、無関心三一％）。

(25) The St. Petersburg Times, 24 August 2001.

(26) Коммерсантъ, 11 августа 2001 г.

(27) Там же.

(28) Волгоградская правда, 19 ноября 2002 г.

(29) Коммерсантъ, 24 июля 2004 г.

(30) *Щепетин А.В.* Деятельность общественных организаций военных ветеранов в современном политическом процессе российском федерации, диссертация на соискание ученной степени кандидата политических наук, Орел, 2011.

(31) Комсомольская правда, 26 ноября 2002 г.

(32) Российская газета, 24 июля 2004 г.

(33) Коммерсантъ, 23 декабря 2002 г.

(34) Регионы России: основные характеристики субъектов Российской Федерации 2008, М.: 2008, С. 91. 人口は国家統計局のデータによる（http://www.gks.ru/free_doc/new_site/population/demo/Popul2017.xls）。

(35) *Туровский.* Указ. статья, С. 105.

(36) 一九三七年二月二五日オリョール州ホトィネツ地区の農家に生まれる。一九八五年オリョール州共産党第一書記に就任。その後、ソ連共産党中央委員会書記（農業担当）、政治局員を歴任。一九九三年にオリョール州行政府長官に、一九九六年には上院議長に選出されるも、上院改革が行われた二〇〇一年に議長を辞任（Собрание законодательства Российской Федерации, 1996, № 5, Ст. 420; 2001, № 50, Ст. 4653）。そして二〇〇九年二月一六日、オリョール州知事を辞任した（Орловская правда, 18 февраля 2009 г.）。後任はアレクサンドル・コズロフ（А.П. Козлов）で、二月一六日からの州知事代行を経て、二月二七日に正式に州知事に就任した（Орловская правда, 28 февраля 2009 г.）。コズロフは二〇一四年二月に辞任し、ロシア連邦共産党のワジム・ポトムスキー（В.В. Потомский）が後任を務めている（Коммерсантъ, 16 сентября 2014 г.）。

(37) Орловская правда, 3 июля 2004 г.

(38) Собрание законодательства Российской Федерации, 2000, № 33, Ст. 3349. 二〇〇一年には一四名が新たに委員に任命され、計五八名となった（Собрание законодательства Российской Федерации, 2001, № 37, Ст. 3673）。

(39) Орловская правда, 30 марта 2005 г.

(40) Орловская правда, 30 марта 2005 г.

（41） Известия, 14 апреля 2005 г.

（42） Известия, 14 апреля 2005 г.

（43） 電子版『ロシア新聞』（http://www.rg.ru/2005/04/19/stalin-bust.html）。

（44） Орловская правда, 28 апреля 2005 г.

（45） База данных «стенограммы заседаний Государственный Думы». 下院議事録データベース（http://transcript.duma.gov.ru/node/1561/）。

（46） 下院議事録データベース（http://transcript.duma.gov.ru/node/1561/）。

（47） 下院議事録データベース（http://transcript.duma.gov.ru/node/1561/）。

（48） なお、態度を保留した（воздержалось）議員はいなかった。

（49） 下院議事録データベース（http://transcript.duma.gov.ru/node/1529/）。

（50） Комсомольская правда, 16 января 2003 г.

（51） Правда, 1 мая 1945 г.

（52） Правда, 9 мая 1965 г.

（53） Вечерняя москва, 7 марта 1953 г.; Труд, 10 марта 1953 г.

（54） Правда, 31 октября 1961 г.

（55） Волгоградская правда, 11 ноября 1961 г.; Правда, 11 ноября 1961 г. ちなみに、タジキスタンの首都も同時期にスタリナバード（Сталинабад）からドゥシャンベに改称された（Правда, 12 ноября 1961 г.）。スタリナバードは、スターリンを讃えて付けられた名称である。

（56） 一九六五年、ソ連最高会議幹部会は、戦勝二〇周年を記念して「英雄都市」という記念称号を設けた。その際、スターリングラードに関しては、名称が「ヴォルゴグラード」に変更された（Правда, 9 мая 1965 г.; Труд, 9 мая 1965 г.）。

（57） Волгоградская правда, 2 февраля 2003 г.

（58） Коммерсантъ, 24 июля 2004 г.

（59） Распоряжение президента Российской Федерации от 19 июля 2004 г. № 320-рп // Собрание законодательства Российской Федерации, 2004, № 30, Ст. 3172.

（60） Коммерсантъ, 24 июля 2004 г.

(61) Российская газета, 24 июля 2004 г.

(62) Волгоградская правда, 24 июля 2004 г.

(63) Волгоградская правда, 4 августа 2004 г.

(64) Волгоградская правда, 24 июля 2004 г.

(65) Коммерсантъ власть, № 24, 25 июня 2007 г., С. 19.

(66) Коммерсантъ власть, № 27, 16 июля 2007 г., С. 15.

(67) Коммерсантъ власть, № 24, 25 июня 2007 г., С. 19.

(68) *Филиппов А.В.* Новейшая история России 1945–2006 гг.: книга для учителя, М.: Просвещение, 2007, С. 495.

(69) 二〇〇四年三月から二〇一二年五月二一日までロシア連邦教育・科学相を務めた（Собрание законодательства Российской Федерации, 2004 г., № 11, Ст. 959）。同日から二〇一七年二月現在まで大統領補佐官を務めている（Собрание законодательства Российской Федерации, 2012 г., № 22, Ст. 2800）。

(70) Коммерсантъ власть, № 27, 16 июля 2007 г., С. 16.

(71) *Филиппов.* Указ. соч., С. 2.

(72) Там же, С. 81–94.

(73) Комсомольская правда, 14 сентября 2007 г.

(74) *Филиппов.* Указ. соч., С. 93–94. 二〇〇八年に教員用教科書の最新版が出版されたが、スターリンの功罪両面を取り上げるスタンスは維持されている。最新版のタイトルは『ロシア史――一九四五―二〇〇八』となった（История России 1945–2008 гг.: книга для учителя / Под ред. А.В.Филиппова, М.: Просвещение, 2008, С. 95–96）。

(75) Российская газета, 11 июля 2007 г. なお、出版社の広報紙にも著者のインタヴューが掲載されているが、スターリンに関する発言はカットされている（Информационно-публицистический бюллетень «просвещение», № 5, август 2007, С. 6）。同じものは出版社のＨＰにも掲載されている（http://old.prosv.ru/info.aspx?ob_no=12331）。

(76) Российская газета, 25 июля 2007 г.

(77) Коммерсантъ власть, 16 июля 2007 г.

(78) Независимая газета, 25 декабря 2007 г.

(79) Российская газета, 26 декабря 2007 г.; История России 1945–2007 11 класс: учебник для учащихся общеобразовательных

учереждений / Под ред. А.А.Данилова, А.И.Уткина, А.В.Филиппова, М.: Просвещение, 2007, С. 1.

（80） Коммерсантъ, 27 декабря 2007 г.; *Багдасарян.* Указ. соч., С. 9.

（81） *Данилов, Уткин, Филиппов (Под ред).* Указ. соч., С. 40.　一一年生用教科書は、二〇〇八年に改訂版が出版され、教育科学省の承認を得ている。スターリンに関する記述は旧版のスタンスを踏襲している。История России 1945–2008 11 класс: учебник для учащихся общещбразовательных учереждений / Под ред. А.А.Данилова, А.И.Уткина, А.В.Филиппова, М.: Просвещение, 2008, глава 1.

（82） *Данилов, Уткин, Филиппов (Под ред).* Указ. соч., С. 40–41.

（83） Комсомольская правда, 26 декабря 2007 г.

（84） Thomas Sherlock, "Confronting the Stalinist Past: The Politics of Memory in Russia," *The Washington Quarterly*, No. 34, 2010, pp. 96–97; David Wedgwood Benn, "The Teaching of History in Present-Day Russia," *Europe-Asia Studies*, Vol. 62, No. 1, 2010, p. 173.

（85） なお、フィリポフの教科書には、「旧ソ連諸国でカラー革命なるものが起きたのは、アメリカの政策の結果である」（*Филиппов.* Указ. соч., С. 460）、「多くの西側の社会団体、アメリカやポーランドなどの国々、さらにはＥＵやＮＡＴＯなどの国際機関は、ユーシェンコの支持を表明した」（Там же, С. 461）などの記述があり、「カラー革命」に否定的な記述が多くを占めている。このように、歴史的な偉業を教えるとともに「カラー革命」を否定的に描くことで、ロシアの若者の政治意識に影響を与え、最終的には愛国心を高めようとする政権の思惑がうかがえる。政策形成に対する国際的な影響については、第五章以下を参照されたい。

（86） Собрание законодательства Российской Федерации, 2012 г., № 39, Ст. 5261.

（87） 電子版『ロシア新聞』（http://www.rg.ru/2012/10/13/reg-szfo/perimenovanie-anons.html）。

（88） 電子版『ロシア新聞』（http://www.rg.ru/2012/10/14/reg-szfo/stalingrad.html）。

（89） Сталинградская трибуна, 16 ноября 2012 г.

（90） Независимая газета, 2 ноября 2012 г.

（91） Сталинградская трибуна, 23 ноября 2012 г.

（92） Независимая газета, 21 ноября 2012 г.

（93） Независимая газета, 18 января 2013 г.

（94） Там же.

(95) Независимая газета, 25 января 2012 г.

(96) ヴォルゴグラード市のサイト（http://www.volgsovet.ru/PressOffice/PressRelease.aspx?id=11255）。リア・ノーヴォスチ通信のサイト（https://ria.ru/society/20130131/920604004.html）。

(97) 同右。

(98) 同右。

(99) Коммерсантъ, 1 февраля 2013 г.

(100) Комсомольская правда, 1 февраля 2013 г.; Комсомольская правда (Волгоград), 1 февраля 2013 г.

(101) Независимая газета, 1 февраля 2013 г.

(102) Комсомольская правда, 1 февраля 2013 г.; Комсомольская правда (Волгоград), 1 февраля 2013 г.

(103) Там же.

(104) Комсомольская правда (Сталинград), 2 февраля 2013 г.

(105) Российская газета, 4 февраля 2013 г.

(106) ロゴジンは、二〇〇三年に下院副議長に選出され、二〇〇八年には北大西洋条約機構（ＮＡＴＯ）常駐代表に就任した。二〇一一年に副首相に任命され二〇一七年一一月現在に至る（Собрание законодательства Российской Федерации, 2004 г., № 1, Ст. 10; 2008 г., № 2, Ст. 52; 2011 г., № 52, Ст. 7579）。

(107) マトヴィエンコは、一九九七年から一九九八年まで駐ギリシャ共和国特命全権大使を、一九九八年から二〇〇三年まで副首相を、二〇〇三年三月から同年一〇月まで北西連邦管区大統領全権代表を、二〇〇三年一〇月から二〇一一年八月までサンクトペテルブルグ市長を務めた。そして二〇一一年九月から二〇一七年一一月現在まで上院議長を務めている（Собрание законодательства Российской Федерации, 1997 г., № 40, Ст. 4585; 1998 г., № 39, Ст. 4894; 2003 г., № 12, Ст. 1105; 2003 г., № 12, Ст. 1106; 2003 г., № 42, Ст. 4057; 2011 г., № 35, Ст. 5065; 2011 г., № 39, Ст. 5430）。

(108) チューロフは、二〇〇七年三月に中央選挙管理委員会委員に選出され、同委員会委員長に就任した（Собрание законодательства Российской Федерации, 2007 г., № 12, Ст. 1369; Коммерсантъ, 28 марта 2007 г.）。二〇一六年に辞任し、後任にはエッラ・パンフィーロヴァが就任した。

(109) Известия, 4 февраля 2013 г. 以下の新聞にも同じような記事が掲載された。Комсомольская правда (Волгоград), 5 февраля 2013 г.

(110) Известия, 7 февраля 2013 г.
(111) Известия, 7 февраля 2013 г.
(112) Комсомольская правда (Волгоград), 5 февраля 2013 г.
(113) Новая газета, 6 февраля 2013 г.
(114) Известия, 5 февраля 2015 г.
(115) Известия, 5 мая 2015 г.

第三章　戦勝記念のダイナミズム

サンクトペテルブルグの目抜き通りネフスキー大通りで行われた戦勝 67 周年記念パレード。勲章を胸にぶら下げた退役軍人と思われる男性もパレードに参加している。2012 年 5 月 9 日筆者撮影。

大祖国戦争での勝利は、世論調査からも明らかなように、ロシア国民にとって重要な歴史的偉業である。[1] そのため、戦勝を愛国主義と接続する試みは、単に上から押しつけるものではなく、国民の側もなんらかの行動をしているはずである。ここで着目したいのが、二〇〇五年に創設された名誉称号「軍事栄光都市」である。退役軍人や下院議員らの発案で法制化が進められたので、その創設までの経緯を分析すれば、愛国主義をめぐるロシア国内の多様性を読みとることができよう。そのうえで、独ソ戦の記憶を公的なものにする取り組みの様相を浮き彫りにしたいと考える。

第一節　ソ連における戦勝と顕彰

ソ連は、第二次大戦中にドイツとの熾烈な戦いで多くの犠牲者を出しながらも勝利を手にした。政府は祖国に尽くし勝利をもたらした軍人らに数々の勲章を授け、[2] 党機関紙『プラウダ』も彼らを顔写真付きで報じて功績を讃え、英雄として扱った。[3] 一九四五年の『プラウダ』は「ドイツ・ファシズムの侵略者に対するソヴィエト人民の大祖国戦争は勝利で完遂された」と一体感を強調した。[4] 以後、戦勝は神聖な国民的物語となり「ソヴィエト愛国主義」[5] を育んだが、終戦後はスターリンを褒め讃え、神格化する道具としても利用された。例えば、大手紙の『イズヴェスチヤ』『プラウダ』などは、戦勝を特集した際、赤軍やソ連人民の功績を讃えながら、「ソヴィエト人民の歴史的勝利をもたらした偉大な主唱者で指導者である我らの親しく愛するスターリン、万歳！」[6]「我らの愛する指導者であり教師である同志スターリン、万歳！」[7] と彼を称揚している。ソ連は、人民の英雄主義を讃えるとともに、スターリンの個

モスクワにある「永遠の炎」。衛兵が交代で見守っている。右上に見えるのが衛兵。モスクワの観光スポットの1つである。2012年4月18日筆者撮影。

人崇拝を強めていったのである。

しかし一九五三年に彼が死に、社会が「雪解け」を迎えるとこの状況は一変する。ソ連の代表的学術雑誌『歴史の諸問題』一九五五年五月号は、巻頭論文「ソ連における大祖国戦争史の研究について」でスターリンを讃美する傾向のあったこれまでの歴史学を批判した。「大祖国戦争に関して、我が国では表面的で不正確な歴史叙述がほとんどであった。大半の文献は、勝利を確固たるものにした人民大衆の決定的役割を過小評価している。前線のソ連兵や、銃後の労働者、農民やインテリゲンツィヤ〔知識人〕ら大衆の英雄主義を明確に掘り下げる人は少ない」という(8)。スターリンを神格化する従来の姿勢とは一線を画したのである。

この年モスクワのボリショイ劇場で開催された戦勝一〇周年記念式典では、その傾向が如実に表れた。登壇したソ連軍元帥のイヴァン・コ

「軍事栄光のホール」。

「母なる祖国像」。ママエフの丘に立つヴォルゴグラードのシンボル的存在。

「決死の覚悟で立つ像」。いずれも 2012 年 5 月 30 日筆者撮影。

サンクトペテルブルグ市にある「レニングラード攻防戦博物館」。2013 年 5 月 13 日筆者撮影。

ーネフ（И.С. Конев）は、「中央委員会およびソヴィエト政府の決定により、ヨシフ・ヴィサリノヴィチ・スターリンは国防委員会議長と全軍事機関の最高指導者に就任した」と述べ、スターリンは単に党の指示でその職に就いたに過ぎないと言い切った。[9] ソ連閣僚会議議長ニコライ・ブルガーニン（Н.А. Булганин）は、「私たちは、祖国の自由と独立のために自らの命を犠牲にした兵士やソヴィエト人民の輝かしい記憶を、永遠に心の中で守りつづける」と報告し、国民が勝利に貢献したことを強調し、戦勝とスターリンを切り離した。[10] 翌年の第二〇回共産党大会では、ソ連共産党中央委員会第一書記長ニキータ・フルシチョフ（Н.С. Хрущёв）が外国の代表を締め出して秘密報告を行い、スターリン批判を展開して、神格化されていた彼の権威を引きずり下ろした。[11] そうした流れを受けて、ソ連社会も変化し始めた。一般国民の戦死者を追悼する試みが始まったのも、その一つである。

戦勝二〇周年の一九六五年には、記念硬貨が発行され、対独戦勝記念日の五月九日は祝日となった[12]。祖国防衛に貢献した都市に名誉称号「英雄都市」を贈ることになり、モスクワ、レニングラード（現サンクトペテルブルグ）、ヴォルゴグラード（旧スターリングラード）、キエフに称号が授けられた。また、ベラルーシのブレスト要塞は「英雄要塞」と認定された[13]。一九六七年にはモスクワのクレムリン脇に無

サンクトペテルブルグ市内にある「英雄都市」のオベリスク。2012年11月25日筆者撮影。

表 3–1 「英雄都市と英雄要塞」一覧

都市名と要塞名	年月日
モスクワ	1965 年 5 月 8 日
レニングラード（現サンクトペテルブルグ）	1965 年 5 月 8 日
ヴォルゴグラード（旧スターリングラード）	1965 年 5 月 8 日
キエフ	1965 年 5 月 8 日
オデッサ	1965 年 5 月 8 日
セヴァストーポリ	1965 年 5 月 8 日
ブレスト要塞	1965 年 5 月 8 日
ケルチ	1973 年 9 月 14 日
ノヴォロシースク	1973 年 9 月 14 日
ミンスク	1974 年 6 月 24 日
トゥーラ	1976 年 12 月 7 日
ムールマンスク	1985 年 5 月 6 日
スモレンスク	1985 年 5 月 6 日

出典：Правда, 9 мая 1965 г.; 15 сентября 1973 г.; 27 июня 1974 г.; 8 декабря 1976 г.; 7 мая 1985 г. をもとに筆者作成。

名戦士を悼む墓地が完成し、慰霊のために「永遠の炎」が灯された(14)。こうした戦勝モニュメントの建設は地方でもさかんで、一九六七年一〇月にはスターリングラード攻防戦を記念して、激戦地のママイの丘に「母なる祖国像」「軍事栄光のホール」「決死の覚悟で立つ像」といった巨大な施設が完成し、ブレジネフら主要閣僚も訪れた(15)。レニングラードでは一九七五年五月九日に戦勝三〇周年を祝う記念碑の除幕式があり、多くの市民が駆けつけた(16)。このように、ロシア全土で「記憶の場」が着々と整備されていった。ロシアを代表する政治学者ドミートリー・トレーニンが指摘するように、五月九日の戦勝記念日は一九六〇年代から全国的に国民が勝利を祝う日として定着したのである(17)。

顕彰記念碑が各地に建てられるなか、その後もケルチ、ノヴォロシースク、ミンスク、トゥーラ、ムールマンスク、スモレンスクといった都市に「英雄都市」の称号が授けられ（表3–1を参照）、一九八

英雄都市と英雄要塞

ムールマンスク
ロシア
レニングラード
モスクワ
スモレンスク
ミンスク
トゥーラ
ベラルーシ
ブレスト要塞
キエフ
カザフスタン
ウクライナ
ヴォルゴグラード
モルドバ
オデッサ
ケルチ
ノヴォロシースク
セヴァストーポリ

〇年には名誉称号から「最高勲章」へ格上げされた[18]。しかし、ソ連最高会議幹部会が一九八八年に付与を停止したため[19]、称号を望む都市には不満が残ったといわれる[20]。そうして戦勝六〇周年を控えた二〇〇五年初頭、ロシアで新たな称号を創設する動きが現れたのである。

第二節　「軍事栄光都市」創設に至るまで

法案をめぐるやり取り

二〇〇五年は節目の年ということもあり、戦勝記念日に向けてさまざまなイベントが企画された。プーチンは二〇〇四年二月、「戦勝六〇周年記念メダル」を退役軍人らに贈ると定めた大統領令や[21]、彼らの生活向上を目的にした大統領令など発布し[22]、六〇周年を意識した政策を次々と打ち出した。下院は恩赦を認める声明を出す予定があると発表し、そのニュースは全国紙でも取り上げられた[23]。それから数週後、「一九四一年から一九四五年の大祖国戦争勝利六〇周年に関連する恩赦の布告に関する決定」が採択された[24]。また、各国の要人が戦勝記念パレードに参加する予定であること[25]、モスクワでは祝日の演出に多額の費用をかけることが明らかにされた[26]。モスクワの地下鉄は当日の運行時間を短縮するなど[27]、記念祭典の準備に余念がなかった[28]。

一方、セルゲイ・アントゥフィエフ（С.В. Антуфьев）、アンドレイ・ココシン（А.А. Кокошин）、ニコライ・コヴァリョフ（Н.Д. Ковалёв）など下院議員一九名は二〇〇五年初頭、新称号の創設に向けて動きはじめた。戦勝六〇周年にあわせて、「名誉称号「軍事栄光都市」に関する連邦法」（以下、「軍事栄光都市法」と略記する）という法案を作成することにしたのである。

彼らは、「大祖国戦争の勝利から六〇年を前に、祖国を守るために立ち上がった人々の勇気と不屈の精神は最終情勢を決定づけ、ロシアの各都市を解放し防衛する戦闘に身を賭した兵士がいたという記憶を正しく伝えていかねばならない」と述べ、節目の年に新たな称号を創設する意義を強調した。称号は「トヴェリ州ルジェフ市、オリョール市、ヴャジマ市、スモレンスク州エリニャ市などに贈るべきである」といい、事前に都市を選定していたようである[29]。

議会に提出する前に、下院退役軍人委員会は同法案の内容を精査し、妥当であり法案の採択を急ぐべきとの見解を示した。そして「祖国愛や祖国への尊敬の念を伝えて来た先祖の記憶」を守るロシア連邦憲法の前文や、一九九三年に採択された「祖国防衛の犠牲者の記憶の不朽化に関する連邦法（Об увековечении памяти погибших при защите Отечества）[30]」の理想を具現していると評した。また、「英雄都市」の称号の付与が停止されている現在、祖国を防衛した兵士の記憶を守るには、この法案が必要との認識を示したのである。

ところが下院安全保障委員会は、①既存の「英雄都市」「英雄要塞」などの称号との関連性を明確にする必要がある、②「祖国防衛の犠牲者の記憶の不朽化に関する連邦法」や「ロシアの軍事栄光の日ならびに記憶の日付に関する連邦法（О днях воинской славы и памятных датах России）[31]」がすでに施行されており、それらに則って顕彰すべきであるとして、「軍事栄光都市法」の採択に否定的だった。また、法案は第一条で、「称号「軍事栄光都市」はロシア連邦の諸都市に贈られる。ただし、その都市は、祖国防衛者が不屈の精神をもって勇猛果敢に戦った激戦地である必要がある」と定めており、対象となる都市が限定されていることも問題視した[32]。ロシアの中央部や東部でも出征して戻らなかった兵士は大勢おり、彼らは祖国防衛に貢献した英雄なのだから、その出身地の都市もたとえ被災してなくとも名誉称号を受けるに値する、ゆえに現行案には問題があると結論づけた。このように下院安全保障委員会の見解は退役軍人委員会とは異なっていた。また、称号の授与式の予算についても疑問を呈した。法案の第五条は、「「軍事栄光都市」の授与式や、犠牲となった兵士の記憶を恒久化する行事にかかる費用は、ロシア連邦議会が承認した国家予算または地方自治体の予算から出資するものとする」と定めるが、この規定自体が曖昧で明確にする必要があるとした[33]。

下院の二つの委員会のほか、ロシア政府が憲法一〇四条三項に基づき、法案の内容を審査した。政府は法案の趣旨には賛同しながら、条文に若干問題があるとして修正を求めた。具体的には、「英雄都市」との関連が不明確であるとし、差別化を指示した。また、下院安全保障委員会と同じように、予算を明確にするよう要求した[34]。

このようにさまざまな指摘は受けたが、同法案は二〇〇五年四月八日に下院の第一読会で審議されることになった[35]。なお、法案は、下院では第一読会、第二読会、第三読会と三回の審議を経た上で採択される。採択された法案は上院に送られ、承認が得られれば大統領に送られ、その署名を得て公布となる[36]。

下院での審議

二〇〇五年四月八日に第一読会が開かれた。第一読会では、「統一ロシア」党議員兼下院退役軍人委員会メンバーのニコライ・コヴァリョフが口火を切った。最初に「戦勝六〇周年を前に、各連邦構成主体代表および退役軍人団体代表が、モスクワやカフカーカなどを侵略しようとするドイツ・ファシズムの野望を自らの命を賭して挫いた大祖国戦争の兵士の功績を永久に語り継ぎたいと退役軍人委員会に求めてきた」と述べ、地方や退役軍人らによる働きかけがきっかけであったと説明した。そして、「英雄都市」という称号はすでに形骸化しており、犠牲となった兵士たちの記憶をこのまま風化させてはならないと力説した。称号を授与する基準は、①多くの犠牲者を出した戦闘があったこと、②兵士の勇敢さ、不屈さ、勇気、英雄的行為、③軍事作戦の対象地域に当該都市が含まれること、④その都市が軍事行動の結果に決定的影響を与えたことである。トヴェリ州のルジェフ市、オリョール市、ヴォロネジ市、ヴァジマ市、スモレンスク州エリニャ市などが現時点で候補に挙がっていると述べた。最後に、国内の退役軍人団体、特にルジェフの退役軍人団体の文字どおり昼夜を問わない協力のもと法案を作成したと謝意を表し、締めくくった(37)。

質疑では、ロシア連邦共産党のボリス・キビレフ（Б. Г. Кибирев）議員が法案の愛国的市民的意義を高く評価していると前置きしてから、「すでに名誉ある地位にある都市や英雄都市と、今後「軍事栄光都市」が付与される都市の位置づけはどのようになるのか」と問うた。コヴァリョフはこれに対し「ご指摘の点は改善の必要があると思われる」と答え、条文を改正する意思を示した(38)。

質疑が終わると採決に移り、下院議員四五〇人中四一九人もの議員が賛成票を投じたのに対し、反対は誰もおらず、法案は圧倒的多数で第一読会を通過した(39)。翌日の全国紙はこのニュースを取り上げ、新たな称号が創設される可能性があると伝えた(40)。

退役軍人らは法案の早期成立を目指し活動した。大統領事務局に宛てた書簡を見てみよう。

ウラジーミル・ゴヴォロフの墓。彼の父親はソ連陸軍の元帥で，有名な軍人一家であった。2012 年 6 月 9 日筆者撮影。

この称号は、大祖国戦争でねばり強く戦ったベルゴロド、ブリャンスク、ヴォロネジ、ヴャジマ、クルスク、オリョール、ルジェフなど一一の都市に贈られるべきである。(41)

この書簡では、退役軍人で「ソ連邦英雄」の称号を有するウラジーミル・ゴヴォロフ（В.Л. Говоров）(42)も法案に対する支持を表明している。ゴヴォロフは、一二月三一日付ロシア軍機関紙『赤星』でも退役軍人に向け、「われわれは高齢ではあるが、国の政策にこれまで積極的に意見してきた。大祖国戦争でモスクワやスターリングラード、クルスクで勇敢に戦い、レニングラードを守った兵士たちは、現役の軍人一万人の模範であり続けている」と、祖国防衛のため自らの命を投げ出した同胞の功績を讃えるよう訴えた。(43)このように多くの退役軍人が法案を通すため積極的に動いたのである。

第一読会後、法案を提出した下院議員の一人ヴァレンニコフは、四月二六日に行われたロシア科学アカデミー幹部会会合で言っている。「ソ連の参戦まで、より正確にはナチス・ドイツのソ連侵攻まで、世界の誰もファシズムを止めることはできなかった。我が軍と我が国民がファシズムを阻止したのである。さらに私たちはドイツ軍を打ち破り屈服させ、無条件降伏させた。我が国民がこれをやり遂げたのだ。……第二次世界大戦の正念場は、言うまでもなく、ドイツ・ファシズム軍と戦ったソヴィエト人民の大祖国戦争である」(44)。こうして国民の功績を讃え、法案の正当性を主張した。退役軍人の要望を受け、多数の議員も法案の趣旨に賛同していたため、第二読会の審議もすぐに始める予定だったようだが(45)、最終的には二〇〇六年まで持ち越された。

二〇〇六年四月一二日に開かれた第二読会でコヴァリョフは、第一読会で多くの議員が賛成票を投じたと説明し、法案の重要性を再度強調して、「この法案を全国民の祝日である戦勝記念日のプレゼントとすべきである」と述べた(46)。その後の採決で、今回は四二七人の賛成票を得て法案は通過した(47)。

二日後には第三読会が開かれ、コヴァリョフは、「〔法案は〕しかるべき審査を経ており、問題はない。第三読会で採択するにふさわしい法案である」と主張した(48)。ここでも多くの議員が支持を表明し、法案は上院へ送付された(49)。四月二六日の上院の審議では、セルゲイ・ミローノフが「この法案は歴史的勝利に敬意を払う手本となる」と指摘し、法案の意義を強調した(50)。上院でも多数の賛成を得て、法案は可決された(51)。

このように「軍事栄光都市法」は、退役軍人団体やそれと密接な関わりを持つ議員らの主導で法制化が進められた。注目すべきは、議員や市長がいうように、退役軍人が音頭をとった点であり、上意下達

図3–1　法案採択までの過程

で法案ができたわけではないのである。

法案の採択へ

法案の採択が待たれるなか、プーチンは戦勝記念日の前日、退役軍人らと面会した。プーチンは「退役軍人やその団体を支えていくため全力を尽くし、今後も医療、公共交通機関、住宅などみなさんに関わる問題を粘り強く解決していきたい」と、退役軍人をサポートすることを改めて強調した。また、「英雄都市と同様に、私たちは今後、軍事栄光都市も記念することになる。対象となる都市は多い。青少年に英雄的な歴史的事実を伝える、またとない教材となろう」と述べ、愛国心の醸成にも役立つとの認識を示した[52]。政権は可能な限り退役軍人らの要望に応えるとしており、今回の「軍事栄光都市」という称号についても、彼らの積極的な働きかけが考慮された結果とも言えよう（図3–1を参照）。

その翌日、プーチンは法案に署名し、「軍事栄光都市法」は正式に採択された[53]。全国紙『コメルサント』はこの法律により「英雄都市」のほかに「軍事栄光都市」ができることになった、「市民に勇敢な精神を鼓舞するよう期待されている」と評した[54]。左派系の『ソヴィエツカヤ・ロシア』紙は、「クレムリンは伝統に反する決定を採択した。辛酸をなめ勇敢に戦った都市に新たな地位「軍事栄光都市」を贈ることにしたのである。なぜか。これまでの称号の何が悪いのか」と若干批判的に報じ、国内には戦勝に貢献しすでに表彰された都市がいくつもあるが、「それらも自動的に称号「軍事栄光都市」を授かるのか」と問い[55]、第一読会での議論を改めて紹介している。

「軍事栄光都市法」によれば、この称号は「多大な犠牲を出しながらも、祖国防衛軍が不屈な精神をもって勇猛果敢に戦ったロシア連邦の都市に贈られる。これは「英雄都市」にも同様に与えられる」とあり（第一条一項）、過去の称号との関連を明確にしている。また都市の選定にあたっては、「地方自治体、ロシア連邦市民、社会団体の請願に基づく」とされ（第三条一項）、各地の働きかけによるところが大きい。

とはいえ、各地の請願がそのまま通るわけではない。二〇〇六年一二月に制定された「ロシア連邦の名誉称号「軍事栄光都市」の規則および手順に関する大統領令」によれば、「ロシア組織委員会「勝利」」が請願の内容を精査した上で決定するとある[56]。同委員会は二〇〇〇年に設立され、戦勝記念関連事業の計画などを請け負う組織であり[57]、この大統領令によって権限が拡大された。ともあれ、新法の制定により、称号を求める各地の動きは活発化した。こうしてロシアに「軍事栄光都市」という新たな称号ができたのである。

第三節　「軍事栄光都市」の決定

地方の働きかけ

では、称号を授与する都市の決定過程について、条文を参照しながら簡単に確認しておこう。まず、

図 3–2　発議の過程

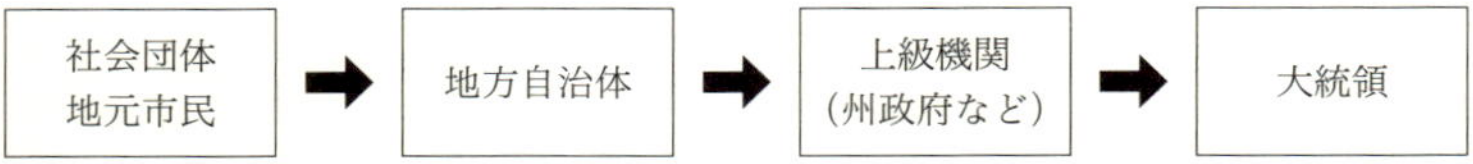

候補都市の選出は、前述のごとく、「地方自治体、ロシア連邦市民、社会団体の請願に基づく」ことになっている（第三条一項）。請願が「社会団体や市民によるものであれば、地方自治体に送付」される（第三条二項）。地方自治体の請願は、当該自治体が属する連邦構成主体の上級機関、すなわち州政府などに送られ、最終的に大統領へ届けられる（第三条三項）。もっとも、第一項に定められている主体であれば誰が請願してもよく、若干その後の進め方が異なるだけである（図3–2を参照）。

以下では実例をあげて見ていこう。まずはロシア西部に位置するオリョール州の取り組みである。「全ロシア組織委員会「勝利」」は二〇〇五年三月、オリョール州で会合を開いた。そこで州関係者は、当時まだ委員会に権限が無いことを承知の上で、地元の貢献をアピールし称号を求めた。州知事エゴール・ストローエフは、当時審議中であった新称号を意識してか、オリョール州が戦勝に大きく貢献したことを宣伝するとともに、退役軍人への手厚い保障を求めた[58]。会合に出席していたプーチンは「四三年の夏、赤軍は単にオリョール・クルスクの戦いで勝利したのではない。大祖国戦争および第二次大戦の最後の分岐点をもたらしたのである」と述べて地元の功績を讃えた[59]。ストローエフは、オリョール戦を扱った歴史書の前書きにもこう記している。「オリョール・クルスクの偉大な戦いは大祖国戦争の帰趨を決した。周知の通り、ヒットラー指導部は〝スターリングラードの復讐〟に失敗した。この戦いの後、赤軍は戦略的主導権をしっかりと握り、わが祖国から敵を計画的に駆逐し、そしてヨーロッパ諸国民を〝茶色のペスト〟

から解放したのだ」[60]。このように、オリョール州は新しい称号ができる前から、州知事が率先して再評価を訴えていたのである。

「軍事栄光都市法」の制定後、称号を求める請願が各地から次々と提出された。例えばベルゴロド州議会は二〇〇六年六月、大統領宛ての書簡を送ることを決議した。「ベルゴロド市は、地元民の勇気や不屈の精神、また農業や文化発展で収めた成功により、一九八〇年四月九日付でソ連最高会議幹部会令から第一等祖国戦争賞を授与された」のだから、名誉称号「軍事栄光都市」に値するというのである[61]。

北カフカースに位置するイングーシ共和国の大統領ムラート・ジャジコフ（M.M. Зязиков）も、マルゴベク市に称号を求めた[62]。ジャジコフは、カフカース占領を試みるドイツ軍の攻撃に立ち向かった地元民の勇気ある行動を讃えなければならないと述べた[63]。その上で、「マルゴベク市を軍事栄光都市と認めることは、敵に手を貸すという無実の罪で一九四四年に強制移住させられた北カフカースの住民の名誉を回復する一つの試みである」と指摘した[64]。もっとも、この段階では請願を正式に送付しておらず、将来的に手続きを行う意思の表明だったのであろう。ともかく、地方の動きが次第に活発になっていったことが窺える。

オリョール州やイングーシ共和国よりも半年ほど遅れて、ロシア南西部に位置するクルスク州も名乗りをあげた。大規模な地上戦が行われた事実に鑑み[65]、同州議会は二〇〇七年二月、称号の付与を求めて大統領に書簡を送った。「クルスクの住民は勇敢に働き、勝利に多大な貢献をした。……祖国を守る人々の勇気ある行動は、軍事的・政治的な威信の回復を目論むドイツからチャンスを奪った。……祖国のために勇敢に亡くなったソヴィエト兵や将校の自己犠牲的行為は、現世代や将来世代への模範となる」と書簡には記されていた。[66] 州議会の動きは市民にも知れ渡っており、市内に暮らすある女性は「最近、「軍事栄光都市」の称号が与えられる都市が選定されていると聞いた。もしクルスク市が推薦されるなら、私は賛成する」と歓迎した。[67]

各自治体がそれぞれの功績を讃え、称号を求めるなか、法案作成者の一人アンドレイ・ココシンは「候補地としては、ルジェフ市、ヴャジマ市、エリニャ市、マロヤロスラヴェツ市、その他ロシアの小都市であるべきだ」と自身の見解を述べた。[68] 組織委員会は、彼の意見や各地の動きを受け、「軍事栄光都市」に相応しい都市の選定を開始した。

名誉称号の付与

組織委員会は二〇〇七年二月、モスクワで会合を開いた。ある委員は「この称号にふさわしい都市はもちろんたくさんあるが、初回の選考にあたって私たちは歴史的功績だけでなく、候補地の現在の生活条件も考慮した。とりわけ、愛国心教育がどのようになされているのか、退役軍人をどのように支援しているのか、などである」と述べ、ベルゴロド市、クルスク市、オリョール市を支持するとした。別の委員も「ベルゴロド市、クルスク市そしてオリョール市がこの称号にふさわしい」と発言しており、この三つの都市に称号が授与されることが明らかになった。[69]

この頃、イングーシ共和国大統領は請願を正式に送付した。「ブレスト要塞を守り、クルスク戦で犠牲となり、スターリングラード攻防戦やモスクワ攻防戦に加わった多民族からなるイングーシの若者たちは、ファシズムに対する勝利に大きな貢献をした。その功績は名誉称号で讃えるべきである」と記し、[70]

異なる民族が祖国防衛に立ち上がった点を強調した。ともあれ、今回はすでに候補が決定済みであり、次回以降の結果を待つことになった。

内定した都市では、メディアが大々的に報じた。オリョール州の地元紙『オルローフスカヤ・プラウダ』は「称号「軍事栄光都市」、オリョール市に」という見出しを掲げ、ベルゴロド市とクルスク市とともに最初の候補地になったと報じた[71]。クルスクの地元紙『クールスカヤ・プラウダ』は、先の委員会関係者の発言を引用し、称号が贈られると伝えた[72]。

プーチンは二〇〇七年四月二七日に「名誉称号「軍事栄光都市」の付与に関する大統領令」に署名し、ベルゴロド、クルスク、オリョールの三都市に称号が贈られることが正式に決まった[73]。大統領令には「祖国の自由や独立のために当該都市の防衛軍が発揮した勇気、不屈の精神、勇敢な行為を賞して、ロシア連邦名誉称号「軍事栄光都市」を付与する」とあった。

法案の策定に関わった下院議員アンドレイ・ココシンは、「これら都市の住民は、ナチス軍という危険で強大な敵を倒し勝利するために多大な貢献をした。ロシア国民やＣＩＳ諸国民にとって神聖な戦勝記念日にプーチン大統領は、ベルゴロド、オリョール、クルスクに名誉称号「軍事栄光都市」という、素晴らしいプレゼントを贈った」と語った[74]。

各地の反応も見ていこう。いち早く称号の付与を求めたオリョール州では、地元紙が「オリョールが軍事栄光都市に」と大きく取り上げ、ストローエフ州知事の尽力をねぎらった[75]。

ベルゴロド州の地元紙『ベルゴローツカヤ・プラウダ』も決定に喜び[76]、数日後には大統領令の全文を掲載するなど、大々的に報じた[77]。クルクス市でも、五月一日のメーデー参加者らが喜ぶ様子とお祝いムードを地元紙が報じている[78]。

授与式

二〇〇七年五月七日、クレムリンのエカテリーナの間で授与式が行われた。プーチンは、「この偉大な戦いの結果、大祖国戦争のみならず第二次世界大戦に大きな転機がもたらされた。一九四三年夏の英雄的な戦いの後、敵は二度と攻撃に転ずることはなく、勇猛果敢な我が軍はベルリンへと前進した。……ベルゴロド、クルスク、オリョールは、名誉称号「軍事栄光都市」が付与される国内初の都市である。いずれも今日、十分な根拠に基づき称号を獲得した」と言祝いだ[79]。クルスクの代表は「地元住民にとって素晴らしいプレゼント」だと喜びを露わにした[80]。式には三都市の関係者らとともに、退役軍人も招かれ、大統領とシャンパンを飲み交わしたという[81]。

翌日、オリョール州の地元紙にストローエフ州知事の戦勝記念祝辞が掲載された。「私たちはこの高貴な称号を誇りにする。これは、犠牲者の輝かしい記憶や、敵と戦ったすべての人々に対する敬意の証しである[82]」。彼は翌日の記念式典で、愛国心の強化、若者世代への記憶の継承、退役軍人の生活の保障の必要性を説いた[83]。

ベルゴロド市では八日、記念集会が開かれ、集まった市民らに「軍事栄光都市」の証書が公開された。地元紙には「祖国の自由と独立のための戦いで市民が発揮した勇気、不屈の精神、そして勇敢な行為に対して名誉称号「軍事栄光都市」が故郷ベルゴロドへ授与されたことを心より喜び、誇りに思う」という、モスクワ在住の地元出身者の祝辞が掲載された[84]。下院議員アンドレイ・スコチ（A.B. Скоч）は「この称号は、自らの命を犠牲にして侵略者から町を解放した人、銃後で勝利に貢献した人、戦後の苦しい状況で愛情と忍耐を持ちながら骨身を惜しまず故郷の復興に貢献した人にふさわしい」と祝辞で述べ、地元の防衛と復興に尽力した人々へ感謝の意を表した[85]。

クルスク州知事アレクサンドル・ミハイロフ（А.Н. Михайлов）は、「私はこのたびの授与を、クルクス住民に対してのみ示された深い感謝の気持ちや尊敬の念ではないと捉えている。これは、クルスクの戦いで勇敢に敵に挑み、勝利を手にした大祖国戦争の退役軍人全員の功績である。……彼らの勇気や不屈の精神は、大祖国戦争および第二次世界大戦で大きな転機を我が軍にもたらし、その後ドイツ軍は攻撃に転ずることがなかった。したがって、この国家の称号は、彼らのものなのだ」と語った。その上でミハイロフ州知事は、戦争の記憶を風化させまいとする地元の活動があってこの結果を得たとした[86]。

ロシア軍機関紙の『赤星』のインタヴューに応じたクルスクの関係者は、興味深いエピソードを紹介した。ソ連時代、クルスク市も「英雄都市」の称号を受ける可能性があったというのである。当時の州共産党第一書記がブレジネフに「称号はまだ授与されないのか」と尋ねると、ブレジネフは「書類を提出しろ」と答えた。しかし、手元に書類がなかったため、第一書記は後日改めて書類を持って訪ねたが、外国の代表団が来ていたのでその日のうちに面会するのは不可能と見て帰路に就き、結局称号を得るには至らなかったという[87]。このように、以前から各地で祖国防衛に関する顕彰が求められていたのである。

今回、ベルゴロド市、クルスク市、オリョール市に称号が与えられたが、そのほかの都市も「軍事栄光都市」の認定を求めた。認定機関である組織委員会には、多くの請願が届いていた。

増える請願

二〇〇七年九月時点で、関係筋によれば、すでに「三九件の請願が委員会に届いていた」。二〇〇七年九月一八日には第二回の選定のため組織委員会の会合が開かれ、北オセチア共和国ウラジカフカス市、イングーシ共和国マルゴベク市、トヴェリ州ルジェフ市、スモレンスク州エリニャ市、リペツク州エレツ市の五つの都市に称号を贈る予定であることが明らかとなった(88)。

また今回、候補地の選定以外にもさまざまなことが議論された。会合に出席したセルゲイ・イヴァノフ第一副首相は、「候補地の情勢を分析する必要がある」と指摘した。それを受けて、委員は近く候補地を訪れる予定であり、授与の基準も定めるという。委員会では、「その都市の過去の貢献だけでなく、退役軍人の社会経済的問題がどのように解決され、住民の軍事規範や愛国的活動についても考慮する」こととした(89)。イヴァノフの発言は、「軍事栄光都市」の授与が今後も継続することを念頭に置いたものであろう。

プーチンは二〇〇七年一〇月、先の組織委員会の決定どおり、ウラジカフカス市、マルゴベク市、ルジェフ市、エリニャ市、エレツ市に称号を付与する大統領令に署名した(90)。ウラジカフカス市長は「これは若者の愛国心教育にとって重要な一歩である」と評価した。ムラート・ジャジコフも「マルゴベク防衛作戦では、兵士や将校のみならず、地元義勇軍も勇気を示した。このたびの受賞は、一九四四年に国外追放されたイングーシ国民を含め、北カフカース諸民族に対する公正で道義的な措置である」と喜びを露わにした(91)。今回も退役軍人や地方政治エリートらの働きかけがあった。ロシア軍機関紙の『赤星』は、ウラジカフカス市の退役軍人や北オセチア共和国大統領らが称号を求めて活動したと報じており、

第一回に引き続き彼らの影響力が垣間見られたのである。[92]

ルジェフの決定を受け、トヴェリ州知事ドミートリー・ゼレニン（Д.В. Зеленин）は、「われわれを支援し、ルジェフの歴史的公正性を取り戻す活動を擁護してくださったすべての方に感謝申し上げる。退役軍人のみなさんの功績が無ければ、ルジェフや我が国が偉大なる勝利を明るく誇れることはなく、深く感謝したい」と述べた。[93]地元の退役軍人は「戦友が葬られているこの聖なる土地で、どのような気持ちでいっぱいなのか言葉にできない。自分の目でこの素晴らしい、待ち望んだ祝典を見ることができて、私は幸せだ」と喜びを語った。[94]

以後、「軍事栄光都市」の認定を求める地方の動きは後を絶たず、多くの請願が寄せられた。候補地の選定が進むなか、まず二〇〇八年二月にヴォロネジへ称号が贈られることが明らかになった。[95]二〇〇八年五月にはルーガ市、ポリャルヌィ市、ロストフ・ナ・ドヌー市、トゥアプセ市へ称号を付与する大統領令が正式に発令され、[96]「軍事栄光都市」に認定された都市は増えていった。

これまで見てきたように、各地域は退役軍人団体などの要請を受けながら、[97]独ソ戦の記憶を神聖化するために「軍事栄光都市」の称号を求めてきた。大戦で大きな犠牲を被りながらも、戦勝に貢献した地域は前記の都市以外にもあり、こうした地方の動きは今後も続くであろう[98]（表3-2を参照）。

「記憶の場」の整備

称号を授与された都市では、記念柱が建造された。クルスク市では二〇一〇年四月に除幕式が行われ、市議会・州議会関係者、州選出の上院議員、退役軍人、一般市民らが参加した。記念柱は花崗岩を素材

表 3–2　「軍事栄光都市」一覧（2017 年 11 月 28 日現在）

	授与された都市	大統領令番号	年月日
1	ベルゴロド	№ 558	2007 年 4 月 27 日
2	クルクス	№ 559	2007 年 4 月 27 日
3	オリョール	№ 560	2007 年 4 月 27 日
4	ウラジカフカス	№ 1343	2007 年 10 月 8 日
5	マルゴベク	№ 1344	2007 年 10 月 8 日
6	ルジェフ	№ 1345	2007 年 10 月 8 日
7	エリニャ	№ 1346	2007 年 10 月 8 日
8	エリツ	№ 1347	2007 年 10 月 8 日
9	ヴォロネジ	№ 206	2008 年 2 月 16 日
10	ルーガ	№ 554	2008 年 5 月 5 日
11	ポリャルヌィ	№ 555	2008 年 5 月 5 日
12	ロストフ・ナ・ドヌー	№ 556	2008 年 5 月 5 日
13	トゥアプセ	№ 557	2008 年 5 月 5 日
14	ヴェリーキエ・ルーキ	№ 1532	2008 年 10 月 28 日
15	ヴェリーキー・ノヴゴロド	№ 1533	2008 年 10 月 28 日
16	ドミトロフ	№ 1534	2008 年 10 月 28 日
17	ヴャジマ	№ 461	2009 年 4 月 27 日
18	クロンシュタット	№ 462	2009 年 4 月 27 日
19	ナロ・フォミンスク	№ 463	2009 年 4 月 27 日
20	プスコフ	№ 1387	2009 年 12 月 5 日
21	コゼリスク	№ 1388	2009 年 12 月 5 日
22	アルハンゲリスク	№ 1389	2009 年 12 月 5 日
23	ヴォロコラムスク	№ 338	2010 年 3 月 25 日
24	ブリャンスク	№ 339	2010 年 3 月 25 日
25	ナリチク	№ 340	2010 年 3 月 25 日
26	ヴィボルグ	№ 341	2010 年 3 月 25 日
27	カラチ・ナ・ドヌー	№ 342	2010 年 3 月 25 日
28	ウラジオストク	№ 1333	2010 年 11 月 4 日
29	チフヴィン	№ 1334	2010 年 11 月 4 日
30	トヴェリ	№ 1335	2010 年 11 月 4 日
31	アナパ	№ 586	2011 年 5 月 5 日
32	コルピノ	№ 587	2011 年 5 月 5 日
33	スタールイ・オスコル	№ 588	2011 年 5 月 5 日
34	コヴロフ	№ 1456	2011 年 11 月 3 日
35	ロモノソフ	№ 1457	2011 年 11 月 3 日
36	ペトロパブロフスク・カムチャツキー	№ 1458	2011 年 11 月 3 日
37	タガンログ	№ 1459	2011 年 11 月 3 日

38	マロヤロスラヴェツ	№ 608	2012 年 5 月 7 日
39	モジャイスク	№ 609	2012 年 5 月 7 日
40	ハバロフスク	№ 1468	2012 年 11 月 3 日
41	スタラヤ・ルーサ	№ 175	2015 年 4 月 6 日
42	グロズヌィ	№ 176	2015 年 4 月 6 日
43	ガッチナ	№ 177	2015 年 4 月 6 日
44	ペトロザヴォーツク	№ 178	2015 年 4 月 6 日
45	フェオドシヤ	№ 179	2015 年 4 月 6 日

注：年月日は，大統領令の署名日。
出典：Собрание законодательства Российской Федерации, 2007, № 18, Ст. 2206; Ст. 2207; Ст. 2208; № 42, Ст. 5012; Ст. 5013; Ст. 5014; Ст. 5015; Ст. 5016; 2008, № 7, Ст. 585; № 19, Ст. 2123; Ст. 2124; Ст. 2125; Ст. 2126; № 44, Ст. 5052; Ст. 5053; Ст. 5054; 2009, № 19, Ст. 2224; Ст. 2225; Ст. 2226; № 49, Ст. 5943; Ст. 5944; Ст. 5945; 2010, № 13, Ст. 1487; Ст. 1488; Ст. 1489; Ст. 1490; Ст. 1491; 2010, № 45, Ст. 5791; Ст. 5792; Ст. 5793; 2011, № 19, Ст. 2735; Ст. 2736; Ст. 2737; 2011, № 45, Ст. 6391; Ст. 6392; Ст. 6393; Ст. 6394; 2012, № 19, Ст. 2379; Ст. 2380; № 45, Ст. 6228; 2015, № 15, Ст. 2248; Ст. 2249; Ст. 2250; Ст. 2251; Ст. 2252.

としており、その正面には大統領令の文言が刻まれ、上部にはロシアの国章が飾ってある。参加者は「この石碑は、我が町の名刺のようなもので、ロシア兵の功績の記憶を永遠に守っていく」「石碑の設置はクルスク州の歴史の新たな一ページである」などと、記念柱の建造を讃えた[99]。

同年五月にはオリョール市でも記念柱の除幕セレモニーが行われ、市長や州議会関係者のほか、退役軍人や市民らが参加した。同市の記念柱もクルスクのものと似ていた。地元紙は「すべての市民が「私はオリョール住民であり、軍事栄光都市の住民である」と誇りを持って言える」と、愛国心を鼓舞した[100]。

ベルゴロド市では、二〇一三年七月に記念柱の除幕式が開催された。街の中心の教会広場に記念柱が建立され、多くの市民が花を献じた。州知事エヴゲニー・サフチェンコ（E.C. Савченко）は、「称号を授与されたことで私たちは歴史にあらためて向き合い、この街を心から誇りに思うようになる」と喜びを伝えた[101]。こうして、人々は歴史的遺跡や偉人、戦争の犠牲者に対して敬意を共有し、そして儀礼的な行為を継続

軍事栄光都市

注 1：地図上の番号は表 3–2 の番号と対応するため，都市名については表 3–2 を参照。
注 2：極東の三都市（ペトロパヴロフスク・カムチャツキー，ハバロフスク，ウラジオストク）については巻頭の地図を参照。

的に行うのである。[102] すなわち、祖国防衛のために立ち上がり、犠牲となった兵士らを追悼するこれらの記念碑は、ベネディクト・アンダーソン（Benedict Anderson）が指摘するように、「国民的想像力が満ちている」のであり、[103] 次第に景観に組み込まれていくのだ。

ほかの軍事栄光都市でも記念柱の設置が進められた。ウラジカフカス市では、称号を授与されると急いで着工し、第一回目の三つの都市よりも早い二〇〇九年一〇月に記念柱が完成した。[104] マルゴベクでも、

レニングラード州ヴィボルグ市の記念柱。2013年5月12日筆者撮影。ヴィボルグ市はサンクトペテルブルグ市の北西に位置する。かつてフィンランド領やスウェーデン領だったことから，独特の雰囲気が漂っている。

上はハバロフスク市の記念硬貨，下はモスクワ州モジャイスク市の記念硬貨であり，いずれも 10 ルーブル（2017 年 12 月 18 日現在で日本円で約 20 円）。筆者撮影。

二〇一〇年の戦勝記念日にその除幕式が行われた[105]。

愛国的活動は、「軍事栄光都市」のみならず、全国的に展開された。ロシア中央銀行は二〇一一年、新称号の授与に伴い、「軍事栄光都市」記念硬貨を発行すると発表した[106]。このニュースは、オリョールやクルスクの地方紙も取り上げている[107]。その後、一〇ルーブル（日本円で約二〇円）の記念硬貨が発行され、今ではロシア全土で流通している。さらに、二〇一三年七月には「軍事栄光都市」に認定された都市で構成される「軍事栄光都市同盟（союз городов воинской славы）」も創設された。ベルゴロドで開かれたその第一回大会でサフチェンコ州知事は、「大祖国戦争での勝利がロシア国民を一つに結びつけており、軍事栄光都市同盟が国内の愛国的活動を主導していく必要がある」と述べ、協力関係の構築を呼びかけた[108]。

このように「軍事栄光都市」だけでなく各地域が全国的に協力し、戦勝を愛国主義と結びつけたのである。

次章ではとりわけ連邦中央と民族共和国の垂直関係に着目し、両者のせめぎ合いを見ながら愛国主義の内実を探っていきたい。

注

（1） *Дубин Б.В.* Россия нулевых: политическая культура, историческая память, повседневная жизнь, М.: РОССПЭН, 2011, С. 50.

（2） Правда, 10 мая 1945 г.

（3） Правда, 10 мая 1945 г.

（4） Правда, 9 мая 1945 г.

(5) この点については、塩川伸明『民族と言語――多民族国家ソ連の興亡I』岩波書店、二〇〇四年。同『国家の構築と解体――多民族国家ソ連の興亡II』岩波書店、二〇〇七年が詳しい。

(6) Известия, 9 мая 1945 г.

(7) Правда, 10 мая 1945 г.

(8) О разработке истории Великой Отечественной войны Советского Союза // Вопросы истории, 1955, № 5, С. 4.

(9) Правда, 9 мая 1955 г.

(10) Правда, 9 мая 1955 г.

(11) 志水速雄訳『スターリン批判――フルシチョフ秘密報告』講談社学術文庫、一九七七年。

(12) Труд, 28 апреля 1965 г. ちなみに、五月九日は一九四五年に非労働日とされたが、四七年には労働日とされていた(Правда, 9 мая 1945 г.; 24 декабря 1947 г.)。

(13) Правда, 9 мая 1965 г.

(14) Правда, 9 мая 1967 г.

(15) Правда, 16 октября 1967 г. ヴォルゴグラードにおける戦勝記念碑については、前田しほ「スターリングラード攻防戦の記憶をめぐる闘争――象徴空間としての戦争記念碑」『思想』第一〇九六号(二〇一五年八月)、一五三―一七〇頁が非常に詳しい。

(16) Труд, 10 мая 1975 г.

(17) *Тренин Д.* Post-Imperium: евразийская история, 2012, С. 290(ドミートリー・トレーニン(河東哲夫・湯浅剛・小泉悠訳)『ロシア新戦略――ユーラシアの大変動を読み解く』作品社、二〇一二年、三五四頁).

(18) Ведомости ВС СССР, 1980, № 30, Ст. 613.

(19) Ведомости ВС СССР, 1988, № 35, Ст. 569.

(20) *Беккер В.* Герой — не герой? // Политический журнал, 2005, № 14. http://www.politjournal.ru/index.php?action=Articles&dirid=47&tek=3282&issue=98(なお本章で引用したサイトは、二〇一七年四月二五日現在、すべて有効である)

(21) Собрание законодательства Российской Федерации, 2004, № 10, Ст. 843; Коммерсанть, 4 марта 2004 г. ちなみに、エリツィンは一九九五年の戦勝五〇周年に際して、記念メダルの贈与を定めた大統領令を出している(Собрание законодательства Российской Федерации, 1995, № 13, Ст. 1123; 1995, № 32, Ст. 3300)。また、エリツィンは「大祖国戦争におけるソヴィエト人民の勝利の記憶の不朽化に関する連邦法」にも署名しており(Собрание законодательства Российской Федерации, 1995, № 21, Ст.

1928)、戦勝記念に限ってみれば、エリツィン政権とプーチン政権には連続性があると言えよう。

(22) Собрание законодательства Российской Федерации, 2005, № 14, Ст. 1220; Коммерсантъ, 3 мая 2005 г.

(23) Коммерсантъ, 8 апреля 2005 г.

(24) Собрание законодательства Российской Федерации, 2005, № 17, Ст. 1518. このような決定は、一九九五年の戦勝五〇周年や二〇一五年の戦勝七〇周年の際にも採択された(Собрание законодательства Российской Федерации, 1995, № 18, Ст. 1608; Собрание законодательства Российской Федерации, 2015, № 17, Ст. 2542)。この決定については、メディアでも取り上げられた(Коммерсантъ, 10 апреля 2015 г.; Коммерсантъ, 25 апреля 2015 г.)。

(25) モスクワを訪れた各国首脳については、Коммерсантъ, 11 мая 2005 г. が報じている。

(26) Коммерсантъ, 21 апреля 2005 г.

(27) Коммерсантъ, 28 апреля 2005 г.

(28) 過去の戦勝記念日における演出については、以下を参照。Коммерсантъ, 7 мая 2005 г.

(29) Пояснительная записка «К проекту Федерального закона О почетном звании Российской Федерации Город воинской славы». 当該文書ならびに以下で引用している特別委員会の文書は、法令データベースの「コンサルタント・プラス」で入手した(http://www.consultant.ru/online/)。

(30) Решение комитета Государственной Думы по делам ветеранов от 28 марта 2005 г., № 18/1.

(31) Собрание законодательства Российской Федерации, 1995, № 11, Ст. 943.

(32) Проект Федерального закона N 139115-4 "О почетном звании Российской Федерации "Город воинской славы".

(33) Заключение комитета Государственной Думы по обороне от 3 марта 2005 г. № 53/4.

(34) Заключение Правительства РФ от 7 апреля 2005 г. № 1002п-П44.

(35) Собрание законодательства Российской Федерации, 2005, № 13, Ст. 1122.

(36) 小森田秋夫編『現代ロシア法』東京大学出版会、二〇〇三年、九三頁。

(37) 下院議事録データベース(http://transcript.duma.gov.ru/node/1105/)。

(38) 同右。

(39) 同右。Собрание законодательства Российской Федерации, 2005, № 16, Ст. 1425.

(40) Коммерсантъ, 9 апреля 2005 г.; Российская газета, 9 апреля 2005 г.

（41）リア・ノーヴォスチ通信（http://ria.ru/society/20050506/39941608.html）。

（42）ウラジーミル・レオニードヴィッチ・ゴヴォロフ（В.Л. Говоров）は、レオニード・アレクサンドロヴィチ・ゴヴォロフ元帥（Л.А. Говоров）の子として一九二四年一〇月にウクライナのオデッサで生まれる。大祖国戦争時には赤軍兵士として参加した。後にソ連邦英雄の称号を授かった。一九九四年から二〇〇六年まで「ロシア退役軍人委員会（Российский комитет ветеранов войны и военной службы）」の委員長のほか、最近では社会院の委員なども務めた（Коммерсантъ, 1 октября 2005 г.; Коммерсантъ, 20 января 2006 г.）。本文でも記したように、彼は法案の早期採択を求めていたものの、法案採択後の二〇〇六年八月に亡くなった。葬儀には退役軍人など多くの関係者が集まり、亡骸はモスクワのノヴォデーヴィチ修道院墓地に埋葬された（Красная звезда, 18 августа 2006 г.）。ゴヴォロフの墓石は一二〇頁の写真を参照。彼の経歴については、Красная звезда, 15 августа 2006 г. を参照されたい。

（43）Красная звезда, 31 декабря 2005 г.

（44）*Варенников В.И.* 60-летие Победы: уроки истории и современность // Знание. Понимание. Умение, 2005, № 2, С. 51.

（45）Собрание законодательства Российской Федерации, 2005, № 23, Ст. 2217; 2005, № 26, Ст. 2607; 2005, № 37, Ст. 3737.

（46）下院議事録データベース（http://transcript.duma.gov.ru/node/915/）。

（47）Собрание законодательства Российской Федерации, 2006, № 17, Ст. 1796.

（48）下院議事録データベース（http://transcript.duma.gov.ru/node/912/）。

（49）Собрание законодательства Российской Федерации, 2006, № 17, Ст. 1800.

（50）上院のサイト（http://council.gov.ru/press-center/news/23980/）。

（51）Собрание законодательства Российской Федерации, 2006, № 18, Ст. 1921.　上院のサイト（http://council.gov.ru/activity/meetings/3653/diary）。

（52）ロシア連邦大統領府のサイト（http://kremlin.ru/events/president/transcripts/23575）。大統領と面会した退役軍人については、ロシア連邦大統領府のサイト（http://kremlin.ru/supplement/2707）を参照。

（53）Собрание законодательства Российской Федерации, 2006, № 20, Ст. 2158.

（54）Коммерсантъ, 10 мая 2006 г.

（55）Советская Россия, 11 мая 2006 г.

（56）Собрание законодательства Российской Федерации, 2006, № 49, Ст. 5193.　なお、二〇〇七年に一部規定が改正されたが、委

員会に関する部分は変更されていない（Собрание законодательства Российской Федерации, 2007, № 18, Ст. 2186）。

（57）Собрание законодательства Российской Федерации, 2000, № 33, Ст. 3349.

（58）Орловская правда, 30 марта 2005 г.

（59）Орловская правда, 30 марта 2005 г.; Орловская правда, 1 апреля 2005 г.

（60）ドミートリー・ハザーノフ、ヴィターリー・ゴルバーチ（小松徳仁訳）『クルスク航空戦（上）史上最大の戦車戦――オリョール・クルスク上空の防衛』大日本絵画、二〇〇八年、三頁。

（61）Постановление Белгородской областной Думы № П/9-42-4 от 21 июня 2006 г.

（62）Российские вести, № 24, 28 июня-4 июля 2006 г.

（63）イングーシ共和国のサイト（http://www.ingushetia.ru/news/005154/）。

（64）イングーシ共和国のサイト（http://www.ingushetia.ru/news/005373/）。スターリンによって対独協力者として強制移住させられたチェチェン人やイングーシ人の名誉回復の意味がある。スターリンによる強制移住については、木村英亮『スターリン民族政策の研究』有信堂高文社、一九九三年、二七四―二九三頁を参照。

（65）詳細は、デニス・ショウォルター（松本幸重訳）『クルスクの戦い一九四三――独ソ「史上最大の戦車戦」の実相』白水社、二〇一五年を参照。

（66）Постановление Курской областной Думы от 15 февраля 2007 г. № 295–IV ОД.

（67）Курская правда, 20 февраля 2007 г.

（68）Красная звезда, 17 янваля 2007 г.

（69）Красная звезда, 21 февраля 2007 г.　なお、委員会での決定過程および地方関係者による委員へのロビー活動については、今後の課題としたい。

（70）イングーシ共和国のサイト（http://www.ingushetia.ru/news/006566/）。

（71）Орловская правда, 17 февраля 2007 г.

（72）電子版『クールスカヤ・プラウダ』（http://www.kpravda.ru/new/society/002700/）。

（73）Собрание Законодательства Российской Федерации, 2007, № 18, Ст. 2206; Ст. 2207; Ст. 2208.

（74）Российская газета, 3 мая 2007 г.

（75）Орловская правда, 4 мая 2007 г.; Орловская правда, 5 мая 2007 г.

(76) Белгородская правда, 5 мая 2007 г.
(77) Белгородская правда, 8 мая 2007 г.
(78) Курская правда, 3 мая 2007 г. 大統領令の全文は電子版『クールスカヤ・プラウダ』に掲載されている（http://www.kpravda.ru/new/politic/003104/）。
(79) ロシア連邦大統領府のサイト（http://kremlin.ru/events/president/transcripts/24234）。
(80) Российская газета, 8 мая 2007 г.
(81) Коммерсантъ, 8 мая 2007 г.
(82) Орловская правда, 8 мая 2007 г.
(83) Орловская правда, 11 мая 2007 г.
(84) Белгородская правда, 11 мая 2007 г.
(85) Белгородская правда, 12 мая 2007 г.
(86) Курская правда, 12 мая 2007 г.
(87) Красная звезда, 10 октября 2007 г.
(88) Красная звезда, 19 сентября 2007 г.
(89) Российская газета, 19 сентября 2007 г.
(90) Собрание Законодательства Российской Федерации, 2007, № 42, Ст. 5012; Ст. 5013; Ст. 5014; Ст. 5015; Ст. 5016.
(91) Российская газета, 11 октября 2007 г.
(92) Красная звезда, 21 ноября 2007 г.
(93) Российская газета, 13 ноября 2007 г.
(94) Там же.
(95) Собрание законодательства Российской Федерации, 2008, № 7, Ст. 585.
(96) Собрание законодательства Российской Федерации, 2008, № 19, Ст. 2123; Ст. 2124; Ст. 2125; Ст. 2126.
(97) 退役軍人は大祖国戦争を勝利に導いたソヴィエト軍の役割を重要視しており、「ソヴィエト軍が東欧を占領した」などという「歴史の歪曲」について度々言及し、是正するよう政治家らに迫っていた（Коммерсантъ, 20 мая 2009 г.）。
(98) 二〇一七年二月六日時点で、四五の都市に称号が授与されている。欧露部に集中しているが、極東のウラジオストク市やハバロフスク市にも贈られた。

(99) Курская правда, 24 апреля 2010 г.

(100) Орловская правда, 12 мая 2010 г.

(101) Белгородская правда, 12 июля 2013 г.

(102) 若尾祐司・羽賀祥二編『記録と記憶の比較文化史——史誌・記念碑・郷土』名古屋大学出版会、二〇〇五年、三九〇頁。

(103) Benedict Anderson, *Imagined Communities: Reflections on the Origin and Spread of Nationalism*, Revised edition, London and New York: Verso, 2006, pp. 9–10（ベネディクト・アンダーソン（白石隆・白石さや訳）『定本 想像の共同体——ナショナリズムの起源と流行』書籍工房早山、二〇〇七年、三二頁）。

(104) 電子版『ロシア新聞』(http://www.rg.ru/2009/11/12/reg-kuban/stela.html)。

(105) イングーシ共和国のサイト (http://www.ingushetia.ru/news/012795/)。

(106) Памятные монеты России 2011. ежегодный каталог памятных и инвестиционных монет банка России, Центральный банк РФ, 2012, С. 76–77.

(107) Орловская правда, 1 июля 2011 г.; 電子版『クールスカヤ・プラウダ』も参照 (http://www.kpravda.ru/new/economy/011727/)。

(108) Белгородская правда, 17 июля 2013 г.

第四章　民族共和国の動向
タタルスタンと連邦中央

サンクトペテルブルグ市内にあるイスラム教寺院。カメノオストロフスキー通りにあり，最寄り駅は地下鉄2号線のゴーリコフスカヤ駅。2012年3月23日筆者撮影。

第一節　民族共和国に着目する意義

国家統計局が発表する人口統計によれば、ロシア連邦の八割以上をロシア人が占めるが、非ロシア人が多数派の共和国もあり[1]、複雑な民族構成が一つの特徴となっている。二二ある共和国のなかには、ソ連崩壊後、中央と激しく対立した国もあり、国民統合を目指す中央政府からすればその動向は無視できない。とりわけチェチェン共和国やタタルスタン共和国は分離独立や大幅な権限委譲を求めたため次第に民族問題へ発展し、政治社会に大きな影響を与えてきた[2]。こうして、ロシアへの帰属意識をいかに育み、非ロシア諸民族をいかに包摂するかが政策課題となったのである[3]。

そこでプーチンは、エリツィン政権の中央地方関係を見直し、ロシアを一つにまとめる作業に着手した。その際、精神的紐帯として愛国心を重視し、「われわれ意識」の醸成に取り組んだ。前述したように、連邦政府は「愛国心プログラムI」を採択し、自国の伝統や偉業に連帯の源泉を求めたのだった。

数ある共和国のうち、本章ではヴォルガ川中流域に位置するタタルスタン共和国に着目したい。同共和国ではタタール人の割合（五二・九％）がロシア人（三九・五％）よりも高いが[4]、連邦全体で見ると彼らは最大のマイノリティである[5]。タタルスタンはソ連崩壊後に独自の政治体制をつくりあげ[6]、エリツィン政権と激しく対立した経緯があるため[7]、プーチンの愛国主義政策に如何なる反応を示したのか検討することは大きな意義があるように思われる。実際にタタルスタン共和国では、愛国心を喚起するさまざまな取り組みがなされていた。ごく一例を挙げれば、地元紙は「教師の日」と題して、教員が「民主主義、市民性、そして愛国主義といった価値観や理念を育んでいる」と読者に訴えた。[8] これは、愛国心が同共和国でも重要な価値として理解されていることを窺わせる。

そこで本章では、すでに検討を重ねてきたプーチン期にしぼって連邦中央と民族共和国タタルスタンにおける愛国主義政策を比較検討し、その異同を明らかにしたい。[9] もっとも、中央地方という二者関係では地方の下部単位である地区や市レヴェルの動きを見落としかねず、「中央・地方・サブリージョン」という三者関係を検討する必要性が指摘されており、[10] 本章でも可能な限りそれらも含めていきたい。

第二節　ソ連崩壊とタタルスタン

タタルスタン共和国は一九二〇年、タタール自治社会主義共和国として成立し、ソ連崩壊後の一九九二年二月に現在の国名に変更した。ヴォルガ川の中流に位置し、首都はカザンである。タタール人、ロシア人、チュヴァシ人などから構成され、タタール人は多数派である。タタール人はロシア帝国に編入された後も独自の文化伝統を誇り、栄えた歴史をみても、一挙に「ロシア化」が進んだわけではないと考えられる。しかし、ロシア語や正教が浸透しロシア化が進むにつれ、[11] イスラーム教から正教に改宗する「受洗タタール人」も現れた。[12] 改宗した彼らは、自ら「クリャシエン」を名乗る。[13] このようにさまざまな文化が複雑に絡み合う共和国だが、近年「タタール意識」を再確認する動きが急速に拡大し始めた。

そのきっかけは、ペレストロイカ期に遡る。この頃ソ連各地で「民族復興」ブームが起き、タタール人も歴史の見直しやタタール語の地位向上を求めるなど、モスクワへの圧力を強めていった。一九九一年八月に発表されたある世論調査によれば、タタール人の七割以上がロシアからの離脱を支持した。[14]ソ連崩壊後もタタールの民族運動は続き、さまざまなレヴェルで政治に関与して共和国政権へ圧力をかけ始めた。[15]タタール人はロシア連邦憲法では認められていない「タタルスタン国籍」の取得を目指すなど、勢いを徐々に増していった。[16]そうしたなか、ミンチメル・シャイミエフ（М.Ш. Шаймиев）大統領は、[17]民族派の要求すべてを呑んだわけではないが、共和国の自立性を明確にするために「主権」の文言を入れたタタルスタン憲法を一九九三年に採択し、連邦政府との対決姿勢を示した。しかし、一九九四年には連邦政府と妥協しロシア連邦内に留まることを選択した。[18]とはいえ、この民族主義の高まりはタタール文化やイスラームの振興にもつながり、共和国内のある放送局では番組の七〇％がタタール語だったという。[19]共和国のこうした政治姿勢は次第に共和国内の民族関係にも影響を与えるようになり、一九九二年の世論調査では「民族関係は安定している」と回答した者が二九・六％だったのに対し、「表面上は安定しているが、実際は緊張状態にある」と回答した者が五四・六％にも達した。[20]一九九七年の調査でも約三割の共和国民が「安定している」としながら、他方で約五割は「実際には緊張状態にあ」り、[21]三八・二％が今後よくなる「変化は見込めない」と回答していた。[22]

教育現場でも変化が生じた。例えば、ロシア史やロシア語だけでなく、タタールの歴史文化、タタール語も科目に加わった。このように教育プログラムのレヴェルでは両方の言語や歴史が必修で、[23]民族共生を謳っていたが、[24]実際にはロシア語の授業時間はタタール語よりも少なく、ロシア人作家の刊行物も減少する傾向にあった。[25]教室の講義のほか、文化・宗教施設での教育も始まり、教育のタタール化が進んだ。[26]子弟にロシア語学校で学ばせたいと考えるタタール人も一部いたようだが、多くの人は自民族の伝統文化を教える重要性を強調していた（六八％）[27]。こうしたタタール・ナショナリズムの高揚に反発してか、次第に共和国のロシア人は「ロシアはロシア人のために」といった民族主義的な主張を支持し始めた[28]。また彼らの権利保障が重要なトピックとしてメディアや議会で取り上げられるなど[29]、民族関係は緊張の度を増しつつあった。

第三節　タタルスタン共和国の愛国主義

祭典としての戦勝記念日

二〇〇一年に「愛国心プログラムI」が採択されると、地元紙『タタルスタン共和国』は「政府は国民の愛国心教育を開始」という見出しで紹介している。記事は、国家による愛国心の喚起については昨今議論を呼んでいるが、このプログラムにより具体化するであろう。その目的は「社会の統一、社会経済的安定、ロシアにおける諸民族友好や統一性の強化など諸々の課題を解決するために愛国心を育むことである」と報じた[30]。この採択以降、タタルスタンではどのような方針をとっているのだろうか。

共和国の戦勝記念行事を見ると、それが明らかになる。二〇〇一年五月七日、タタルスタンの首都カザンで大祖国戦争の退役軍人らを讃える記念碑の除幕式が行われ、参列したシャイミエフ大統領は「戦勝の記憶は人々にとって年々大切になり、戦勝記念日はますます重要な意味で満たされる」と語った[31]。また、二〇〇一年五月八日付の『タタルスタン共和国』はシャイミエフの祝辞を一面トップに掲載し、戦勝ムードを演出した。祝辞には次のようなくだりがある。

> 死に直面した状況で、戦争はすべての世代、民族、異教徒を一つにまとめた。……共和国は、パンや牛乳から銃弾や戦闘機まで可能な限り物資を前線に送った。……悲劇的な戦争で斃れた人々を永遠に忘れない。ファシズムの病を打ち負かし、偉大な勝利と平和を諸民族にもたらしたあなた方退役軍人の方々を誇らしく思い尊敬している。そして戦後に生まれ、父親、祖父、曾祖父の話やさまざまな本で戦時中の混乱を学んだあらゆる人の平和と安寧を願うものである。(32)

五月九日には首都カザンの自由広場や勝利公園で催しが開かれ、大統領や閣僚らとともに多くの勲章を身に付けた退役軍人などが参加した。地元紙『タタルスタン共和国』はシャイミエフと退役軍人が笑顔で語り合う写真を一面に掲載し、五六回目の記念式典を詳しく報じた。シャイミエフは、偉大な勝利とタタルスタンが三〇〇名もの「ソ連邦英雄」を輩出したことを退役軍人らと祝い、戦場から還らなかった人々を偲んだ。その後、大統領は戦争博物館を訪れ、記念碑に献花したという(33)。また首相のルスタム・ミンニカコフはカザン近郊のアルス墓地（арское кладбище）を訪れ、戦争の犠牲者へ祈りを捧げるなど(34)、共和国首脳が率先して愛国ムードを高めていたことが窺える。こうした式典は、共和国内のニジネカムスク市、アリメチエフスク市、チストポリ市、ゼレノドリスク市などでも開催され、祖国を守り抜いた退役軍人の愛国心や英雄的行為を讃えた。『タタルスタン共和国』紙は、退役軍人が一般市民と触れ合ったり、記念碑に献花する姿を映した写真を掲載するなど、戦勝式典を大規模イベントとして報じた(35)。このように、戦勝記念日は共和国全体で祝う「愛国的祭典」なのである。

翌年も第五七回記念式典が開催された。五月九日付の『タタルスタン共和国』に掲載されたシャイミエフの祝辞は、「誰のおかげで生活や平和享受しているのかという記憶が、多民族からなる国民の心の中で永遠に生き続けますように」と締めくくり、[36] 戦勝がさまざまな民族を結びつける精神的紐帯であることを強調した。一一日付の地元紙も、九日の式典に参加した退役軍人や市民らが笑顔で談笑する写真を掲載するなど、共和国全土で盛大に戦勝記念日を祝い愛国ムードであったと報じた。[37]

そして当局は、三年後の式典に向けて着々と準備を進めた。[38] 二〇〇五年は戦勝から六〇年目にあたり、国民に大規模な祝祭や式典に参加してもらい一体感を作ろうとしたのである。例えば二〇〇五年五月三日、共和国第二の都市ナーベレジヌイェ・チェルヌイで、戦争の犠牲となった地元民の名を刻んだ記念碑の除幕式を行うなど、[39] 共和国内で準備が整いつつあった。共和国の首都カザンにある城塞「カザン・クレムリン」内に建設された大祖国戦争記念博物館の翌日の開館式には、シャイミエフのほかに文化相ジーリャ・ヴァレレヴァ、青年問題担当相マラート・バリエフ、カザン市長カミリ・イスハコフらが出席した。博物館には個人の遺品や共和国退役軍人会などが寄贈した品々が展示され、シャイミエフは「若者が学ぶ場、祖国の英雄的歴史に触れる場でなければならない」とその役割に期待を寄せた。[40] 地元紙は「偉業、献身、栄光が大祖国戦争記念博物館で語られる」という見出しとともに、式典に参加したシャイミエフや退役軍人らの写真を一面に掲載した。[41]

五月五日には共和国博物館「カザン(Национальный культурный центр «Казань»)」に退役軍人や議会関係者が集った。その一人ファリド・ムハメトシンは、「勝利の日からすでに六〇年が経過したが、私たちはこの戦争がいかに困難なものだったのかを繰り返し伝えている。退役軍人の方々は、(今も実践されているが!)現在の世代に戦争の真の姿を教えなければならない」と語り、今後も語り継ぐ必要性を強調し激励した(42)。このように愛国ムードが演出されるなか、五月七日付の地元紙『タタルスタン共和国』には、シャイミエフ大統領の祝辞が掲載された。

議会、共和国政府を代表して、名誉ある記念日、すなわち大祖国戦争における我が多民族的国民の勝利六〇周年をお祝い申し上げる。感動的なレヴィタン〔ユーリー・レヴィタン。独ソ戦の戦況放送で知られるソヴィエト連邦のアナウンサー〕の声がナチス・ドイツの降伏を発表したあの日(43)よりも後に生まれた人も多いが、過ぎ去った戦争の記憶は退役軍人から子供たちまで各人の心の中にある。……一体感を持つ国民であり、一つの国に住んでいる私たちは、戦時下であらゆる重荷や試練を経験してきた(44)。

異なる民族が一致団結して祖国を守り抜いた意義を強調し、戦勝はロシアを一つに束ねるシンボルであると改めて主張している。こうした理解は、シャイミエフの歴史認識にも表れている。シャイミエフはインターファクス通信のインタヴューで、「各国元首は大祖国戦争について個人的見解を述べるのは自由だが、反ヒトラー連合がファシズムと戦った意義を理解すべきであり、戦勝から六〇年も経ってからその事実を歪曲しようとするのは不道徳である」と述べた(45)。また、タタルスタン議会の祝辞でもシャイミエフは、「戦勝の歴史的意義を過小評価することは、いかなる場合であれいかなる人であれできない」と語り(46)、当局が一丸となって祖国に尽くした英雄の記憶と戦勝の象徴性を強調した。

五月九日の戦勝記念日に首都カザンで開かれた式典にはシャイミエフや閣僚、退役軍人、一般市民が参加し、戦勝六〇周年を祝った。多くの人が動員され、夜には花火が打ち上げられるなどお祭りムードが演出された。式典でシャイミエフはタタール語とロシア語で、異なる民族が祖国防衛に尽くしたこの功績は今後も語り継がれるべきだと語った。

この勝利は国民的精神の強さのシンボルであり、この勝利は強靭な国民精神のたまものであり、軍やパルチザンの力と銃後を守る多民族からなる労働者の力が合わさった結果である。本日、私たちは祖国の独立を守った人々の勇気と不屈の精神に再び祈りを捧げる。国民が一丸となって勝利は成し遂げられた。しかし七万人以上の青少年を前線へ派遣したのはタタルスタンをおいて他になく、その半数が戦地で犠牲になった。二万人を超す同郷人が表彰され、うち二五〇名がソ連邦英雄と認められた(47)。

記念祭典は首都カザンのみならず、タタルスタンの各地で催された。例えば、チストポリ市では五月九日に合わせて犠牲者追悼碑が修復され、当日公開された。市長のヴャチェスラフ・コズロフは「地元民が英雄になった」と勝利に貢献した人々を讃えた。アリメチエフスクやナーベレジヌイェ・チェルヌイなど地方都市でも式典が開催され、帰還することのなかった地元民を追悼するとともに、退役軍人らに感謝を捧げ、祖国に尽くす気持ちを継承していきたいと明らかにした(48)。

同年五月九日にモスクワの「赤の広場」で演説を行ったプーチンは、「戦勝記念日は、我が国において最も親しみのある、全国民にとっての祝日」で、「われわれの心を誇り、哀悼、同情、高潔さといった感情で満たす」[49]と述べており、戦勝に対する中央と民族共和国の認識が一致していた。このように戦勝六〇周年は全国的な祭典であった。

市民の意識――戦勝記念、退役軍人、愛国心

二〇〇一年に地元紙『夕刊カザン』がタタルスタンの住民を対象に行った聞き取り調査によれば、七六％もの回答者が「戦勝の決定的要因はソヴィエト人民の愛国心」[50]としており、愛国心を非常に重要なものと認識していた。こうした父祖の英雄的行為を誇る意識は、世代を超えて共有されていた。例えば、地元紙『タタルスタン共和国』に掲載された一〇年生マリーナ・ステパノヴァの投書はその好例である。

私の祖母、ファイナ・ステパノヴァは八〇歳になった。これまで祖母は同じ世代の人々と苦楽を共にしてきた。レニングラード地区で七年生を終えると、コルホーズで働いた。大祖国戦争が始まると赤軍兵として召集され、短期間の訓練を経て、対空部隊の高射砲撃隊に配属された。祖母はモスクワやゴリキーに接近を試みた敵軍の飛行機から空を守り抜いた。一九四五年に所属部隊は極東に移動した。日本が降伏して、ようやく祖母は帰郷した。一九四六年の秋にミハイル・アンドレーヴィチ・ステパノフは休暇でその村を訪ねた。のちに私の祖父になる人だ。……〔私の祖母〕ファイナ・ステパノヴァは、祖国戦争二等勲章など受章した。……私は祖母に対して尊敬の念を持っている。[51]

経済経営法大学アリメチエフスク校のある女子学生は、エッセイで祖父に触れている。彼女の祖父イヴァン・アキムィシェフは一九四一年三月にカザン戦車訓練所に入所し、その三カ月後に戦争が始まったため戦車小隊の指揮官としてスターリングラードに派遣される。[52]激しさを増すなか祖父は負傷しながら懸命に戦い、ドイツ軍の戦車を撃退したという。彼女は、「祖父はすべての人々の英雄になった。私は祖父の功績を忘れない」と讃え、[53]こう締めくくった。

退役軍人は後ろではなく前を見続けた。再び偉大で自由な祖国になるように、また平和な窓へ暖かい光が差し込み、子供たちの笑い声が聞こえるように前に進み続けた。戦争の悲惨な炎は彼らの運命を焦がしたものの、独立を勝ちとる闘争心まで焼きつくすことはできなかった。退役軍人は私たちの人生を照らし、真の祖国愛や自由を大切にするよう教えてくれる。そのことに深く感謝したい。彼らは私たちの記憶の中に永遠に生き続ける。[54]

同じ大学に通う別の女子学生も小論を書いている。彼女の祖父ガライ・ナスィブリンは一九二八年九月一三日タタルスタンのザインスク地区で生まれた。家族は両親と五人の兄妹であった。小学校に通っていたがとうとう戦争が始まる。当初、住民は開戦が信じられず、「どうして戦争が始まったのか、何が原因なのか」と困惑していたという。[55]しかし、六月二三日には男たちが戦場に駆り出され、祖父もコルホーズで働くことを余儀なくされた。とにかく激務で「休む時間がほとんどなかった」という。[56]そして彼女は最後に「この地獄を経験した人々は、ロシアの英雄とすべきだ」と述べ、こう締めくくっている。「亡くなった方もご健在の方も、退役軍人のみなさんは英雄だ。亡くなった方々は、祖国を守るために命を散らした。本当の愛国者だ。どんな犠牲も無駄ではない。私たちを勝利へと導いたのだから[57]」。

二〇〇五年四月二九日付の地元紙は、開戦時に六歳だったニーナ・クロチコヴァの戦争体験を紹介している。彼女は一九四三年に小学校へあがり、「教室を暖めるために薪を燃やしたが、春まで持たせるため節約したので寒かった」。教材は不十分で、「古新聞にメモをし、インクの代わりに水で薄めた煤を使っていた」。食事は「皿半分のカーシャ〔粥〕で、戦時中はパンを一度も見なかった」。「私たち未成年者にとって、これは厳しい人生の学校だった[58]」。記事は彼女の実体験を淡々と紹介しているが、戦争を知らない世代に当時の凄まじい様子を伝え、それでも祖国に尽くした功績を讃えている[59]。

共鳴する理念

一見するとタタルスタンの各種の催しは中央政府の「愛国心プログラム」にただ倣っていたようだが、実際には、国内で民族どうしの連帯を強化しようとする共和国の意図があった。シャイミエフ大統領や地方関係者の発言などに窺えるように、必ずしもモスクワの指令によって祭典が執り行われていたわけではない。むしろ大祖国戦争の記憶を風化させまいとするタタルスタン側の演出が随所にみられ、共和国が主導していた。タタルスタンでも記憶は愛国主義の重要な礎である。このように「愛国心プログラム」と共和国の行事は国民の統合を促し、ロシア連邦への忠誠心を鼓舞するという目的を内包していた。

タタルスタン共和国科学アカデミー歴史研究所が二〇〇八年に共和国のロシア人とタタール人を対象に実施したインタヴュー調査によれば、ロシア人もタタール人も戦勝という歴史的記憶が両民族を束ねていると回答しており[60]、戦勝がロシア国民という意識を育んだと言えよう。イギリスの社会学者アントニー・スミス（Anthony Smith）が「死者の栄光」と指摘したように[61]、戦勝はロシアのナショナル・アイデンティティの核として国民に理解されていたのである[62]。

とはいえ、ソ連崩壊後に連邦各地で民族意識が高揚した事実を考えると、ロシア国民という意識が全土で共有されているとは言いがたい。タタルスタンでは国民の過半数を占めるタタール民族の利益を優先した政策が施行されたことがあり、民族の利益とプーチンの愛国心が衝突した。そこで、改めて愛国主義政策をめぐる両者の関係性を考察しなければならない。

第四節　民族文化の普及とその反動

「ラテン文字復活法」の採択

一九九三年に制定されたロシア連邦憲法は「母語を使用する権利」「言語を自由に選択する権利」（第二六条）など言語権を明記している[63]。また、「国家語はロシア語」と規定する一方で（第六八条一項）、各共和国の言語制定権（第二項）や諸民族の母語の権利をも保障している（第三項）[64]。

この憲法の規定を受けて、タタルスタン共和国はタタール語のラテン文字表記を定めた法案の策定に乗り出し、一九九九年九月一五日に「ラテン文字を基にしたタタール・アルファベット復活法（О восстановлении татарского алфавита на основе латинской графики）」を採択した（以下、「ラテン文字復活法」とする）。

なぜ法律に「復活」とあるのか。ここで、タタルスタンで使われてきた文字の歴史を簡単に振り返りたい。タタルスタン共和国はロシア帝国に編入された後もアラビア文字を使用していたようだが、ソヴィエト政権誕生後の一九二七年にラテン文字に変更することになった。しかし、一九三九年にはソ連政府の決定でキリル文字が義務づけられ、現在に至っている。今回採択された法律の名称に「復活」とあるのは、かつて使っていたラテン文字を復活させる意図があった。[65]「ラテン文字復活法」により、タタール語のラテン文字表記を復活させ（第一条）、二〇〇一年九月一日から施行するが（第五条）、二〇一一年九月一日まではラテン文字とキリル文字も併用する（第三条）[66]。

ラテン文字復活法は、全国的にも話題となった。例えば全国紙『コメルサント』は「タタールはラテン文字へ移行」と題して、共和国における文字の歴史や同法に対するさまざまな反響を紹介している。記事によれば、共和国外のラテン文字表記反対派は「アラブ文字をやめたせいで、私たちは過去一〇〇〇年の文化遺産を失った。ラテン文字へ移行すれば今世紀の遺産を失いかねない」と否定的であった。一方賛成派は、ラテン文字の採用は世界的な文化、とりわけチュルク語文化圏（アゼルバイジャン、ウズベキスタン、キルギスなどチュルク諸語を母語とする国々）との交流にむしろ好都合だとし、法案の採択を歓迎した。[67]さまざまな意見が表明されるなか、『コメルサント』はラテン文字を推進する共和国の状況を念頭に置き、「タタール人はキリル文字を忘れることになるだろう」と危惧していた。[68]

タタルスタンの動向を警戒する連邦議員もおり、「ラテン文字復活法」は連邦議会で取り上げられた。地元紙『タタルスタン共和国』は議会でのやり取りを伝えている。それによれば、一二月一四日、ロシア連邦共産党のアナトリー・チェーホエフ（А.Г. Чехоев）議員は「この状況はロシアの国家安全保障にとって脅威」だと述べ、タタルスタンで進められているラテン文字表記について議論すべきだと訴えた。多くの議員はこの提案に否定的であったが、共産党やヤブロコ党の議員らの賛成で審議継続になった。同紙は「タタルスタンでラテン文字にするとロシアにとって脅威なのか?」という見出しで、チェーホエフ議員の主張に懐疑的な姿勢を示した。[69]

復活法を実施するための準備が進むなか、シャイミエフ共和国大統領は施行直前になって「ラテン文字への移行は慎重に」と言い始めた。九月一日の施行予定日には間に合わないので、試験的にいくつかの学校で導入してはどうかとか、ラテン文字をすでに導入しているCIS諸国の現状を分析する必要があると述べ、[70]直前にトーンダウンしたかに見えた。それでも二〇〇一年度の予算には、「ラテン文字復活法」の実施に向けて二六五三万一〇〇〇ルーブルが計上された。[71]

全国紙『コメルサント』は、ロシア全土で著名なタタール人(歌手のレナト・イブラヒモフやテニスプレイヤーのシャミル・タプリシチェフなど)が名を連ねる共和国議会宛の公開書簡を掲載した。「自らの言葉をラテン文字で表記することに決め、私たちはまたもや伝統を破壊している。ここ七〇年でタタール語の表記を三度も変更したことは、それだけで私たちの不安の種になっている」という内容だった。同紙はまた、「タタルスタンでは六〇年以上もキリル文字が使われており、タタール語の読み書きに適している」「タタール語をラテン文字で表記するのはよくない結果をもたらす」といった意見を紹介し、「タタール人はキリル文字で書きたいのだ」と主張した。[72]

こうした報道に対して、タタルスタンの議会関係者は反論を試みた。例えば、「科学・教育・文化・民族問題に関する委員会」委員長ラジーリ・ヴァレエフ(Р.И. Валеев)は、「私たちは引き下がる必要はない。……むかし公式表記がキリル文字に定められて以降も、タタール人はラテン文字を使ってきた」と述べ、ラテン文字復活法の実現は止めないとした(73)。別の委員も、反対派の動きに対し「政治的な思惑が感じられる」と不快感を露わにした。この発言を取り上げた地元紙『タタルスタン共和国』は「問題が過度に政治化されている」と、委員会に同情ぎみであった(74)。このようにさまざまな意見はあったが、共和国ではシャイミエフ大統領の考えに沿ってラテン文字表記の実験的試みが始まっていた。文化委員のトゥファン・ミヌリン(Т.А. Миннуллин)によれば、地元の出版社「マガリフ(Магариф)」から五冊の教科書、二冊の正書法辞典が刊行された。文字を変更した影響を見るため、一〇〇〇人以上の生徒や七〇人ほどの教師の協力を得て、教科書や辞典を試験的に導入した(75)。しかしラテン文字に表記を変更する試みは、次第にロシア全土を巻き込む大きな問題へ発展し、新たな法整備を促す要因となった。それが、キリル文字の使用を義務づけた改正言語法案の浮上である。

連邦政府による言語法の改正

ラテン文字化に歯止めをかけるべく、二〇〇二年三月に数十人の下院議員は「ロシア連邦の諸民族の言語に関する連邦法(О языках народов Российской Федерации)(76)」の第三条にキリル文字の使用を義務づける条文を追加した法案(О внесении дополнения в статью 3 Закона Российской Федерации “О языках народов Российской Федерации”)(以下、「改正言語法」と略記する)を提出した(77)。二〇〇二年六月には下院の第一読会で審議されることになり、法案提出者であるトゥヴァ共和国(ロシア中部に位置する)出身のトゥヴァ人カアディル＝オオル・ビチェルジェイ(Каадыр-оол Бичелдей)議員は「言語や言語政策は国家や社会政策の重要な一部」と述べ、改正言語法の意義や目的を次のように説明している。

われわれの法案は、ロシア連邦内で使用する諸国語の表記を基本的にキリル文字と定めた現行法を補完するものである。しかし共和国に他の言語体系への移行を禁止するものではない。現在多くの共和国では、各言語の表記が修正されている。例えば、キリル文字由来ではない一二の文字が今後ヤクート語に追加される。トゥヴァ語ではそのような文字が三つ、タタール語では六つある。繰り返すが、本法案はそうした試みを妨げるものではない。……本法案は、ロシア連邦国家語や〔連邦内〕共和国の国家語に、キリル文字由来のアルファベットを用いると主張するものである[78]（傍点引用者）。

ビチェルジェイ議員は、他の文字表記に反対はしないとしながらも、完全な変更ではなく、あくまでもキリル文字を第一言語として表記しなければならないといい、タタルスタンの動きを暗に牽制した。次に発言した元タタルスタン共和国議会議員ファンダス・サフィウリン（Ф.Ш. Сафиуллин）議員は、母語の使用は民族にとって当然の権利だとし、自身が下院に提出した法案を解説した。

私が提出した法案の主張は簡潔である。「ロシア連邦内の諸民族は、その自由意思に基づき選んだアルファベットを自らの言語に使用する。ロシア連邦のあらゆる権力機関は、母語の保護、研究、発展の条件を整えることをすべての民族に保障する」。……ビチェルジェイ議員の法案と異なり、私の法案はロシア連邦憲法の全規範、一般常識、国際規範と合致している。[79]

その後の質疑応答では、矢継ぎ早に質問が飛んだ。改正言語法の意義を問われたビチェルジェイ議員は「この法案によってロシア連邦の均質な教育文化的・政治的空間を創造し、維持できるようになる」[80]と国家の一体性を強調した。続いてロシア人のアンドレイ・ロギノフ（A.B. Логинов）議員は、「何らかの文字体系を使うのは、その社会における一種の契約と言ってよい。もし各人が自由に文字を発明しだしたら、国家や社会は完全に混乱に陥るだろう。それゆえ、文字体系や言語表記は、基本的に法規制が必要な公共物なのである」と述べ、法案を支持した。[81]

このように賛否両論あったものの、改正言語法はその後賛成多数で第一読会を通過した。翌日の全国紙は「国家会議、キリル文字を基本の文字と認定」とし、特にロギノフ議員の発言が説得的だったとした。[82]法案は一一月一五日には第二読会で問題はないとされ、[83]第三読会で賛成多数（四五〇人中三三六人が賛成、反対一五）をもって可決し、上院へ送られた。[84]翌日の『コメルサント』紙は「下院はラテン文字を禁じる」と見出しを掲げ、法案採択を報じた。[85]『タタルスタン共和国』紙も同様に「下院、ラテン文字を退ける」と見出しを打ったが、反対派のサフィウリン議員の「憲法違反」発言を紹介するなど、『コメルサント』紙とトーンは異なった。[86]

関心が高まるなか、上院は一一月二七日に賛成多数で改正言語法を採択した。[87]改正言語法の採択後、タタルスタン共和国選出の上院議員ラフガト・アルトィンバエフ（Рафгат Алтынбаев）は、「この法律は、言語制定権を共和国に保障したロシア連邦憲法第六八条に違反する」と主張した。他方、賛成票を投じたウドムルト共和国選出のヴィクトル・シュデゴフ（Виктор Шудегов）議員は「仮に今、ある共和国のラテン文字表記を認めたら、次はどこかが中国語を認めろと言い出しかねない」と皮肉交じりに述べた。また北オセチア共和国選出のヴァレリー・カドホフ（Варелий Кадохов）議員は、「ロシア連邦を構成する共和国の一つであるならば、タタルスタンは国家語がロシア語であると受け入れなければならない。たとえタタール人が四八％を占めていても」と持論を述べ、タタルスタンは連邦の一地方に過ぎないとした。[88]『タタルスタン共和国』紙は「上院、キリル文字を承認」と報道したが、主に反対票を投じた議員の違憲発言を紹介し、上院の決定に批判的であった。[89]

タタルスタン議会は、上院の決定に不満を表明した。一一月二八日の定例会議で、ラジーリ・ヴァレエフは改正言語法を「憲法に反する法律」と断罪した。シャイミエフ大統領も「文字表記の変更は固有の言語を有する民族共和国のみの問題であって連邦には関係ない」と述べ、言語法を改正する必要はないとした。これを受けて全国紙『コメルサント』は「タタルスタン当局はロシア正教やキリル文字に反対している」など、[90]民族対立を想起させる報道を行った。翌日、タタルスタン議会はシャイミエフの意見を容れてプーチン大統領宛ての文書を採択した。言語制定の問題は共和国の管轄事項であり、改正言語法の施行は連邦構成主体に対する干渉だとして、憲法違反の可能性を示唆したものだった。[91]共和国の議員たちは、改正言語法が「市民的及び政治的権利に関する国際規約」「地方言語・少数言語に関するヨーロッパ憲章」「少数民族保護枠組条約」といった国際条約に違反しているとし、プーチン大統領に改正言語法を承認しないように改めて求めた。[92]世界タタール人会議も、このような決定は「諸民族にとって不可欠の権利が奪われる新たな状況を生み出」し、歴史上先例がないと大統領に宛てて公開書簡を送り、廃案を求めた[93]。

しかし、プーチンは反対意見に臆することなく一二月一一日に法案に署名し、同法は成立した[94]。電子版『タタルスタン共和国』は、地元議会が見直しを求めたにもかかわらず、その努力は報われなかったと伝えた。ヴァレエフ議員は、ロシア憲法裁判所に提訴するとし、ラテン文字表記を推し進めると改めて宣言した[95]。タタルスタン議会は「ラテン文字復活法」の実現のために二〇〇二年度の予算をすでに計上しており[96]、連邦中央に一歩も譲る気配がなかった[97]。

二〇〇三年一月一六日には、「科学・教育・文化・民族問題に関する委員会」が議会に憲法裁判所へ提訴するよう求め、本格的な法廷闘争が始まることになった[98]。そして九月九日に同委員会は憲法裁判所へ提出する質問状が完成したと発表し、舞台はようやく法廷に移った[99]。全国民が注視するなか、タタルスタン共和国憲法裁判所は一二月二四日、「タタルスタンはラテン文字表記に変える権利を有する」とし、共和国の言い分に理解を示した[100]。この判決に勢いを得て、タタルスタン側は、文字変更がロシア連邦憲法に違反しないと主張した。二〇〇四年一〇月五日にロシア憲法裁判所で共和国議会議長のファリド・ムハメトシェン（Ф.Х. Мухаметшин）は、「憲法は口語や文章語を自発的に発展させる連邦構成主体の権限を保障」しており[101]、「私たちはロシアの多民族性と多様な文字体系を守る」とラテン文字の推進を改めて訴えた[102]。それに対して下院憲法委員のエレーナ・ミズリナ（Е.Б. Мизулина）は、「タタルスタン共和国が第二国家語に何を選ぼうが自由だが、それは各共和国民に委ねられ、どの言語を選択するのか共和国民に強要できないはずだ」とし、共和国政府の勇み足だと非難した[103]。

二〇〇四年一一月一六日にロシア連邦憲法裁判所は判決を下した。「憲法は、ロシア連邦の国家語はロシア語だと定めている。各民族はこれまでコミュニケーションの道具としてロシア語を用いてきた。……〔改正言語法を採択することで〕連邦議会は、ロシア連邦の国家語と共和国の言語を同じキリル文字で表記することを明文化した。これは、ロシア連邦で歴史的に形成された事実を確認し、正当化するものである。その事実とは、〔共和国の〕国家語とされた諸民族言語がキリル文字で表記されるということである。現在、これは国家の統一を維持し、国家語と共和国の言語の調和と均衡をはかる役割を果たして」おり、「母国語を使う権利を侵害するものではなく……ロシア連邦憲法には違反しない」[104]。ミズリナは「連邦制を建て直す煉瓦の一つ」だとこの判決を歓迎した[105]。ムハメトシェン議長は憲法裁判所の判断に従うと述べ、ラテン文字表記を断念する意向を示唆した[106]。そして、一二月にタタルスタン最高裁が「ラテン文字復活法」の効力を停止して[107]、言語法問題はひとまず収束した[108]。こうして、キリル文字が義務づけられたのである[109]（「改正言語法」第三条六項）。

もっとも、二〇〇一年に採択された「愛国心プログラム」で「ロシアの諸民族統一に向けたロシア語の役割向上」が謳われており[110]、ロシア語で国家統一をはかる意思は憲法裁判所の判決が出る前にすでに示されていた。こうしたロシア文化を称揚する傾向は、多数派のナショナリズムが愛国主義運動に浸透していた証しと言えなくもない。少なくとも、タタール人からすれば言語法改正に関わるさまざまな動きは、ロシア・ナショナリズムの発露といえよう。統合すべき国民は大半がロシア民族という事実に鑑みれば、政権はエスニックな要素を排除するのではなく、むしろロシア・ナショナリズム的要素を愛国主義に接続しようとしたとも考えられる。

しかし、多様な民族をまとめるにあたって、言語の役割を重要視している点は無視できない。民間の世論調査機関「レヴァタ・センター」がロシア国民を対象に実施した調査によれば、「真のロシア国民」の条件として「ロシア語を話す」という項目に回答者の五八％が重要、二八％がある程度重要としている。[111] 改正言語法の採択に反対したのはタタルスタン共和国とカレリア共和国（ロシアの北西に位置し、フィンランドと国境を接する）選出の上院議員のみであり、コミュニケーション・ツールとしてロシア語が必要不可欠との認識もあったのだろう。[112] ロシアの民族学者ヴァレリー・ティシコフも著書『多様性の中の統合』でラテン文字表記に批判的で、ロシア語の有用性や国家の統一性を擁護した。[113]

中央の反発により文字改革が頓挫したため、[114] タタルスタンは民族主義を前面に押し出すのではなく、プーチン政権が推し進めた愛国主義にうまく接続し、自民族意識とともにロシアへの忠誠心を育んで対立を避ける道を選択した。

「タタルスタン愛国心プログラム」の策定

二〇〇二年三月に「二〇〇二年から二〇〇六年までのタタルスタン共和国の児童・青年の愛国心教育に関するプログラム（Патриотическое воспитание детей и молодежи Республики Татарстан на 2002–2006 годы）」（以下、「タタルスタン愛国心プログラム」とする）が共和国議会で採択された。[115] これは連邦政府の「愛国心プログラムI」と、一九九九年にタタルスタン政府が採択した「タタルスタン共和国の青年市民の道徳、軍事愛国心教育ならびに戦争や抑圧の犠牲者の記憶の不朽化に関する活動の組織化についての決定（Об организации работы по нравственному, военно-патриотическому воспитанию молодых граждан Республики Татарстан и увековечению памяти жертв войн и репрессий）」[116] に基づき、策定されたものである。

若年層を対象にしたのは、ロシア連邦軍への入隊希望者が減少しているためであるとプログラムに明記されており、先行研究の指摘[117]を裏付けている。もっとも、目的には軍事的義務への忠誠心や愛国心の育成を掲げ、そのためには「文化や歴史的過去、ロシア連邦およびタタルスタン共和国の伝統に対する尊敬の念」が求められるとしており、タタール民族意識だけでなく「ロシア国民」という意識の形成を目指していた[118]。

「タタルスタン愛国心プログラム」には、約六三二〇万ルーブルの予算が計上された。タタルスタン教育省や文化省、青年スポーツ省といった中央省庁のほか、地方行政機関や「タタルスタン退役軍人協会」などの社会団体と協力しており、共和国をあげての取り組みと考えられる。さまざまなアクターが関わることにより、ロシア国民意識を醸成しようとしたのである。

各組織は積極的に活動を展開した。例えば、退役軍人らが創設に携わった社会団体「タタルスタンの英雄」の活動家は青年層の愛国心教育を重視し、祖国防衛に関わる心構えを中心に教えていきたいと公言した[119]。また二〇〇二八月、シャイミエフ大統領は愛国心を育む重要性を改めて強調した。そして昨今、排外主義に基づく青年の事件が頻発している。これは連邦全体の課題でもあり、解決に向けて努力しなければならない。青年層に愛国心を持たせるため、彼らを退役軍人団体や愛国心の重要性を説く青年団体と交流させる必要がある、と語った[120]。この発言は、若者たちに拡がりつつある排外主義に警鐘を鳴らし、国民意識をたたき込んで国家統合を目指す連邦政府の「愛国心プログラム」の趣旨と合致している。二〇〇三年六月には、第二次大戦で命を落とした兵士の遺骨を収集している社会団体「祖国」の設立一〇周年式典が開催され、共和国首相ジーリャ・ヴァレエヴァ（З.Р. Валеева）は、彼らは連邦内でもひときわ愛国的な団体だと敬意を表した。地元紙『タタルスタン共和国』は、この「祖国」の活動が「タタルスタン愛国心プログラム」策定に結びついたと報じている。[121]

愛国心の育成のため、共和国のシンボルも利用された。[122] 例えば八月二二日には、共和国では国家への忠誠心を育む目的で「ロシア連邦国旗の日（День Государственного флага Российской Федерации）」が毎年祝われている。[123] この日は、ロシア帝国の国旗であった「白・青・赤の三色旗」がロシアの国旗として復活したことを受け、エリツィン政権が一九九四年に制定した記念日（祝日ではない）である。[124] そのため、この日はタタルスタンだけではなく、ロシア全土で祝ったり集会などが開かれる。[125] また、二〇〇五年にはタタルスタンの国旗と紋章が「国家紋章リスト」に追加された。[126] このリストはエリツィン政権期に作成され、ロシア連邦の国旗や紋章、さらには共和国や州といった連邦構成主体の紋章を分類し、正しく利用するためのものである。[127] 共和国の国旗などがリストに追加されたのを受け、地元紙は国家シンボルについて政治家や識者、一般市民にインタヴューした。共和国法務大臣のミトハト・クルマノフ（M. M. Курманов）は「国家シンボルは愛国心を育む」と述べ、一三歳の中学生は「学校で習ってないので、何を意味しているのかよくわからない」が、「共和国の国旗をとても気に入っている」と答えている。[128]

二〇〇五年には首都カザンの市制一〇〇〇年を記念した祝典を催すことになり、[129] 共和国政府はこのカザン千年祭をつうじて民族の連帯を訴えようとした。まず、カザン・クレムリンに「クル・シャリフ・モスク」を再建するほか、ロシア正教の竣工した「生神女福音大聖堂」の修復を決定し、[130] イスラームとキリスト教の共存をアピールした。モスクと聖堂が再建修復された日にはそれぞれセレモニーが開かれ、両方に参加したシャイミエフは共和国の多民族性を祝福し、民族共生を訴えた。[131] シャイミエフはまたタ

「カザン・クレムリン」にある「クル・シャリフ・モスク」。

「カザン・クレムリン」にあるロシア正教の「生神女福音大聖堂」。いずれも A. Savin 撮影。Wikimedia Commons で公開。

タール語映画「ジョレイハ」の制作を全面的に支援すると約束し、[132]千年祭に合わせて民族友好を演出することに腐心したのである。

八月二六日のカザン千年祭の開会式には、連邦政府の閣僚やプーチン大統領も参加し、盛大に祝った。シャイミエフは、モスクや聖堂の再建に触れて「カザンは民族友好のシンボル」であり、「我が共和国をよく知る方は、民族や宗教の異なる人々が互いに信頼し尊敬しあっていることに深い感銘を受ける」と発言し、ここでも多民族性を強調した。[133]プーチンも「ロシアは常に多くの伝統、言語、独自文化の影響を受け、調和したからこそ強大な国なのだ」と指摘し、[134]シャイミエフと同様に民族友好を意識して祝辞を述べた。実はプーチンは、記念祭の二カ月前に「カザン千年記念メダル」の制定を大統領令で決定し、大祖国戦争の退役軍人らにメダルを授与することで、[135]「一体不可分のロシア」を演出してみせた。三一日の最終日には、首都カザンのみならず、アリメチエフスク市、チストポリ市、ザインスク市地方都市でも盛大な催しが開かれ、共和国全体がお祭りムードにわいた。[136]シャイミエフは閉会の辞でも多民族国家を改めて強調した。[137]

教育現場における取り組み

タタルスタンの教育法は、①民族の伝統や文化を教え伝える権利、②自らの母語を学び母語で教育を受ける権利（第四条）などを掲げている。共和国の国家語であるタタール語とロシア語は、普通教育機関や初等・中等職業教育機関において平等に学ぶことができると第六条二項で定める。[138]二〇〇二〜二〇〇三年の統計によれば、農村部ではタタール語で授業をする学校が多いが、都市部でも増加傾向にあり、混合学校も四五二校あった[139]。このように共和国の生徒は民族アイデンティティを学ぶ。その後「タタルスタン愛国心プログラム」が始まると、ロシア連邦に対する忠誠心も並行して教えるようになった。

例えば、アリメチエフスク市の第二五中学校の教師は、特に祖国を守る意識を育む重要性を説き、勤務校では退役軍人祝賀会や戦勝記念集会に高学年の生徒を参加させ愛国心を学ばせていると報告する[140]。戦争博物館を利用した教育も活発で、その多くは教育機関に併設されている[141]。沿ヴォルガ地区には二六の学校付属博物館があり、父祖の英雄的行為を示す品々が展示されている[142]。地元紙は「祖国愛を教育すべき」と題する記事を掲載し、第一二六カザン市中学校付属博物館に携わる一人の女性を紹介した。博物館長のリリヤ・パーヴロヴナ（Лилия Павловна）は愛国心教育に関連する展示コーナーを作ろうとしたが、資金が足りず頓挫しかけている。だが、彼女は出資者を募るなどして、愛国心教育に情熱を注ぐと記事は報じている[143]。

また、カザン人文教育大学では愛国心教育の一環として、兵士の遺骨収集に携わる団体と定期的に交流し、学生たちが愛国心を学んでいるという[144]。カザン市の第一三九中学校は二〇〇四年から「祖国」に生徒を派遣している。過去に参加した一〇年生タマーラ・イヴァノヴァ（Тамара Иванова）は、「軍人の認識票を見つけた」と語り[145]、祖国に尽くした兵士の遺品を自ら見つけた喜びを吐露した。

こうした教育が功を奏したのか定かではないが、一九九四年に行われた調査によると、共和国内のタタール人で「自分はタタール人であると同時にロシア国民である」と回答した人は都市部で三一・八％、農村部で一一・二％であった。二〇〇一年の調査では、それぞれ四二・八％、二一・六％に増えている。共和国内のロシア人に同じ質問をしたところ、一九九四年には都市部で三五・三％、農村部で三六・九

%、二〇〇一年の調査ではそれぞれ四五・一%、六三・六%とこちらも増えた[146]。また、二〇一〇年に実施された別の調査では、「自分はロシア国民である」と考える人はこの一〇年で三五%から六二%へ増加している[147]。つまり、愛国の名の下に少数民族を統合させ、「一体不可分のロシア」を作り上げてきたプーチンの政策が成功を収めたと言えなくもないのである。

プーチンは戦勝を巧みに利用しながら愛国心を鼓舞し、多民族国家をまとめ上げようとした。同様の試みはタタルスタンでもなされ、両者の政策は共鳴していたのであった。もっとも、タタルスタンが固有の文化を訴えだすと(ラテン文字化)、中央と地方は次第に民族対立の様相を呈するようになった。しかし、中央の反発により文字改革が頓挫すると、タタルスタンは自民族の伝統を前面に押し出すのではなく、愛国心教育にうまく接続することで中央との対立を回避した。こうしてタタールの民族意識を育みながら、ロシア国民という意識も醸成しようとしたのである。

注

(1) 下斗米伸夫「ロシア政治と地域主義」木戸蓊・皆川修吾編『スラブの政治』弘文堂、一九九四年、九一—一一六頁。同『ロシア世界』筑摩書房、一九九九年、第六章。

(2) *Исаев Б.А., Баранов Н.А.* Современная российская политика, СПб: Питер, 2012, С. 412-415.

(3) Независимая газета, 30 декабря 1999 г.; 下斗米、前掲書『ロシア世界』、第二章。

(4) Регионы россии: основные характеримтики субъектов российской федерации 2008, М.: Росстат, 2008, С. 353.

(5) Вопросы статистики, 2012, № 2, С. 7.

(6) 松里公孝「エスノ・ボナパルティズムから集権的カシキスモへ——タタルスタン政治体制の特質とその形成過程 一九九〇—一九九八」『スラヴ研究』第四七号、二〇〇〇年、一—三六頁。

(7) 下斗米伸夫「ロシア政治の制度化——タタールスタン共和国を例として」皆川修吾編『移行期のロシア政治』溪水社、一九九九年、一八三—二二二頁。同『ロシア世界』、第七章。塩川伸明『ロシアの連邦制と民族問題——多民族国家ソ連の興亡III』岩波書店、二〇〇七年、第二章など。

(8) Республика Татарстан, 5 октября 2004 г.

(9) 政権がロシア・アイデンティティの再構築を目的に愛国心の醸成を促したとしても、それにナショナリズムが浸透する（した）可能性を無視できない。というのも、ソヴィエト期にも愛国主義は推進されたが、実際にはロシアの伝統文化が称揚され愛国心にロシア・ナショナリズムが浸透したからである（内田健二「スターリン時代のナショナリズム」『ロシア史研究』第七四号、二〇〇四年、四一—四九頁。塩川伸明『国家の構築と解体——多民族国家ソ連の興亡II』岩波書店、二〇〇七年、第三章など）。プーチンの愛国主義政策を検討する場合もナショナリズムの要素を考慮する必要があるが、本章の主題は愛国心の異同であり、ナショナリズム論ではない。

(10) *Мацузато К.* Субрегиональная политика в России: методика анализа // Третье звено государственного строительства России : подготовка и реализация Федерального Закона об общих принципах организации местного самоуправления в Российской Федерации / Под. ред. К.Мацузато, Саппоро, 1998, С. 12-35; 中村逸郎「サハリン州と南クリル地区の自治制度（ローカル・オートノミー）」『スラヴ研究』第四五号、一九九八年、二八七—三〇四頁。

(11) この点、高田和夫『ロシア帝国論——一九世紀ロシアの国家・民族・歴史』平凡社、二〇一二年が詳しい。

(12) 濱本真実『「聖なるロシア」のイスラーム——一七—一八世紀タタール人の正教改宗』東京大学出版会、二〇〇九年。

(13) 櫻間瑛「「受洗タタール」から「クリャシェン」へ——現代ロシアにおける民族復興の一様態」『スラヴ研究』第五六号、二〇〇九年、一二七—一五五頁。

(14) 塩川、前掲書『ロシアの連邦制と民族問題』、一〇六頁。

(15) *Мирсияпов И.И.* Национальная идеология и национальные взаимоотношения в Республике Татарстан, М.: Весь Мир, 2004, С. 75-76; *Семенов В.* Ислам и национальное татарское возрождение на рубеже тысячелетий // Власть, 2010, № 9, С. 108-112.

(16) 塩川伸明「国家の統合・分裂とシティズンシップ——ソ連解体前後の国籍法論争を中心に」塩川伸明・中谷和弘編『国際化と法』東京大学出版会、二〇〇七年、一一五—一一八頁。

(17) ちなみに、各共和国の長は「大統領」ではなく、別の呼称を名乗るべきとする連邦法が二〇一〇年に採択されたが（Собрание законодательства Российской Федерации, 2011, № 1, Ст. 18; Собрание законодательства Российской Федерации, 2015,

№ 6, Ст. 822)、タタルスタン共和国の長はその後も「大統領」を名乗り続けている（Коммерсантъ, 24 декабря 2015 г.)。なお二〇一〇年三月二五日から、ルスタム・ミンニハノフ（Р.Н. Минниханов）が共和国大統領を務めている（Коммерсантъ, 26 марта 2010г.)。

（18） 塩川、前掲書『ロシアの連邦制と民族問題』、一三三―一四〇頁。

（19） *Бондаренко Е. А.* Республика Татарстан: национальные отношения // Социологические исследования, 1999, № 11, С. 72.

（20） *Комлев Ю.Ю.* Опыт мониторинговых исследований в Татарстане // Социологические исследования, 1993, № 1, С. 110.

（21） *Мирсияпов.* Указ. соч., С. 59.

（22） Там же, С. 60.

（23） 関啓子「民族アイデンティティの形成――タタルスタンの場合」『ロシア・ユーラシア経済調査資料』第七九〇号（一九九八年三月）、七頁。

（24） 澤野由紀子「タタルスタン共和国の教育制度」『ロシア・ユーラシア経済調査資料』第七九〇号（一九九八年三月）、三一―三九頁。

（25） *Лучшева Л.В.* Влияние культурной политики на этносоциальные процессы русской части населения Республики Татарстан. Автореферат диссертации на соискание ученой степени кандидата социологических наук, Казань, 2006.

（26） 関啓子『多民族社会を生きる――転換期ロシアの人間形成』新読書社、二〇〇二年、一三六頁。

（27） *Гарипов Я.З.* Языковое развитие полиэтнического региона // Социологические исследования, 2012, № 4, С. 67.

（28） *Дробижева Л.М.* Идентичность и этнические установки русских в своей и иноэтнической среде // Социологические исследования, 2010, № 12, С. 56.

（29） *Бондаренко.* Указ. статья, С. 72.

（30） Республика Татарстан, 13 марта 2001 г.

（31） Республика Татарстан, 8 мая 2001 г.

（32） Там же.

（33） Республика Татарстан, 11 мая 2001 г.

（34） Там же.

（35） Там же.

（36） Республика Татарстан, 9 мая 2002 г.

（37） Республика Татарстан, 11 мая 2002 г.

（38） Ведомости Государственного Совета Татарстана, 2002, № 9, Ст. 1271.

（39） Республика Татарстан, 4 мая 2005 г.

（40） Республика Татарстан, 6 мая 2005 г.

（41） Там же.

（42） Там же.

（43） 内容は以下を参照。 Правда, 10 мая 1945 г.; Комсомольская правда, 10 мая 1945 г.

（44） Республика Татарстан, 7 мая 2005 г.

（45） Там же.

（46） Там же.

（47） Республика Татарстан, 11 мая 2005 г.

（48） Там же.

（49） *Путин В.В.* Избирательные речи и выступления, М.: книжный мир, 2008, С. 293.

（50） Вечерняя казань, 9 мая 2001 г.

（51） Республика Татарстан, 11 мая 2001 г.

（52） *Мазютова С.Р.* Мой дед Акимышев Иван Яковлевич в годы войны // Социализация личности: формы и методы воспитательной работы в образовательных учреждениях / Глав. ред. А.А. Кайбияйнена, Казань, «Таглимат» института экономики, управления и права, 2005, С. 143.

（53） Там же, С. 145.

（54） Там же, С. 146.

（55） *Суворова В.Г.* Мой дед Г.А.Насыбуллин в годы войны // Указ. соч., С. 154.

（56） Там же, С. 155.

（57） Там же, С. 156.

（58） Республика Татарстан, 29 апреля 2005 г.

（59）学術的関心も高く、タタルスタン出身兵士の手紙を分析した学位論文（博士候補論文）もある。*Иванов А.Ю.* Фронтовые письма участников Великой Отечественной войны как исторический источник. Автореферат диссертации на соискание ученой степени кандидата исторических наук, Казань, 2009.

（60）*Макарова Г.И.* Динамика российской региональной и этнических идентичностей в Татарстане // Социологические исследования, 2011, № 5, С. 76. ロシア人は五九％、タタール人は五五％であった。

（61）アントニー・D・スミス（一條都子訳）『選ばれた民——ナショナル・アイデンティティ、宗教、歴史』青木書店、二〇〇七年、二八三—三三〇頁。

（62）Ivo Mijnssen, "An Old Myth for a New Society," in Philipp Casula and Jeronim Perovic (eds.), *Identities and Politics During the Putin Presidency: the Foundations of Russia's Stability*, Stuttgart, *ibiem*-Verlag, 2009, pp. 284–305; Ivo Mijnssen, "The Victory Myth and Russia's Identity," *Russian Analytical Digest*, No. 72, 2010, pp. 6–9.

（63）高橋和之編『〔新版〕世界憲法集　第二版』岩波書店、二〇一二年、四七一—四七二頁。

（64）同右、四八五頁。

（65）土岐康子「ロシア言語法改正の背景」『外国の立法』二〇〇三年五月号、一六一頁には、「ロシア革命を経た一九二九年からアラビア文字の代わりにラテン文字を使用することになった」とある。これは、同年八月に中央執行委員会がアラビア文字の使用を禁止したことに依拠したと思われるが（Собрание законов СССР, 1929, № 52, Ст. 477）、タタルスタンではラテン文字化が一九二七年に決定されていたため、本書でも一九二七年決定にならった（*Сальникова А. А., Галиуллина Д. М.* «Считая вопрос разрешённым»: латинизация тюркских алфавитов и татарский национальный букварь конца 1920-х – 1930-е гг. // Проблемы современного образования, 2012, № 5, С. 45）。ソ連時代の言語政策については、塩川伸明『民族と言語——多民族国家ソ連の興亡 I』岩波書店、二〇〇四年、第二章を参照。

（66）Ведомости Государственного Совета Татарстана, 1999, № 10, Ст. 713.

（67）Коммерсантъ, 22 сентября 1999 г.

（68）Коммерсантъ, 30 августа 2000 г.

（69）Республика Татарстан, 11 января 2001 г.

（70）Республика Татарстан, 7 августа 2001 г.

（71）Ведомости Государственного Совета Татарстана, 2000, № 12, Ст. 323. なお、実際には一四九万四〇〇〇ルーブルしか使用さ

れておらず、計上された予算のわずか六%であった（Ведомости Государственного Совета Татарстана, 2002, № 10）。

(72) Коммерсантъ, 20 сентября 2001 г.

(73) Республика Татарстан, 22 сентября 2001 г.

(74) Республика Татарстан, 18 октября 2001 г.

(75) Там же.

(76) Ведомости СНД и ВС РСФСР, 1991, № 50, Ст. 1740.

(77) Коммерсантъ власть, № 10, 19 марта 2002 г., С. 18.

(78) 下院議事録データベース（http://transcript.duma.gov.ru/node/1692/#）。

(79) 同右。

(80) 同右。

(81) 同右。

(82) Коммерсантъ, 6 июня 2002 г.

(83) Собрание законодательства Российской Федерации, 2002, № 48, Ст. 4751.

(84) 下院議事録データベース（http://transcript.duma.gov.ru/node/1600/）。Собрание законодательства Российской Федерации, 2002, № 48, Ст. 4752.

(85) Коммерсантъ, 16 ноября 2002 г.

(86) Республика Татарстан, 16 ноября 2002 г.

(87) Собрание законодательства Российской Федерации, 2002, № 49, Ст. 4834.

(88) Коммерсантъ, 28 ноября 2002 г.

(89) Республика Татарстан, 28 ноября 2002 г.

(90) Коммерсантъ, 29 ноября 2002 г.

(91) Ведомости Государственного Совета Татарстана, 2002, № 11, Ст. 1364.

(92) 電子版『タタルスタン共和国』（http://www.rt-online.ru/add_material/documents/document-100/46510/）。

(93) Коммерсантъ, 3 декабря 2002 г.

(94) Собрание законодательства Российской Федерации, 2002, № 50, Ст. 4926; Коммерсантъ, 16 декабря 2002 г.

(95) 電子版『タタルスタン共和国』(http://www.rt-online.ru/news1/77109/)。

(96) Ведомости Государственного Совета Татарстана, 2001, № 12, Ст. 931.

(97) 執行額は四九六万三〇〇〇ルーブルであり、計上額のわずか一七%であった(Ведомости Государственного Совета Татарстана, 2003, № 7, Ст. 1799)。タタルスタン側の事情は検討すべき重要事項だが、本書では扱わない。

(98) Республика Татарстан, 21 января 2003 г.

(99) Коммерсантъ (казань), 10 сентября 2003 г.

(100) Республика Татарстан, 25 декабря 2003 г.

(101) Независимая газета, 6 октября 2004 г.

(102) Коммерсантъ, 6 октября 2004 г.

(103) Там же.

(104) Собрание законодательства Российской Федерации, 2004, № 47, Ст. 4691.

(105) Российская газета, 17 ноября 2004 г.

(106) Коммерсантъ, 17 ноября 2004 г.

(107) Коммерсантъ (казань), 29 декабря 2004 г.

(108) タタルスタン共和国大統領ミンニハノフ(Р.Н. Минниханов)は二〇一三年一月、「ラテン文字復活法」の効力停止を定めた法律に署名した(Ведомости Государственного Совета Татарстана, 2013, № 1, Ст. 5)。

(109) なお、対象は裁判所(第一八条)、マスメディアでの言語(第二〇条)、道路標識(第二三条)などであり、規定を見る限り、あくまでも公的領域での制約であって、私的領域にまで拡大していないため、公私の区分がなされていると言えなくもない。この点に関して、ロシア法を専門とする渋谷謙次郎は、「文字表記の自由」という問題と関連していると指摘する(渋谷謙次郎編『欧州諸国の言語法——欧州統合と多言語主義』三元社、二〇〇五年、四七二頁)。

(110) Собрание законодательства Российской Федерации, 2001, № 9, Ст. 822.

(111) Общественное мнение – 2012, М.: Левада-Центр, 2012, С. 17.

(112) 世論調査でも「多民族のロシア」という意識が強く(*Здравомыслов А.Г.* Национальное самосознание россиян // Мониторинг общественного мнения: экономические и социальные перемены, 2002, № 2, С. 52)、道具としてのロシア語が重要であったのであろう。ちなみに、こうした意識は現在でもあり、ロシア語が多民族国家ロシアを形成したという(Известия, 20 мая 2015 г.)。

(113) *Тишков В.А.* Единство в многообразии: публикации из журнала «Этнопанорама» 1999–2011 гг., Оренбург, Издательский центр ОГАУ, 2011, С. 75–81.

(114) 興味深いことに、二〇〇六年採択の「愛国心プログラムII」では、「ロシア諸民族の統合強化（укрепление единства народов России）」を目的に「チュルク文化の日」が新たに盛り込まれたが、「ロシア語の役割」は削除され（Собрание законодательства Российской Федерации, 2005, № 29, Ст. 3064）、少数民族の伝統文化が部分的に利用されることになった。

(115) Постановление Кабинета Министров Республики Татарстан № 133 от 18 марта 2002.

(116) Постановление Кабинета Министров Республики Татарстан № 608 от 13 сентября 1999.

(117) Valerie Sperling, "Making the Public Patriotic: Militarism and Anti-Militarism in Russia," in Marlène Laruelle (ed.), *Russian Nationalism and the National Reassertion of Russia*, New York: Routledge, 2009, pp. 223–226.

(118) 独自路線から協調路線への変更についてはまた別の課題とする。ある論者は、「二〇〇〇年からは全ロシア的アイデンティティの一部としての共和国アイデンティティ形成」に取り組んだとしている（*Сагитова Л.В.* Этнорегиональная идентичность: социальные детерминанты и конструктивистская деятельность СМИ（на примере Республики Татарстан）// Гражданские, этнические и религиозные идентичности в современной России / Отв. ред. В.С. Магун, М.: Института социологии РАН, 2006, С. 257）。

(119) Республика Татарстан, 4 апреля 2002 г.

(120) Республика Татарстан, 22 августа 2002 г.

(121) Республика Татарстан, 10 июня 2003 г.

(122) 共和国の国旗などのシンボルは一九九九年に法制化された（Ведомости Государственного Совета Татарстана, 1999, № 8（I часть））。

(123) Республика Татарстан, 22 августа 2002 г.; 21 августа 2007 г.; 22 августа 2008 г.; 22 августа 2009 г.;

(124) Собрание законодательства Российской Федерации, 1994, № 17, Ст. 1956.

(125) Коммерсантъ, 23 августа 2001 г.

(126) Республика Татарстан, 28 января 2005 г.

(127) Собрание законодательства Российской Федерации, 1996, № 13, Ст. 1307. 一九九九年には「紋章に関する大統領付属評議会」が創設され、一七名の委員が任命された（Собрание законодательства Российской Федерации, 1999, № 27, Ст. 3309）。

(128) Республика Татарстан, 29 января 2005 г.

(129) 一九九九年の大統領令で開催が決定した（Ведомости Государственного Совета Татарстана, 1999, № 8, Ст. 366）。

(130) 電子版『タタルスタン共和国』（http://www.rt-online.ru/add_material/documents/document-104/61718/）。

(131) Республика Татарстан, 22 июля 2005 г.; 25 июля 2005 г.

(132) 映画の内容は、櫻間瑛「多・民族共和国の葛藤——タタール語歴史映画『ジョレイハ』を手がかりに」『ロシア・ユーラシアの経済と社会』第九六九号（二〇一三年五月）、二五—三三頁を参照。

(133) Республика Татарстан, 27 августа 2005 г.

(134) Там же.

(135) Собрание законодательства Российской Федерации, 2005, № 27, Ст. 2729.

(136) Республика Татарстан, 31 августа 2005 г.

(137) Там же.

(138) 岩﨑正吾・関啓子『変わるロシアの教育』東洋書店、二〇一一年、四一—四二頁。なお、第四条は二〇〇九年に改正され、条文には「多民族国家の環境の下で、諸民族の文化、地域の文化伝統や特徴の教育システムの保護及び開発」という文言が加えられて、多民族性が強調されている（Ведомости Государственного Совета Татарстана, 2009, № 7–8, Ч. 1, Ст. 590）。

(139) 岩﨑・関、前掲書、四二頁。なお、ある論者は、タタール語復興政策は失敗に終わったとしている（Dmitry Gorenburg, "Tatar Language Policies in Comparative Perspective: Why Some Revivals Fail and Some Succeed," *Ab Imperio*, No. 1, 2005, pp. 1–28）。

(140) *Вакулюк Е.Л.* Военно-патриотическое воспитание школьников в процессе занятий физической культурой // Наука третьего тысячелетия: сборник статей международной научно-практической конференции / Отв. ред. А.А. Сукиасян, Уфа, 2013, С. 107–110.

(141) *Билалов М.Ю.* Социализация личности средствами музейной педагогики. Автореферат диссертации на соискание ученой степени кандидата педагогических наук, Казань, 2003.

(142) Республика Татарстан, 8 мая 2004 г.

(143) Республика Татарстан, 26 октября 2004 г.

(144) *Хузиахметов А.* Воспитать патриотов // Образование как интегративный фактор цивилизационного развития, Казань, Таглимат, 2005, С. 177.

(145) Республика Татарстан, 20 января 2007 г.

(146) *Макарова.* Указ. статья, С. 74–75.

(147) *Перегудов С.П.* Этноконфессиональные отношения в России как фактор политического риска // Полития, 2011, № 4, С. 28.

第五章　青年層の台頭と政策の転換

2005年にウクライナで発行された「オレンジ革命」の記念切手。Post of Ukraine撮影。Wikimedia Commonsで公開。

第一節　ロシアと「カラー革命」

旧ソ連諸国の政治変動

旧ソ連諸国はソ連崩壊の過程で民主化を支持したが、独立後も多くの国で権威主義的な統治が続いた。その背景には、ペレストロイカ期からソ連崩壊直後にかけての社会的経済的混乱があり、権威主義的な統治が国民にある程度受け入れられていたことがある。しかしその後、経済政策の失敗や政治エリートらによる汚職の蔓延などが明らかになるにつれ、国民の不満が次第に増していった。そのようななか、グルジアとウクライナの二カ国で議会選挙および大統領選挙が実施されることとなった。

二〇〇三年から二〇〇四年にかけて選挙は行われたが、その際の不正をめぐって大規模な抗議活動が展開され、最終的に両国の権威主義体制を崩壊させる原動力となった。以下では、それぞれの政治変動を簡単にまとめたい。

ソ連の共和国だったグルジア[1]はソ連崩壊を受けて独立し、最近はアブハジア・南オセチアをめぐるロシアとの紛争で世界の注目を浴びた。そのグルジアは独立する際、ペレストロイカ期にゴルバチョフ外交を支えたエドゥアルド・シェワルナゼ（Э.А. Шеварднадзе）を大統領に迎え、欧米やロシアからの支援を視野に入れて東西のバランスのとれた現実主義政策を選択した。しかし、国内的には長期にわたる経済不振によって腐敗が蔓延していた[2]。

グルジアでは二〇〇三年一一月二日に議会選挙が実施された。ロシア主要各紙は、与党の議席獲得数を予想し、関心の高さが伺える。例えば、ロシア紙『コメルサント』は、グルジアでは「統一国民運動」を率いるミハイル・サアカシヴィリ（M.H. Саакашвили）の指導力に期待する声が高まり、シェワルナゼ大統領にとって好ましくない結果になるだろうと報じ、政権交代の可能性を指摘した。(3) 投票が締め切られた後インタヴューに応じたシェワルナゼも「今回、反対派は勝利を手にするチャンスがあるだろう」と語ったほどだ。(4)

しかし野党が優勢と思われたにもかかわらず、中央選挙管理委員会による中間速報ではシェワルナゼ大統領の支持母体である「新しいグルジアのために」党が多数（二三・九％）を獲得した。国営ラジオのインタヴューでシェワルナゼは、「選挙は良くも悪くも社会に満ちている感情を反映したものだ」と述べ、グルジアの安定のためにすべての政治勢力に団結しようと訴えた。(5)

だがサアカシヴィリ率いる「統一国民運動」は納得しなかった。国際監視団が発表した中間結果によれば、「統一国民運動」の得票率は二〇・八％、「新しいグルジアのために」党は一二・九％であり、票の集計で不正があったと主張したのである。(6) 国際監視団の発表後、市民の抗議運動が急速に広がりを見せ、サアカシヴィリ陣営は選挙の無効と(7)グルジアの「民主化」を訴えた。(8) シェワルナゼはこれを受けて、「辞任の意向はないが、譲歩の準備はある」と歩み寄りを見せた。(9)

批判が高まるなかシェワルナゼは駐グルジア露大使と面会し、続けてプーチン大統領とも電話会談を行った。一方、野党陣営は駐グルジア米国大使と面会し、デモの正当性を訴えた。そこで米露が仲介し、シェワルナゼと野党指導者が非公開の場で接触することになった。その場でサアカシヴィリは集計のやり直しを求めたが、シェワルナゼは頑なに拒否した。会談後サアカシヴィリは、「〔抗議運動は〕完全な

首都トリビシで選挙の不正を訴えるサアカシヴィリ。Zaraza 撮影。Wikimedia Commons で公開。

勝利まで激しくなるだろう。つまり、シェワルナゼ大統領の辞任ということだ」と述べた。[10]

サアカシヴィリの発言に触発されたかのように、抗議運動は激しさを増していった。一一日には首都トビリシの議会前で数千人規模のデモが行われ、ハンガー・ストライキをする人も現れた。抗議運動は地方にも波及し、グルジア全土に拡がった。[11]シェワルナゼは野党陣営が求める選挙結果の見直しに応じ、[12]一部地域での再選挙を認めたものの、辞任はせず任期満了まで大統領に留まると発表した。[13]抗議運動が盛り上がるなか、中央選挙管理委員会は二〇日、中間速報とほとんど変わらない最終結果を発表した。[14]これを受け、サアカシヴィリらは大規模なデモを連日にわたって繰り広げ、結局シェワルナゼはその勢いを抑えることができず、二〇〇三年一一月二三日に大統領辞任を明らかにした。[15]そして、欧米との関係強化を目指すサアカシヴィリが新大統領に就任することが決定した。反対派が抗議デモの際に非暴力の象徴として掲げたバラにちなんで、この事件は「バラ革命」と呼ばれる。[16]

ウクライナは、旧ソ連構成共和国のなかでもロシアとカザフスタンに次ぐ国土を持ち、歴史的・文化的にロシアとの結びつきが非常に強い。ソ連崩壊後、レオニード・クラフチューク（Л.М. Кравчук）が初代ウクライナ大統領に就任し、主権国家として経済改革などを進めるとともに反対派には圧力をかけ、権威主義的統治を確立した。[17] しかし、経済改革に失敗したため国民の支持を得られず、ウクライナ独立当初に首相を務めたレオニード・クチマ（Л.Д. Кучма）にその座を譲り渡した。クチマは前任者の統治スタイルを継承し、国内の反対派を抑圧した。しかし国民に強く反発されて次期大統領選出馬を断念し、後継候補にヤヌコーヴィチを指名した。

二〇〇四年一〇月にウクライナ大統領選が実施されることになり、親ロシア派ヴィクトル・ヤヌコーヴィチ（В.Ф. Янукович）と親欧米派ヴィクトル・ユーシェンコ（В.А. Ющенко）らが立候補した。プーチン政権はグルジアの政変を受け、ウクライナに飛び火させまいと親ロシア派のヤヌコーヴィチ陣営の応援に乗り出した。旧ソ連圏で立て続けに親欧米政権が誕生するのだけは避けたかったロシア政府は、選挙対策のスペシャリストとして、グレブ・パヴロフスキー（Г.О. Павловский）[18]やセルゲイ・マルコフ（С.А. Марков）といった著名な政治学者をヤヌコーヴィチ陣営に送り込むことにした。

一〇月三一日の大統領選挙では過半数を獲得した候補者はおらず、ヤヌコーヴィチとユーシェンコの上位二名による決選投票が行われることになった。[19]『ロシア新聞』は、ヤヌコーヴィチ陣営の選挙参謀セルゲイ・マルコフの見通しを掲載した。マルコフは、「決選投票でユーシェンコが勝利する可能性は低い。だが戦略を変えたり、ロシアとの同盟に関心を払うならば、勝つかもしれない」と述べた。[20]

一一月二一日の決選投票では、ユーシェンコが四七・六%、ヤヌコーヴィチが四九・四%を獲得し勝利したと伝えられた。しかし、選挙前の世論調査ではユーシェンコ優位といわれ[21]、ヤヌコーヴィチが勝ったと報道されると[22]、ユーシェンコ陣営は裁判所に選挙の無効を求める訴訟を起こした。また、ユーシェンコの支持派や欧米諸国は選挙のやり直しを求めた。[23] ヤヌコーヴィチ陣営は一歩も譲らず、最終的にウクライナ最高裁の判断に委ねられることになった。

抗議運動が盛り上がるなか、ロシア側はウクライナの情勢を注視していた。プーチンは記者に「旧社会主義諸国の人々の意志を受け入れ、選ばれた指導者と職務にあたる」と答えつつも、「ある政治家が「何が何でも権力を奪取する」と言っているが、許しがたい。それは単なる圧力ではなく、恫喝である。これを民主主義と呼ぶ人がいるとしても、われわれはウクライナがそうなることを支持しない」と反対派を牽制した。[24] 世界が注目するなか、ウクライナ最高裁判所は二〇〇四年一一月、ユーシェンコ側の主張を全面的に認め、選挙のやり直しを命じた。[25] こうして再投票が行われることになった。

最高裁の判決が下るとユーシェンコ陣営は活気づき、ヤヌコーヴィチ陣営の不正を積極的にアピールしながら支持を訴えた。再選挙ではヤヌコーヴィチの四四・一九%に対し、ユーシェンコが五一・九九%を獲得したため、次期大統領に就任することが決定した。[26] 後にこの政権交代は、ユーシェンコ陣営がシンボルとしたオレンジ色のリボンから「オレンジ革命」と呼ばれるようになった。そして、グルジアやウクライナで起きた政変は後に「カラー革命」と総称された。[27]

政治変動と青年層

このように見てくると、グリジアやウクライナの政変は、市民による大規模な抗議運動の結果起きたといえよう。アメリカのロシア専門家マイケル・マクフォールは、「革命」を実現させた要因の一つに青年層の積極的な関与があったとしている[28]。また、シェワルナゼ元大統領が再三指摘していたように、欧米NGOがこうした市民運動を支援したといわれ、プーチン政権もその点に注目していた。そこで以下では、「革命」を求めた青年層の抗議運動の特色を浮き彫りにしていきたい。

グルジアでは「クマラ（Кмара）」という青年組織が中心となり、抗議デモを行った。クマラは議会選挙のあった二〇〇三年に設立された。クマラは、ユーゴスラヴィア連邦のミロシェヴィチ政権打倒に尽力した青年運動の「オトポール（Отпор）」にならった組織であり、グルジア語で「もうたくさんだ」を意味する[29]。設立にいたる過程や名称からして、シェワルナゼ大統領の退陣を求める組織であることは容易に想像できる。実際、クマラのメンバーは直接オトポールからデモに関わる訓練を受け、政権交代に向けて着々と活動を進めた。クマラはグルジア版オトポールだったといえよう。既得権益とは無縁の若者が集まったクマラは、議会選挙での不正が明るみになるや否や、「自由かつ公正な選挙」を合言葉に野党陣営と協力関係を築き、支持者を増やしていった[30]。また、国外のNGOなどの支援も受け、グルジアのバラ革命を成功に導いたのである。

グルジアの政変に触発され、ウクライナでも青年組織「パラー（Пора）」が設立された。彼らは「民主化」を訴えるユーシェンコを支持し、選挙期間中に大規模な反政府デモを実施した。パラーの構成員は主に大学生で、組織細胞をウクライナ全土の大学二〇校に設け、支持者の拡大に努めた。また、オトポールやクマラといった外国の青年組織にノウハウを学び、ユーシェンコ支持を明確に打ち出した選挙キャンペーンを繰り広げるなど、重要な役割を担った(31)。このようにパラーは、国内の支持者を増やしながら、国外の支援者との連携も深めて目的の実現のために邁進したのである（図5–1を参照）。

図 5–1　各国の青年組織の関係

選挙キャンペーンの手法——ソーシャル・メディアの活用

各国の青年組織はノウハウを伝えあい、活発に交流して情報の共有化を図った。その際、活用されたのが、インターネットや携帯電話などのコミュニケーション・ツールである。モスクワ国際関係大学教授エレーナ・ポノマリョヴァ（E.A. Пономарёва）は、「カラー革命」に外部が及ぼした「ソフト・パワー」の影響力は重要だと指摘している。従来、外部から届くのは援助資金のみであったが、現代ではその国の価値観や文化など他国に影響を与える「ソフト・パワー」が伝達されている(32)。その普及手段として、ソーシャル・ネットワーキング・サービスが果たした役割は大きい。ポノマリョヴァは「カラー革命の最も意味のある道具である」とまで言っている(33)。コミュニケーション・ツールは、大勢の人を動員し、デモなどの活動を組織する上で非常に有効だった(34)。

グルジアやウクライナでは二〇〇〇年頃から急速にインターネット環境が整備され始め、携帯電話の所有台数も増加傾向にあった。そのためクマラやパラーは選挙活動に利用することにしたのである(35)。ある調査によれば、ウクライナの若者で情報収集をするためにインターネットを利用する人は二八％、電子メールは二四％だった。利用者は、二〇〇二年から二〇〇四年にかけて一〇％増加したといわれる。[36]

これらの国々ではさまざまな情報がネット経由で伝達され、反対派を勢いづけた、とソーシャル・メディアの役割を強調する研究者もいる。[37] グルジアやウクライナの若者はカメラ付携帯電話で不正選挙の現場を撮影し、それをインターネット上にアップロードすることで、国内はもとより世界中に拡散した。また、動画だけでなくブログや電子メールなどを活用し、瞬時に多くの若者に自分たちの意見を伝え支持者を募ったのである。[38]

こうした戦略が功を奏し、多くの若者が組織の理念に賛同し、選挙の不正を糾弾し始めた。そして「民主化」や民主主義の重要性を訴える大規模な選挙集会に参加し、新政権の発足を求めたのであった。

海外資金の流入

運動に勢いを与え、政権交代を実現させた要因はこれだけではない。アメリカやヨーロッパの財団等による資金援助もあったといわれる。シェワルナゼも、「アメリカのソロス財団の資金援助の下に設立された」組織が野党を応援していると批判した。[39] ソロス財団が後押しする選挙監視団らの内政干渉を強調したのである。[40]

ロシア国内外の識者やジャーナリストらも同様の主張を繰り返した。例えば『読売新聞』は、クマラやパラーを指導するオトポールは「米政府や、東欧民主化を支持する米国の投資家ジョージ・ソロス氏の財団とのつながりが伝えられる」とした。[41] 週刊誌『イトーギ』に至っては、「グローバル時代のラスプーチン」という見出しで、ジョージ・ソロスの活動を報じたほどだ[42]。アメリカのポートランド州立大学教授ジェラルド・サスマンによれば、ソロス財団はクマラへ運営資金として約三五万ドルを提供し、技術支援としてオトポールのメンバーをグルジアへ派遣したという。ソロス財団は、こうしたプログラムの目的を、主に批判的政治キャンペーンを拡大するためとし、一七万五〇〇〇ドルもの資金を提供した[43]。民間財団のみならず、アメリカの政府機関もグルジアへ「民主主義プログラム（Democracy Programs）」という名目で支援を行った。アメリカ国務省の決算報告によれば、「バラ革命」の前年、同省はグルジアの「民主化」のため二三〇五万ドルも投じている[44]。「民主化」運動に対する支援はウクライナについても同様だった。例えばパラーはアメリカ国際開発庁（United States Agency for International Development）から資金援助を受け、ユーシェンコ陣営を支えたという[45]。この点は、パラー自らも認めている。

資金の大半は組織の活動、情報支援や資料の印刷にあてられた。活動家の訓練には、アメリカのジャーマン・マーシャル基金（German Marshall Fund）、フリーダム・ハウス、カナダの国際開発庁から提供された小額の補助金をあてた[46]。

アメリカ国務省も二〇〇四年に「民主主義プログラム」の一環として約三四〇〇万ドルを援助し[47]、「オレンジ革命」後の二〇〇五年には四六〇〇万ドルに増額した[48]。国務省によれば、「民主主義プログラム」は、選挙改革や地方自治改革、独立したメディア、市民社会、政党および議会の発展、法の支配の

図5–2　支援の構図

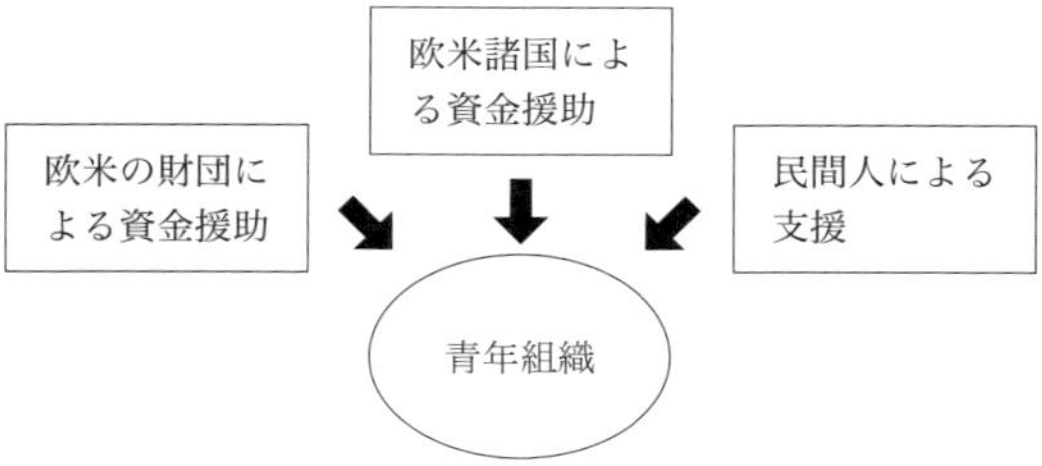

促進を目指すものだという。特に、政党および議会の改革推進は「若者や女性の公共問題への参加を促す」ために、ウクライナで「民主化」運動を展開したパラーを支援するものだったと考えることもできる(49)。

また、海外在住のウクライナ人たちも支援に加わったと言われ、西側の資金は約一億ドルに上ったとみる研究者もいる(50)。

興味深いことに、国務省の決算報告には二〇〇四年・二〇〇五年の対ウクライナ支援に関する記述はあるが、まだ「オレンジ革命」の気配が無かった二〇〇二年や二〇〇三年の報告にはなく、二〇〇三年以前は支援していなかったと思われる。そのため国務省による「民主主義プログラム」を「体制転換（regime change）」を目的とした支援であったと明言した研究者もいた(51)。このように青年たちの「民主化」組織は、外国から技術だけでなく、多額の資金援助も受けていた(52)（図5–2を参照）。『デモクラシーの生と死』の著者ジョン・キーン（John Keane）は、国外からの支援はあったと断言する。

> 自由な選挙と公明正大な立憲政治——時としてこれらはデモクラシー革命と呼ばれた——の諸原理を支持する、平和的な草の根レジスタンスを組織する戦略には通常、外部からの、とりわけさまざまの市民組

織やヨーロッパやアメリカの資金団体や財団からの、資金援助や支援が寄せられた。この戦術がうまくいったことはたびたびあったが、特に急進的で非妥協的な「良心グループ」が促進した場合に功を奏した――セルビアの「オトポール *Otpor*（抵抗）」やグルジアの「クマラ *Kmara*（もうたくさん！）」といったグループが、その実例である。(53)

「カラー革命」に対する欧米の評価

元アメリカ大統領のジョージ・W・ブッシュ（George W. Bush）は、大統領退任後に発表した回想録で、これら一連の出来事を「民主化」の第一歩だと評した。

> 旧ソ連の共和国グルジアの議会の開会式に、ミハイル・サーカシビリ《ママ》というカリスマ的な若い民主主義者が突入した。サーカシビリは、グルジア人デモ隊数万人を代表し、その議会は不正選挙によるもので正統性がないと非難した。エドワルド・シェワルナゼ大統領は世論のうねりを感じ取って辞任した。この無血クーデターはバラ革命と呼ばれた。
>
> 二〇〇四年一一月、ウクライナでも不正な大統領選挙後に、おなじような抗議の波が湧き起った。数十万の勇敢な市民が、すさまじい寒さにも負けず、野党候補ビクトル《ママ》・ユーシェンコを支持するデモを行った。……ユーシェンコが当選し、二〇〇五年一月二三日に大統領に就任して、オレンジ革命が成就した。(54)

ジョン・キーンも同様にこう述べている。

デモクラシーの歴史上初めて、それ〔デモクラシー〕は全地球的な政治的言語となった。今やあらゆる大陸で、インド、エジプト、オーストラリア、アルゼンチン、ケニアといったさまざまな国で、その方言が話されている。デモクラシーを求める闘いが、これまでは考えられなかった場所で爆発している。二一世紀の初期には、レバノンでシーダー革命、グルジアでバラ革命、ウクライナでオレンジ革命が起こった。[55]

ブッシュは、ロシアの脅威を強調して、北大西洋条約機構（NATO）を拡大させるなどアメリカが率先して「民主化」を支援する必要性を説いた。[56] そして、こう自負する。

自由をひろめる企ての挫折はいくつかあったものの、希望と進展を示す例の方が数多い。グルジアとウクライナは、自由な人々の群れに加わった。……インド、インドネシア、ブラジル、チリなど、多民族の民主主義国家がアメリカの支援を得て、地域の導き手となり、世界中に自由な社会を発展させる見本となった。[57]

二〇〇五年、ロシアを訪問中だった国務長官のコンドリーザ・ライス（Condoleezza Rice）は、プーチンとの会談前にモスクワのラジオ番組に出演し、「グルジア、ウクライナ、クルグズスタンの国民は、自由へ向けて自ら歩み出した」と述べ、これらの国々の政変を肯定的に捉えた[58]。

ロシアは、このようなアメリカの動きを「ロシア封じ込め」の一環だと批判した。この頃元ウクライナ首相のユリア・ティモシェンコ（Ю.В. Тимошенко）がアメリカの外交専門誌『フォーリン・アフェアーズ』[60]に「ロシアの封じ込め[59]」と題する論文を発表したことは、ロシアの対米感情を悪化させたにちがいない。ロシアはアメリカの外交政策に不信感を募らせたのである。

民主化に対する不信感

プーチンはグルジアやウクライナの政変をおそらく念頭に置いて「民主主義はある国から他の国へと輸出されるものではない」と述べ[61]、「民主化」をもてはやす風潮に釘を刺した[62]。また二〇〇四年の大統領年次教書演説では、次のように民主主義について語っている。

　現在、……政治、経済、情報による圧力が明らかに増しており、我が国の強化がしばしば権威主義だと歪曲され伝えられることも多い。我が国の政策において基本原則は一切変わりないことを表明しておきたい。国民の意志およびロシアの戦略的利益に基づき、我が国は民主主義に対し忠誠を誓うものである[63]。

プーチンはウクライナの政変を受け、二〇〇五年の教書演説では「自由で民主的なロシア国家の発展は重要な課題である」と述べた上で、自説を披露した。

ロシア国民は困難な時代に国家主権を守るとともに、一〇〇〇年に及ぶ歴史を継承させる新たな方向性を選択しなければならなかった。難しい問題を解決しなければならなかった。偉業を誇りに思い、ロシア民主主義を確立して、どのように独自の価値を守るのか。私たちは、民主的で自由で公正な社会と国家を建設するため、独自の道を見つけなければならない。(64)

ロシアは、国民の意思として自ら民主主義を選んだ国家である。民主主義の原則を全面的に順守し、この道を歩んできた。これからも歴史や地政などを考慮に入れながら、自由と民主主義の原則を保障できるようにしたい。どうすればそれを実現できるか、熟考する力が主権国家ロシアにはある。(65)

このようにプーチンは、権威主義という批判を他国の干渉だと退け、独自の道を歩む姿勢を強調した。『コメルサント』紙は一歩踏み込んで、プーチンが外遊先のドイツで「ロシアにとって昨年のウクライナの「オレンジ革命」ほど重要な事件はない」と言い切ったと報じた。(66) 二〇〇五年二月に下院の各会派の代表と会談した際、プーチンは「オレンジ革命はロシアでは起きない」と発言したようだが、(67) それほど「オレンジ革命」を意識していたことがよくわかる。政変に対する危機意識は他の閣僚も共有しており、例えば、連邦議会で演説したロシア連邦保安庁長官ニコライ・パトルシェフ(Н.П. Патрушев)(68) は「民主主義の輸出」に触れ、他のＣＩＳ諸国でも反体制派に資金援助が続いていることを危惧した。(69)

ロシア側の反発は、欧米諸国も承知していた。(70) 元国務長官のコンドリーザ・ライスは自らの回顧録で次のように認めている。

プーチンが、色の革命はアメリカがこの地域の民主化計画からロシアを排除するための道具として使われていると明言するには至らなかった。とはいえ、彼の発言の裏には、そういう思いが見え隠れしていた。プーチンは「街頭から生まれた革命」は、どんなものであれ支持しないと言った。(71)

イギリスの元首相トニー・ブレア（Tony Blair）はさらに、「〔プーチンは〕アメリカがロシアの国益に敵対的な西側支持の〝民主国家〟でロシアを包囲しようとしていると見た」と語っている。(72)だが、カラー革命が欧米諸国による介入のせいで起きたと考えたのは、プーチンだけではなかった。(73)当時、大統領府長官であったドミートリー・メドヴェージェフは、「選挙結果は、現政権が無能であることを国民に知らしめ、国家が不安定なことを明らかにしてしまった。われわれはそのような例〔グルジアとウクライナで生じた政権交代〕をしっかりと記憶している」と述べ、警戒感を露わにした。(74)大統領府副長官であったウラジスラフ・スルコフ（В.Ю. Сурков）はより踏み込んで、外国による内政干渉を危惧した。

国際テロリズム、競争力のない経済、そしてオレンジの技術〔外国の影響を直接受ける情報通信技術を指す〕による干渉は、主権を脅かす。……オレンジの技術は主権にとって現実的な脅威である。(75)

このようにロシアの政権中枢部は、欧米諸国が喧伝する「民主化」論に不信感を募らせたのである。政治エリートは外部の影響を懸念したが、世論調査の結果もその不安を裏付けた。ロシア国内で一般市民を対象に実施された調査によれば、回答者の三二%はグルジアやウクライナの革命がロシアで起きる可能性を否定したが、四二%は可能性があると述べた[76]。革命は連鎖し、「一昨日はベオグラード、昨日はトビリシ、今日はキエフ、そして明日はモスクワだ」と断言するジャーナリストもいた[77]。世論がロシアの政変を覚悟するくらい、カラー革命の衝撃は大きかったと言えよう。

プーチン政権に近い知識人たちは、内政干渉に備える必要を論じた。アレクサンドル・ツィプコ（A. C. Ципко）は『ロシア新聞』に寄稿して「輸出品としての民主主義」を語り[78]、ウクライナ大統領選挙後に『独立新聞』のインタヴューに応じたグレブ・パヴロフスキーは、ロシアで革命が起きる可能性について次のように語った。

〔革命に反対する運動や政策を意味する〕反革命（контрреволюция）は、私の政治的キャリアにおいて重要なテーマであり、そのために私は政治に関わったり、距離を置いたりしてきた。そして現在、再度政治に関わっている。キエフの事件〔ウクライナの政変〕はロシアにとって非常に重要な意味を持つ。ロシアの政治制度は、グローバル時代の革新技術に対応できる状態ではない。国内の脆弱な政治体制と国外の圧力・扇動が結びつけば、ロシアでも革命が起こるだろう。ロシアに革命が波及する可能性が低いとは思えない[79]。

『ロシア新聞』に寄稿した政治学者ヴァレリー・ヴィジュトヴィチ（В.В. Выжутович）はこう指摘する。

グルジアの「バラ革命」後、旧ソ連諸国で体制転換が起きると考える人は一人もいなかった。たとえ権力者でない人がバラやその他の花を移植したとしても、共和国の土壌に根付くはずがないとみな信じていた。〔しかし〕ウクライナで生じた「オレンジ革命」はこの思いこみを根幹からひっくり返した。(80)

グルジア、ウクライナで政権交代が起きたが、他の共和国でも政変の可能性はあるというのである。そうした不安を煽るように、アメリカ国務省はグルジアやウクライナの政権交代後、ロシア国内の民主勢力に支援を始めた。例えば二〇〇六年には「民主化プログラム」という名目でロシアの民主勢力に四五二〇万ドルもの資金援助を行っている。国務省は、「有権者や市民教育、選挙監視、特定の党派によらず政治リーダーや若者の育成といった課題に取り組む組織を支援する」ためと説明し、(81)若者に対する資金援助を事実と認めた。

アメリカ国務省による「民主化」支援策が発表され、ロシアの政治エリートはカラー革命への対抗措置を取る必要に迫られた。(82)そこで登場したのが、青年層の愛国心を育む政策だったのである。以下では、ロシアの若者の政治運動や社会運動を検討し、なぜ政治エリートが若者を対象とした政策を策定したのか、その理由を明らかにしたい。

第二節　ロシアの若者たちの反応

反政権運動の始動

グルジアやウクライナのカラー革命に触発されて、ロシア国内でも同じような革命を目論む青年層が現れた。ウクライナの政変後、エリツィン政権で第一副首相などを務めた著名な政治家ボリス・ネムツォフ（Б.Е. Немцов）(83)が「多くの人々は現在、プーチンにもその反社会的政策にも失望している(84)」と発言しているように、反プーチンを掲げ、政権交代を求めて多くの若者が街頭でデモをするようになった。連日メディアはこうした若者の姿を伝えた。『コメルサント』紙はインターファクス通信の記事を転載する形で、ロシアに、グルジアのバラ革命やウクライナのオレンジ革命を率いたような青年組織が設立され、政変を引き起こす可能性を指摘した(85)。『ロシア新聞』のインタヴューでセルゲイ・マルコフは、若者が政治的になっていることを認め、「若者はいま積極的に市民層を形成しているとみる社会学者もいる」と指摘している。その上で、「青年層はもしかしたら「オレンジ革命」のシナリオを実現するのに決定的役割を果たすかもしれない」と述べた(86)。週刊誌『アガニョーク』は、「青年層は政権にとって恐らく危険な存在であり、キエフの事件〔オレンジ革命〕によって政権は彼らに注目するようになった」と指摘した(87)。政権与党「統一ロシア」のある議員は、「旧ソ連諸国の事件に世論は大きく沸いており、……〔クマラやパラーのような〕団体の設立が必要だとみている」と述べ、ロシアに革命が波及するのを阻止すべきとした。『コメルサント』はこの発言を引用し、「統一ロシア党員、オレンジ革命を恐れる」

という見出しで報じたほどである。[88] このように、ロシアの野党に近い青年組織は二〇〇五年以降、活動を活発化させていった。以下では、各青年組織の動きを概観していこう。

一九九五年二月、野党ヤブロコ党直属の青年組織として「青年ヤブロコ（Молодёжное яблоко）」がモスクワで設立された。設立会議では、組織の憲章のほかヤブロコ党党首ヤヴリンスキーを支持する声明が採択された。[89] 二〇〇五年には全国組織となり、[90] 現在ではロシア全土に三五の支部を有し、[91] 会員は一六〜二五歳のロシア連邦市民約二〇〇〇人以上を擁する。[92] 目的として、①ロシアにおける市民社会と法治国家の建設、②ロシアの権威主義国家化・全体主義国家化の阻止、③市民の権利や自由の保障、などを掲げた。[93] この目的は、「権威主義システムに抗する」という代表イリヤ・ヤーシンの言葉に明確に表れている。[94] ヤブロコ党直属の組織なので、資金は党から出ているとみられる。[95]

反プーチン勢力の先頭を走る「青年ヤブロコ」が全国組織となった二〇〇五年、「防衛（Оборона）」なる青年組織が新たに設立された。この組織は、同年三月一二日、ヤブロコ党事務所で、「青年ヤブロコ」や右派勢力同盟の青年組織の支援のもと設立された。ヤーシンによれば、「防衛」は「オレンジ革命の基本理念を受け継」ぎ、[96]「九〇年代の民主主義的価値観を維持する」組織であった。[97] この理念に基づきながら、①市民の権利や自由および憲法の諸原則の保障、②権力分離の原則の確立、③ロシアの「民主化」といった課題を掲げた。[98]「防衛」のある幹部は、組織ができた背景には「ウクライナのオレンジ革命がある」と認めており、[99] その目的はロシアで「革命」を起こすことだといっても過言ではなかろう。「防衛」は「青年ヤブロコ」などの支援を得て設立されたが、特定政党には拠らず、あくまでも右の課題の実現を目指した。[100]「防衛」は、サンクトペテルブルグやエカテリンブルグなどロシア各地に二

○以上の地方支部を有し、[101] 高校生や大学生らを中心に二五〇〇人以上の構成員を抱えた。[102]

ロシア国内の「民主化」を求める「青年ヤブロコ」や「防衛」が設立されるなか、反プーチン派の一翼を担う「ダー（Да!）」なる青年組織が新しく設立された。ダーとは「はい（イエス）」を意味するロシア語である。代表のマリヤ・ガイダル（М.Е. Гайдар）[103] は、組織をつくったのはウクライナで起きたオレンジ革命の影響が決定的だったと述べている。[104]「ダー」も、ロシア国内の革命を志向しているといってよいだろう。

「ダー」は「ロシアの市民社会の創設」を目標に掲げ、広く市民に参加を呼びかけた。組織の公式サイトには、「私たちは敵と戦うのではない。私たちは、国民を不安にしている具体的な問題、すなわち検閲、警察の横暴、民族差別、〔単位認定のための〕大学での賄賂、軍隊の問題を解決したい」とあり、市民に身近な問題の改革を訴えた。[105]

二〇〇五年一月には、ロシア第二の都市サンクトペテルブルグで「プーチンなしで歩もう（Идущие без Путина）」なる青年組織も設立された。代表のミハイル・オボゾフ（Михаил Обозов）は、グルジアやウクライナと同様に現代のコミュニケーション・ツールを利用して同志を募り、五〇名が集まったと明かした。「私たちはクレムリンの横暴に反対する抗議デモに参加するつもりだ」とし、反プーチン組織であることを強調した。ここの会員の多くはもともとプーチン支持派の「共に歩む（Идущие вместе）」のペテルブルグ支部員だったが、活動方針や理念をめぐる対立から「プーチンなしで歩もう」に加入したという。[106] こうしたことから、①自由な国での生活、②体制寄りのメディアなど国家のPR担当者によるプロパガンダの排除、③皇帝や指導者ではなく、自分で運命を決めることなどを理念として掲げており、反政権的な組織といってよいだろう。[107]

青年組織「プーチンなしで歩もう」の設立を聞いて、「共に歩む」の代表ヴァシリー・ヤケメンコはこう述べた。「毎年、われわれの組織から三〇〇〇人が去っている。その多くは、読書が嫌いか、祖国を愛していない者である。その後〔三〇〇〇人が去った後〕、新たに六〇〇〇人が加入した。私は、これらの組織〔反プーチン派の組織〕が、ジョージ・ソロスの資金で設立されていることを知っている」。[108]

外国勢力の資金を得て国家転覆を図っていると批判された代表オボゾフは、「プーチン政治に対する抗議デモの日程を問い合わせるメールがすでに一〇〇件以上届いている」と述べ、自分たちの組織の方が勢いがあると主張した。[109]「プーチンなしで歩もう」は創設から一カ月後、モスクワ支部の開設も発表した。会員の一人は「私たちは、ウクライナやグルジアの青年組織の後継者を自負している。……私たちの最大の目的は、国家の体制転換と二〇〇八年の自由な選挙、そしてロシアにおける「オレンジ革命」である」と明言した。[110] このように、二〇〇五年を境に反プーチン勢力が急速に拡大していった。ただ、勢いを伸ばしたのは民主派の組織だけではない。共産党系の青年組織も二〇〇五年以降に運動を活発化した。

一九九九年五月二九日、「ロシア連邦共産主義青年同盟（Союз коммунистической молодёжи Российской Федерации）」（以下、「共産主義青年同盟」と略記する）はロシア連邦共産党直属の組織として設立された。[111] 共産主義青年同盟は、ソ連共産党青年組織「コムソモール」の自主解散に賛同しない青年活動家らが作った組織である。[112] そのため会員は、コムソモールの継承者を自任する。[113] 創設当時、共産主義青年同盟は七二の地方支部を有し、[114] 一四～三〇歳未満のロシア連邦市民二万八〇〇〇人を擁して、ユーリー・アフォーニン（Ю.В. Афонин）指揮のもと全国的に活動を展開した。[115]

共産主義青年同盟はその名のとおり共産主義を信奉し、①共産主義社会の建設、②愛国主義と共産主義的世界観に基づく教育の実施、③ロシアの若者の権利および利益保護を目的とした。[116]反プーチン派の一翼を担うが、二〇〇五年以前はプーチン政権の改革を支持するなど、比較的穏健であった。ところが、ロシア連邦共産党がウクライナのオレンジ革命は共産主義の理想とする赤色革命になりうると支持すると、[117]下部組織である青年同盟も明確にその路線をとった。[118]共産主義青年同盟の中央委員会は、共産党主導の抗議デモに積極的に参加するよう各支部に指令を出し、ロシア全土での活動を促した。[119]

もっとも「青年ヤブロコ」や「防衛」などとは異なり、彼らにとっての革命とは共産党の理想とする赤色革命であり、グルジアやウクライナのカラー革命を望んでいないことには注意しなければならない。いずれにしても、旧ソ連諸国の政変後、ロシア国内で反プーチン勢力が勢いづいたことは紛れもない事実であった。

共産党系だけでなく、他の左派系の組織も活発に動きはじめた。それが「赤色青年前衛（Авангард красной молодёжи）」である。この組織は一九九九年に結成され、グルジアやウクライナの政変以前から活動していたが、二〇〇五年以降、他の組織と同じように目的を明確にした。マルクス・レーニン主義を掲げ、労働者の政権やプロレタリアート独裁を目指すなど、社会主義的発展を志向する。構成員は二〇〇五年六月時点で六〇〇〇人とされ、モスクワに本部を置きながら、タタルスタン、サンクトペテルブルグ、ハバロフスク、サマーラ州などロシア各地に支部を有している。[120]代表はセルゲイ・ウダリツォフ（С.С. Удальцов）が務める。[121]

ウダリツォフは二〇〇五年一月、支持者を前に「ロシアに今日必要なのは赤色革命であり、社会主義革命である。……左派勢力は議会の不信任決議など実現不可能なことをわざわざするのではなく、街頭における闘争に力を割くべきである」と訴えた(122)。このように赤色青年前衛は共産党系の組織と親和性があり、民主主義や自由を目標に掲げる「青年ヤブロコ」や「防衛」とは路線が明らかに異なっていた。この演説後、モスクワ本部は地方支部に対してもっと積極的に動くようにと指示を出し、地方都市で浸透を図るなど、全国的に展開しはじめたのである(123)。

反政府運動の展開

「プーチンなしで歩もう」は二〇〇五年二月、兵役中に人権侵害などを被った徴集兵の家族の団体「兵士母の会」とともにサンクトペテルブルグ市内で政権の軍事政策の問題点を指摘した。そして、イヴァノフ国防相の辞任を求めた(124)。三月にはモスクワのスラヴ広場で抗議デモを行った。このデモには「青年ヤブロコ」も加わり、「われわれの選択は抑圧ではない」と記したプラカードを持って、ロシアの自由化や「民主化」を訴えた(125)。四月三日に「防衛」や「青年ヤブロコ」は、「プーチンを倒せ」というスローガンを掲げて政権のメディア規制に抗議した(126)。六月には「防衛」「青年ヤブロコ」に「プーチンなしで歩もう」も加わってデモを実施し、「チェキスト〔秘密警察や保安機関勤務者〕の政権(127)」「ロシア！ホドルコフスキー！　自由！」などとシュプレヒコールを繰り返し、政権を厳しく批判した。ウクライナの政変以来、これらの青年組織はほぼ毎月抗議デモを敢行し、支持者を募りながら、政権交代の実現を目指したのである。二〇〇六年になっても抗議運動は収まらず、「青年ヤブロコ」は「表現の自由のために」「クレムリンによるメディアの規制は十分だ」などとメディアを支配する政権を批判し、自己の正当性をアピールした。[128] 二〇〇七年末には下院選挙を控え、政権批判は一層強まった。ヤブロコ党が組織した市民行進には、「青年ヤブロコ」をはじめ約三〇〇〇人が参加し、「プーチンとオリガルヒ〔新興財閥〕なきロシア」「市民のためのロシア」とシュプレヒコールを繰り返したのである。[129]

このように「青年ヤブロコ」は他の組織を牽引して反政府活動を続けたが、それとは異なる目的から共産党系の青年組織も積極的に活動していた。例えば、「赤色青年前衛」は二〇〇五年一月、プーチン政権が進める年金生活者の特典廃止に抗議するデモをモスクワで実施し、代表のウダリツォフは「普通のデモでよいときは終わった。活動を起こす時だ」と参加者らに呼びかけた。[130] こうした抗議デモは、左派系の組織だけではなく、ヤブロコや「プーチンなしで歩もう」といったいわゆる「民主派」の組織も実施した。[131] その意味で、左派と民主派の活動には一定の親和性があったともいえる。

だが、左派系の組織は共産主義思想に基づき、赤色革命を志向した点が民主派とは異なる。例えば、赤色青年前衛はモスクワのみならず、地方でも活動を展開し、二〇〇五年五月一日のメーデーには、共産党支部や労働者団体とともにデモを行った。[132] 九月には共産主義青年同盟と同様に反資本主義集会を開催した。活動家らはプーチンを批判し、「資本主義は糞だ！」と叫んだ。[133] 一一月のロシア革命記念日にもデモを実施し、旧体制への引返しを求めた。参加者は「八八回目の大一〇月革命、万歳」と書いた旗を手に、「ソヴィエト連邦に栄光あれ」「一一月七日はこれからもずっと国民の祝日だ」などシュプレヒコールを上げた。[134]

このように見てくると、いわゆる民主派と左派系の青年組織には、プーチンに批判的であることしか共通点はなかったように思われる。にもかかわらず、二〇〇五年九月に共産主義青年同盟や赤色青年前衛といった左派系の青年組織と、民主派の「防衛」は手を組み、思想の違いを越えてプーチン政権打倒を目標に掲げた。ウダリツォフは「これはわれわれの唯一の打開策である。勢力の結集は、われわれが生きぬくための手段である」と述べていた。[135]

このように二〇〇五年以降、「青年ヤブロコ」や「防衛」など青年組織が体制転換を求めたように、共産主義青年同盟も政権交代を希求した。彼らは街頭でデモを繰り広げるのみならず、インターネット空間でも支持者を募り、組織の拡大に努めたのである。

メディア戦略の有効性は、グルジアやウクライナで政権交代が実現していることからも明らかである。反政権派がそのような有用な道具を使わない理由など無かった。ロシアの若者も諸外国と同様にインターネットを利用し、情報を入手した。[136]

青年ヤブロコの代表イリヤ・ヤーシンは、日々の活動や社会政治問題に関する意見などをブログにつづり、会員の増加を図った。他の組織もブログを開始した。コメントだけではなく、組織の理念やデモの写真なども載せている。[137]「ダー」のマリヤ・ガイダルも二〇〇六年からページを開設し、情報を発信した。[138]青年組織「プーチンなしで歩もう」もインターネットで仲間を募っており、その有益性は広く認知されていたといえる。[139]また、ブログだけでなく、各組織は公式サイトを開設し、情報発信に努めた。組織のメールアドレスも公開して賛同者と直接やり取りできるようにし、[140]その取り込みを図った。

このようにプーチン政権の打倒を求める若者の政治運動が盛り上がりを見せるなか、政権側も対抗措置を講ずる。次節で触れる「愛国プログラムII」は、その要であった。

第三節　愛国心の育成

二〇〇五年、連邦権力執行機関や連邦構成主体権力執行機関（中央と地方の行政機関）、さらに社会団体などの提案に基づき「愛国心プログラムⅠ」の改定版である「二〇〇六年から二〇一〇年までのロシア連邦国民の愛国心教育に関する国家プログラム」案が提出され、その後、連邦政府によって承認された[141]（以下、「愛国心プログラムⅡ」とする）。

週刊誌『コメルサント・ヴラスチ』は、改定版なので大きな変化はないが、国旗・国歌などのシンボルの使用、プログラムの予算増額（四億九〇〇〇万ルーブル）等の点が前プログラムと異なると指摘した[142]。だが「愛国心プログラムⅡ」はこの他に、プログラムの対象が異なる点にも注意する必要がある。国民の愛国心教育に関する事業であることに変わりはないが、今度は児童と青年層に重点がおかれた[143]。「愛国心プログラムⅡ」では、愛国主義の醸成に力を注ぎ、青年層の政治的社会化を図ったのである。改定前より予算が倍以上に膨らんでおり、ロシア版「カラー革命」を阻止する意図が如実に表れていたと言えよう。

あるロシア人研究者は、「プログラムの大半は愛国心の育成のためではなく、国家への奉仕、ロシアの国益を守る市民的・憲法的義務の遂行のために組まれていた[144]」と指摘している（傍点引用者）。

二〇〇六年には「ロシア連邦における国家青年政策に関する戦略（Стратегия государственной молодежной политики в Российской Федерации. 以下、「国家青年政策の戦略」と略称する）」が策定された。青年政策は「国家の優先事項であり、青年層の効果的な社会化や自己実現のための条件や可能性を高める」と定義している[145]。ここから、政府は青年層の意識改革を課題としていたと考えられるのである[146]。そして、その実現に向けてより影響力のある政策、すなわち、中央主導による青年組織の設立に着手した。

次章ではその創設過程を検討していきたい。

注

（1）二〇一五年四月「在外公館の名称及び位置並びに在外公館に勤務する外務公務員の給与に関する法律の一部を改正する法律」の施行に伴い、グルジアの国名はジョージアに変更された（『官報』号外第九二号、二〇一五年、三、二〇―二三頁）。本章では、二〇〇四年時点での政治事象を扱っていることから、国名は当時の呼称であるグルジアを用いている。

（2）ここでの記述は、前田弘毅「グルジアのバラ革命――「革命」にみる連続性」『「民主化革命」とは何だったのか――グルジア、ウクライナ、クルグズスタン（二一世紀COEプログラム研究報告集）』第一六号、二〇〇六年、一―一八頁に依拠した。

（3）Коммерсантъ, 3 ноября 2003 г.

（4）Независимая газета, 3 ноября 2003 г.

（5）Коммерсантъ, 4 ноября 2003 г.

（6）Независимая газета, 4 ноября 2003 г.

（7）Коммерсантъ, 5 ноября 2003 г.; Коммерсантъ, 6 ноября 2003 г.

（8）市民グループ等の反対派の主張については、Lincoln Mitchell, "Georgia's Rose Revolution," *Current History*, Vol. 103, No. 675, 2004, p. 343 を参照されたい。なお、「民主化」「民主主義」という用語は、多義的かつ論争的な用語であるため、慎重に用いる必要がある。本書では、抗議活動を展開し、それによってもたらされた政権交代を「民主化」と評価するのではなく、あくまでも、運動の担い手たる青年層・青年組織が掲げたスローガンとして用いる。以下、本文中の「民主化」「民主化革命」などの語も同様である。なお、旧社会主義圏で生じた「カラー革命」＝「民主化」とする議論への反論としては、塩川伸明『冷戦終焉20年――何が、どのようにして終わったのか』勁草書房、二〇一〇年、一九一―一九二、二〇七頁を参照されたい。

（9）Коммерсантъ, 6 ноября 2003 г.

(10) Коммерсантъ, 11 ноября 2003 г.
(11) Коммерсантъ, 12 ноября 2003 г.
(12) Коммерсантъ, 13 ноября 2003 г.
(13) Коммерсантъ, 18 ноября 2003 г.
(14) Коммерсантъ, 21 ноября 2003 г.
(15) Коммерсантъ, 24 ноября 2003 г.
(16) 前田、前掲論文、一頁。
(17) 中井和夫『ウクライナ・ナショナリズム——独立のディレンマ』東京大学出版会、一九九八年、一五九、一八八—一九三頁。
(18) パヴロフスキーはペレストロイカ以前から反政府活動を行っていたが、その後権力側の政治学者として活動するようになった。このような変遷（転向）は興味深い。詳細は、和田春樹『私の見たペレストロイカ——ゴルバチョフ時代のモスクワ』岩波新書、一九八七年、一三四—一四二頁を参照。
(19) 詳細については、「中東欧・旧ソ連諸国の選挙データ」を参照されたい。http://src-h.slav.hokudai.ac.jp/election_europe/ua/r_504.html（二〇一六年三月二一日参照）。
(20) Российская газета, 2 ноября 2004 г.
(21) Коммерсантъ, 23 ноября 2004 г.
(22) Коммерсантъ, 23 ноября 2004 г.
(23) Российская газета, 23 ноября 2004 г.
(24) Российская газета, 7 декабря 2004 г.
(25) Коммерсантъ, 4 декабря 2004 г.; 中井和夫「ウクライナの「オレンジ革命」——大統領選挙後の混乱は何を意味したか」『世界』第七三六号（二〇〇五年二月）、二九頁。
(26) Коммерсантъ, 29 декабря 2004 г.
(27) 「カラー革命」については、『国際問題』第五四四号、二〇〇五年や『「民主化革命」とは何だったのか——グルジア、ウクライナ、クルグズスタン（二一世紀ＣＯＥプログラム研究報告集）』第一六号、二〇〇六年を参照されたい。
(28) *Макфол М.* Пути трансформации посткоммунизма: Сравнительный анализ демократического прорыва в Сербии, Грузии и Украине // Pro et Contra, Т. 9, № 2, 2005, С. 100–101. 別の調査でも、年長世代に比べ、三〇歳未満の若者が積極的にデモに参加

していたと指摘されている（*СтепенкоВ.П.* “Оранжевая Революция” — природа событий и особенности национальной гражданской активности // Вестник общественного мнения: данные. анализ. дискуссии, № 6, 2005, С. 36）。

（29） Коммерсантъ, 17 ноября 2003 г.; *Кара-Мурза С.* Революции на экспорт, М.: эксмо, 2006, С. 206.

（30） Olena Nikolayenko, “Youth Movements in Post-Communist Societies: A Model of Nonviolent Resistance,” *CDDRL Working Papers*, No. 114, 2009, pp. 17–18. 同論文は、以下のサイトからダウンロードできる（http://iis-db.stanford.edu/pubs/22553/No_114_Nikolayenko_Youth_movements.pdf）。

（31） Taras Kuzio, “Civil Society, Youth and Societal Mobilization in Democratic Revolutions,” *Communist and Post-Communist Studies*, Vol. 39, Issue 3, 2006, pp. 367, 372.

（32） *Пономарёва Е.* Секреты «цветных революций»: современные технологии смены политических режимов // Свободная мысль, 2012, № 1–2, С. 91.

（33） *Пономарёва Е.* Секреты «цветных революций»: современные технологии смены политических режимов（продолжение）// Свободная мысль, 2012, № 3–4, С. 49.

（34） *Смирнов Д.Н.* Манипулятивные технологии и их применение в условиях смены политического режима: опыт оранжевой революции на Украине. Автореферат диссертации на соискание ученой степени кандидата политических наук, Нижний Новгород, 2008, С. 17–18.

（35） Olena Nikolayenko, “The Revolt of the Post-Soviet Generation: Youth movements in Serbia, Georgia, and Ukraine,” *Comparative Politics*, Vol. 39, No. 2, 2007, p. 183.

（36） *Бойко Н.* Процесс информатизации как демократизационная составляющая стиля жизни современной молодежи // Социология: теория, методы, маркетинг, 2006, № 1, С. 194.

（37） Nikolayenko, *op. cit.*, p. 181.

（38） Kuzio, *op. cit.*, p. 375.

（39） Коммерсантъ, 10 ноября 2003 г.

（40） Robert Horvath, “Putin’s ‘Preventive Counter-Revolution’: Post-Soviet Authoritarianism and the Spectre of Velvet Revolution,” *Europe-Asia Studies*, Vol. 63, No. 1, 2011, p. 3. なお、マイケル・マクフォールは、ウクライナの「オレンジ革命」は「民主化」を支援する国外団体などの援助によって達成されたとしている（Michael McFaul, “Ukraine Imports Democracy: External Influences on the Orange

Revolution," *International Security*, Vol. 32, No. 2, pp. 45–83)。

(41) 『読売新聞』二〇〇四年一一月二五日朝刊。

(42) Итоги, № 49, 9 декабря 2003 г.

(43) Gerald Sussman and Sascha Krader, "Template Revolutions: Marketing U.S. Regime Change in Eastern Europe," *Westminster Papers in Communication and Culture*, 2008, Vol. 5, No. 3, p. 49.

(44) アメリカ国務省のサイト（http://2001-2009.state.gov/p/eur/rls/fs/11029.htm）。

(45) Sussman and Krader, *op. cit.*, pp. 99–100; Gerald Sussman "The Myths of 'Democracy Assistance': U.S. Political Intervention in Post-Soviet Eastern Europe," *Monthly Review*, Vol. 58, No. 7, 2006, pp. 24–25.

(46) Andrew Wilson, "Ukraine's Orange Revolution, NGOs and the Role of the West," *Cambridge Review of International Affairs*, Vol. 19, No 1, 2006, p. 27.

(47) アメリカ国務省のサイト（http://2001-2009.state.gov/p/eur/rls/fs/36503.htm）。

(48) アメリカ国務省のサイト（http://2001-2009.state.gov/p/eur/rls/fs/50839.htm）。

(49) アメリカ国務省のサイト（http://2001-2009.state.gov/p/eur/rls/fs/50839.htm）。

(50) Wilson, *op. cit.*, pp. 23–24.

(51) Sussman and Krader, *op. cit.*, p. 99.

(52) Wilson, *op. cit.*, p. 23.

(53) ジョン・キーン（森本醇訳）『デモクラシーの生と死（下）』みすず書房、二〇一三年、二〇四頁。

(54) ジョージ・W・ブッシュ（伏見威蕃訳）『決断のとき（下）』日本経済新聞出版社、二〇一一年、三〇四―三〇五頁。

(55) ジョン・キーン（森本醇訳）『デモクラシーの生と死（上）』みすず書房、二〇一三年、二〇頁。

(56) ブッシュ、前掲書、三〇五、三〇八頁。

(57) 同右、三一三頁。

(58) Коммерсантъ, 21 апреля 2005 г.

(59) Yuliya Tymoshenko, "Containing Russia," *Foreign Affairs*, Vol. 86, No. 3, 2007, pp. 69–82.

(60) もっとも、ロシアもウクライナ大統領選時にヤヌコーヴィチ陣営に過度の肩入れをしていたため、アメリカによる一方的な干渉というわけではない。なお、アメリカはグルジア・ウクライナで生じた一連の「革命」を「民主化」であったとしている

(*Democracy Rising*, U.S. Agency for International Development, 2005, pp. 4–13)。この報告書は、次のサイトからダウンロードできる(http://pdf.usaid.gov/pdf_docs/pdacf571.pdf)。

(61) Независимая газета, 28 апреля 2005 г.

(62) 二〇〇七年の国連総会において、ロシア代表は、民主主義に特定のモデルはなく、それを押し付ける手法は、他の国や地域の安定にとって最も否定的な結果をもたらすと発言していた。See, U.N. Doc. A/62/PV.46 (8 November 2007).

(63) *Путин В.В.* Избиратеранные речи и выступления, М.: книжный мир, 2008, С. 237.

(64) Там же, С. 272.

(65) Там же, С. 281.

(66) Коммерсатнъ, 24 апреля 2005 г.

(67) Коммерсатнъ, 16 февраля 2005 г.

(68) パトルシェフは一九九九年八月にロシア連邦保安庁長官に任命され、二〇〇八年五月まで務めた。ついで同年五月一二日付大統領令によって安全保障会議書記に任命された(Собрание законодательства Российской Федерации, 1999, № 34, Ст. 4240; 2008, № 20, Ст. 2319)。ロシア連邦保安庁新長官には、これまで副長官を務めていたアレクサンドル・ボルトニコフ(А.В. Бортников)が任命された(Собрание законодательства Российской Федерации, 2008, № 20, Ст. 2320)。

(69) Российская газета, 13 мая 2005 г.

(70) ちなみに、「オレンジ革命」後に行われた世論調査によれば、ウクライナ国民の二三・九%が西側によって組織された「革命」とみなしていた(Victor Stepanenko, "How Ukrainians View Their Orange Revolution: Public Opinion and the National Peculiarities of Citizens Political Activities," *Demokratizatsiya: The Journal of Post-Soviet Democratization,* Vol. 13, No. 4, 2005, p. 597)。もっとも、そうした見解は南部(三四・二%)や東部(三九・一%)に多く、ウクライナ西部でそうした意見に与する割合は非常に低かった(Stepanenko, op. cit., p. 600)。次の各論文も参照されたい。*Лэйн Д.* Оранжевая революция: "народная революция" или революционный переворот? // Политические исследования, 2010, № 2, С. 44; 袴田茂樹「プーチンが震撼する大ロシア崩壊の予兆――革命ドミノ現象と中央アジアの行方」『中央公論』第一二〇巻第六号(二〇〇五年六月)、二一二―二一九頁。

(71) コンドリーザ・ライス(福井昌子ほか訳)『ライス回顧録――ホワイトハウス 激動の2920日』集英社、二〇一三年、三三一頁。

(72) トニー・ブレア(石塚雅彦訳)『ブレア回顧録(上)』日本経済新聞出版社、二〇一一年、三九四頁。

(73) 以下の研究でも、内政干渉との見方を示している。斎藤元秀「ブッシュ政権と「九・一一」後の米露関係」『国際政治』第一五〇号、二〇〇七年、一三九頁。木村汎・袴田茂樹・山内聡彦『現代ロシアを見る眼——「プーチンの十年」の衝撃』日本放送出版協会、二〇一〇年、二二二頁。

(74) Российская газета, 1 июля 2005 г.

(75) Московские новости, № 8, 10–16 марта 2005 г.

(76) Известия, 19 июля 2005 г.

(77) Итоги, № 49, 7 декабря 2004 г., С. 11.

(78) Российская газета, 7 июня 2005 г.

(79) Независимая газета, 7 декабря 2004 г.

(80) Российская газета, 26 июля 2005 г.

(81) アメリカ国務省のサイト（http://2001-2009.state.gov/p/eur/rls/fs/66166.htm）。

(82) マイケル・マクフォールは駐露アメリカ合衆国特命全権大使を務めていた二〇一二年一月、ロシアで大規模なデモが続くなか『コメルサント』の取材に応じた。マクフォールはロシアで「カラー革命」を達成させるために自身が大使に選任されたのではなく、あくまでも米露間での「リセット」を深化させるためだと語った（Коммерсантъ, 25 января 2012 г.）。その数日後、マクフォールはロシアで著名なジャーナリストであるウラジーミル・ポズネル（В.В. Познер）が司会を務める「第一チャンネル」の番組に出演した際にも同じことを問われ、改めてそれを否定した。しかし、司会者のポズネルは、アメリカがウクライナなどで「民主化」を支援してきた実績を綴ったマクフォールの論文を紹介し、オバマ政権もロシアでの「革命」を企んでいるのではないか、と問うた。これに対しマクフォールは「ソ連体制の変革を支持すべきとの意見が過去にはあった。これは真実であり、事実だ」と答えたが、オバマ政権の政策ではないと反論した。ポズネルがウクライナでの政変についてどう思うか聞くと、マクフォールは「ウクライナ〔での政変〕はブッシュ政権のときに起きた。ブッシュ政権には別の政策があった。ブッシュ政権がウクライナで行ったということを明確に〔論文に〕記した。ブッシュ政権が二〇〇四年にウクライナで行ったことを、私たち〔オバマ政権〕は行ってはいない。かつて「パラー」や「オトポール」という組織があり、アメリカは彼らに資金援助を行っていた。現在、私たち〔オバマ政権〕はそのようなことはしていない。なぜなら、私たちの政策は異なるものだからだ」と政策の変化を強調し、ブッシュ政権による関与は認めた。マクフォールが学者としてではなく、合衆国を代表する特命全権大使として発言した意味は大きい。番組内容は「第一チャンネル」のサイトで確認できる（http://www.1tv.ru/

sprojects_edition/si5756/fi13482)。また、駐ウズベキスタン日本国特命全権大使を務めた元外交官の河東哲夫によれば、グルジアやウクライナでの政変は「ロシアの指導部を慌てさせ」たという（河東哲夫『ワルの外交――日本人が知らない外交の常識』草思社、二〇一四年、一六一頁）。

（83） ネムツォフは二〇一五年二月二七日、何者かの銃弾でこの世を去った。このニュースは国内外でさまざまな視点で報じられた（Коммерсантъ, 2 марта 2015 г.）。

（84） Коммерсантъ, 14 января 2005 г.

（85） Коммерсантъ, 1 апреля 2005 г.

（86） Российская газета, 1 сентября 2005 г.

（87） Огонёк, № 41, 10–16 октября 2005 г., С. 18.

（88） Коммерсантъ, 24 декабря 2004 г.

（89） Коммерсантъ, 22 февраля 1995 г.

（90） *Карпенко О.М., Ламонов И.А.* Молодежь в современном политическом процессе в России, М.: Современная гуманитарная академия, 2006, С. 95.

（91） Там же; *Савельев.* Указ. соч., С. 217.

（92） メンバーは、*Карпенко, Ламонов.* Указ. соч., С. 95 によれば二〇〇〇人、*Савельев.* Указ. соч., С. 217 によれば二五〇〇人ということで明確ではないが、いずれにしても二〇〇〇人以上であることから、本文ではこのように表記した。

（93） *Савельев.* Указ. соч., С. 218.

（94） Огонёк, № 41, 10-16 октября 2007 г., С. 19.

（95） *Савельев.* Указ. соч., С. 219.

（96） Там же.

（97） Молодёжь и политика: современные очертания и история проблемы, роль государства и гражданского общества, ожидания и прогнозы / Под ред. Ф.Бомсдорфа и Г.Бордюгова, М.: Фонд Фридриха Науманна, 2006, С. 106.

（98） *Савельев.* Указ. соч., С. 201.

（99） Fredo Arias-King, “A Revolution of the Mind,” *Demokratizatsiya: The Journal of Post-Soviet Democratization*, Vol. 15, No. 1, 2007, p. 117.

（100） *Савельев.* Указ. соч., С. 203. リア・ノーヴォスチ通信（https://ria.ru/spravka/20060627/50500722.html）。

(101) *Савельев*. Указ. соч., С. 204.
(102) Огонёк, № 41, 10–16 октября 2007 г., С. 19.
(103) エリツィン政権期に第一副首相などを務めたエゴール・ガイダル（Е.Т. Гайдар, 1956–2009）の娘。一九八二年一〇月二一日生まれ。
(104) Fredo Arias-King, "Russians Must Shed Fear," *Demokratizatsiya: The Journal of Post-Soviet Democratization*, Vol. 15, No. 1, 2007, p. 130.
(105) *Савельев*. Указ. соч., С. 236.
(106) Коммерсантъ, 14 января 2005 г.
(107) *Савельев*. Указ. соч., С. 234.
(108) Коммерсантъ, 14 января 2005 г.
(109) Коммерсантъ, 18 января 2005 г.
(110) Коммерсантъ, 7 февраля 2005 г.
(111) Комсомольская правда, 28 сентября 1991 г.
(112) *Савельев*. Указ. соч., С. 156.
(113) *Бомсдорф, Бордюгов*. Указ. соч., С. 105.
(114) Там же.
(115) *Савельев*. Указ. соч., С. 156–157.
(116) Там же, С. 156.
(117) Коммерсантъ, 31 октября 2005 г.
(118) Коммерсантъ, 12 октября 2005 г.
(119) *Савельев*. Указ. соч., С. 159.
(120) *Савельев*. Указ. соч., С. 135–136.
(121) Там же, С. 143.
(122) Там же, С. 147.
(123) Там же, С. 149–150.
(124) Коммерсантъ, 24 февраля 2005 г.

(125) Коммерсантъ, 15 марта 2005 г.
(126) Коммерсантъ, 4 апреля 2005 г.
(127) Коммерсантъ, 14 июня 2005 г.
(128) Коммерсантъ, 17 апреля 2006 г.
(129) Информационно-политический бюллетень РОДП «ЯБЛОКО», № 3（58）, май 2007, С. 4.
(130) Коммерсантъ, 24 января 2005 г.
(131) Коммерсантъ, 27 января 2005 г.
(132) Коммерсантъ, 3 мая 2005 г.
(133) Коммерсантъ, 19 сентября 2005 г.
(134) Коммерсантъ, 8 ноября 2005 г.
(135) Коммерсантъ, 27 сентября 2005 г.
(136) *Гудков Л.Д., Дубин Б.В., Зоркая Н.А.* Молодежь России, М.: Московская школа политических исследований, 2011, С. 55.
(137) *Данилин П.* Новая молодежная политика 2003–2005, М.: издательство «Европа», 2006, С. 138–140.　インターネットと青年運動に関しては次を参照。*Давыдова-Мартынова Е.И.* Проблемы влияния ресурсов сети интернет на политическую активность молодежи в современной россии: Автореферат диссертации на соискание ученой степени кандидата политических наук, М.: 2011.
(138) 彼女のページは以下を参照。http://m-gaidar.livejournal.com/
(139) 二〇一一年の選挙キャンペーンの際もインターネットで情報収集したと回答した者が多かった（*Волков Д.А.* Протестные митинги в России конца 2011 – начала 2012 гг.: запрос на демократизацию политических институтов // Вестник общественного мнения: Данные. Анализ. Дискуссии, 2012, № 2, С. 75）。
(140) *Савельев.* Указ. соч., С. 158, 215, 220, 235, 237.　なお、青年組織の公式サイトの多くは、現在は閉鎖されている。
(141) Собрание законодательства Российской Федерации, 2005, № 29, Ст. 3064.　なお、二〇〇六年にプログラムの一部が改定されたが、対象者はそのままであった（Собрание законодательства Российской Федерации, 2006, № 47, Ст. 4907）。
(142) Коммерсантъ власть, № 28, 18 июля 2005 г., С. 20.
(143) Собрание законодательства Российской Федерации, 2005, № 29, Ст. 3064, С. 7739.
(144) *Суркова И.Ю.* Стратегии развития патриотизма в молодежной политике российского государства // Молодежь современной

россии: альтернативы выбора духовных и нравственных убеждений / Отв. ред. В.А.Зернова, Г.В.Хлебникова, М.: ИНИОН РАН, 2012. С. 265.

(145) Собрание законодательства Российской Федерации, 2006, № 52, Ст. 5622.

(146) ソ連崩壊後の青年政策については、次を参照。*Тарцан В.Н.* Государственная молодежная политика в современной россии // Политические исследования, 2010, № 3, С. 156–160.

第六章　官製青年組織の設立

2013年5月9日の戦勝記念日，サンクトペテルブルグのネフスキー大通りは大祖国戦争での勝利を祝うために大勢の人で溢れていた。2013年5月9日筆者撮影。

第一節　青年組織「共に歩む」の設立

プーチンが第二代ロシア連邦大統領に就任した二〇〇〇年、ヴァシリー・ヤケメンコ（В.Г. Якеменко）を代表とする青年組織「共に歩む（Идущие вместе）」が設立された。ヤケメンコは一九七一年モスクワ州生まれ、一九九四年に国立経営大学夜間部を卒業し、二〇〇〇年に大統領府で二カ月勤務した経験がある。「共に歩む」を率いつつ、二〇〇二年には国立モスクワ社会大学を卒業した(1)。一部の報道によれば、「共に歩む」は大統領府のウラジスラフ・スルコフのてこ入れで設立されたという(2)。しかしメンバーは、プーチンを支援するために自発的に作った団体だと反駁している(3)。この団体は「道徳法典」なる理念を掲げる。メンバーは両親や年長者に敬意を払わねばならず、酒の飲み過ぎや殺人、動物虐待、薬物使用などは禁じられる。法典は民族主義的・狂信的排外主義イデオロギーも禁止し、多民族国家ロシアとして他の民族との相互理解を説く(4)。

「共に歩む」の支部はサンクトペテルブルグ、クラスノダール、リャザンなどロシア各地にあり、一万人もの構成員を抱えた。「共に歩む」を分析したロシア人ジャーナリストのサヴェリエフによれば、その約八〇％が学生だとされる(5)。また、大企業から資金援助を受けており、その企業名を公開している(6)。政府系企業ガスプロムから援助を受けている以上、政府の息がかかっているに違いないと報じたメディアもあった(7)。ヤケメンコは週刊誌『アガニョーク』のインタヴューで「会員は一四歳から二八歳までの若者だ。……モスクワには準会員も含め一万二〇〇〇人、ロシア全土では四万人になる。正規の活動家はモスクワでは約二五〇〇人である」と団体の規模に触れた。[8] また、「非常に多くのスポンサーがいる。……単純に私たちが大統領を支持しているから政権に接近できると考えるのだろう。私たちを通せば……なぜか地位を得られると思っているらしい」と資金援助の事実を否定しなかった。[9]

前述したように、「共に歩む」は設立以来、プーチンの支援を活動の柱としてきた。例えば、二〇〇〇年に初めて開いた集会にはモスクワ国立大学などの学生約三〇〇〇人が参加し、大統領支持をアピールした。[10] 参加者は「われわれはプーチンを支持する」とシュプレヒコールを上げ、士気を高めた。[11] 二〇〇一年五月にプーチンの大統領就任を祝う集会をモスクワで開き、プーチンの顔写真入りTシャツを着て喜ぶ会員の姿が報道されるなど、[12]「共に歩む」はメディアの注目を集めるようになった。週刊誌『コメルサント・ヴラスチ』は「プーチンは新たなコムソモールを手に入れた」と報じたほどだ。[13]

もっとも、「共に歩む」は大統領府から資金援助を受けており、集会の参加者に謝礼が支払われているので政府と密接な関係にあると揶揄する人もいた。これに対してヤケメンコは、集会に参加した若者は愛国心からそうしているのであって他に意図はないとし、謝礼については事実無根だと一蹴した。[14] 動員の可能性を示唆する報道が続くなか、週刊誌『アガニューク』に「組織の活動はクレムリンの誘導ではない、というのは本当か」と問われると、ヤケメンコはもちろんだと明言し、大統領を支持する真っ当な活動であると強調した。[15] しかし『コメルサント』紙は、正会員でしかも幹部ならば、無料でポケットベルが支給され、無料でクリミアへ休暇で行けると報じており、[16] 自己利益のために活動している会員もいるとほのめかした。

二〇〇二年五月、「共に歩む」はモスクワの中心地「赤の広場」に隣接するヴァシエリエフ坂で、プーチン大統領の就任二年目を祝う集会を開き、組織の会員や青年活動家らなど二万人が集った。この集会にはヤケメンコや退役軍人も参加し、全員で国歌を斉唱し愛国心を鼓舞した。ある退役軍人は、「私たちは一丸とならねばならない、共産主義者や民主主義者と自分を区別してはならない」と語り[17]、全国民でプーチン政権を支える必要性を強調した。

「共に歩む」は、下院選挙が実施された二〇〇三年には与党「統一ロシア」[18]を支持する大規模な選挙キャンペーンを繰り広げ、二〇〇四年の大統領選挙ではプーチンの再選を求める運動を展開するなど、国政に関して少なからぬ存在感を示した。大統領選挙でプーチンが勝利すると、ロシア全土から約一万人の会員がモスクワに集まり、再選を祝った。『コメルサント』によれば、参加者は「私はプーチンに投票した」などと声を上げながらモスクワのトヴェリ通りを行進したといい[19]、プーチンの支持団体であることを改めて見せつけた。

「共に歩む」は政治的な活動だけでなく、「道徳法典」に基づいて現代文学の作品に異議を申し立てたりもしている。例えば二〇〇二年にはヴィクトル・ペレーヴィン（В.О. Пелевин）やウラジーミル・ソローキン（В.Г. Сорокин）といった著名な作家の著作は若者を堕落させ「不純」だが、大祖国戦争を讃えるボリス・ヴァシリエフ（Б.Л. Васильев）の著書こそ読む価値があるといい、「不純な本」とヴァシリエフの本を交換する集会を催した。代表ヤケメンコによれば、「一二〜一八歳の少年少女は、ペレーヴィンなどまったく役に立たない作品が好きだ。こういった作家が素晴らしいからではなく、ヴァシリエフに出会ったことがないせい」であった[20]。彼はペレーヴィンの作品を数冊読んだが、不快だったといい、「〔ペレーヴィンの作品は〕麻薬を使用しているような無思慮な人々の無意味で、空虚な内容だ」と手厳しく論評した[21]。「共に歩む」は「不純な」本の交換会を二月以降も開いた。しかし、標的の一人ソローキンは、「外野の言うことにいちいち動揺していたら、本なんか書けない」と語り、こうした圧力には屈しない姿勢を示した[22]。

「共に歩む」はこの他にも、二〇〇二年にレーニンの著作「一局外者の助言[23]」の発表八五周年を祝うなど[24]、組織の理念となんの関係があるのかよくわからない活動もしている。プーチン大統領を熱烈に支持する姿勢では一貫しているものの、確固とした方針があるのか疑わしい面もある[25]。そのため会員の獲得に苦労し、プーチン政権を支え得る組織と信頼されなかったのかもしれない。プーチン政権はそこで「共に歩む」に代わる組織をトップダウンで作ることにした。「カラー革命」に対抗できるような強力な青年組織を新たに設立し、若者の支持を拡大しようと考えたのである[26]。

第二節　青年政策の転換

ナーシの設立

二〇〇五年二月二一日、『コメルサント』紙は、クレムリンが「共に歩む」の代表者や会員を入れ替えずに新しい組織を立ち上げようと画策しており、役人のあいだでその団体は「ナーシ（Наши）」と呼ばれていると報じた[27]。記事の根拠となったのは、二月中旬に行われた、サンクトペテルブルグの青年活動家たちと大統領府副長官ウラジスラフ・スルコフの会合であった。スルコフは、青年層の役割について二時間以上にわたり持論を開陳し、新たな政治勢力を若者の手でつくってほしいと呼びかけた[28]。「共に歩む」の代表ヴァシリー・ヤケメンコも、もちろんこの会合に参加していた。『コメルサント』紙によると、彼はナーシの支部をロシア全土に設立し、二〇～二五万人の若者を動員すると豪語したという。[29]この面会から数日後には、スルコフがナーシの理論的支柱を務めることが発表され、[30]大統領の職務をサポートする大統領府[31]が全面的に支援する体制が明らかになった。大統領府は大統領直属の機関で国内情勢や対外関係を分析する業務を担っており、[32]グルジアやウクライナの政変にも強く関心を抱いていたことはくり返し述べてきたとおりである。両政変で青年層が大きな役割を果たしたことから、その管理に乗り出したのかもしれない。

ナーシは設立後まもなく、モスクワ支部の会議を開いた。会議出席者（その多くが一五～一八歳の若者）は、組織の設立者兼代表がヤケメンコ、イデオローグがスルコフだと明言した。また、「オレンジ革命とアメリカの侵略（американское вторжение）を防ぐことが自分たちの役割だ」と語る参加者もいて、[33]旧ソ連諸国の政治変動を相当意識していたことが窺える。グルジアやウクライナと同じ轍を踏まないよう、プーチン路線の堅持を志向していたのはまちがいない。なお、反プーチンを標榜する組織「青年ヤブロコ」の代表イリヤ・ヤーシンもこの場にいて、「会議に参加した若者は優等生ではなく、サッカーのフーリガンのようであった」と感想を述べている。[34]ヤーシンの評価はともかく、ナーシは「反カラー革命」を明確に志向していることは明らかだった。

ヤケメンコは三月一日、ナーシの設立を正式に発表した。国内のメディア関係者に対し、左翼過激団体を率いるエドゥアルド・リモーノフ（Э.В. Лимонов）や新興財閥のボリス・ベレゾフスキー、野党の代表的人物イリーナ・ハカマダといった反プーチン陣営による抗議活動もその理由の一つであり、「〔ソ連崩壊後に莫大な富を築いた新興財閥である」オリガルヒ、極右、リベラル派らの不自然な同盟に終止符を打たなければならない」と述べた。[35]

一カ月後の四月一五日、モスクワで「青年民主反ファシズム運動「ナーシ」（молодёжное антифашистское демократическое движение 'Наши'）」の設立大会が開催され、ロシア全土（三〇の地域）から六八七人ものメンバーが集まった。[36] 参加者の多数の信任を得て、「共に歩む」の指導者であったヴァシリー・ヤケメンコがナーシの代表に就任した。幹部には、ナタリヤ・レベジェヴァ、アレクサンドル・ゴロジェツキー、ミハイル・クリコフ、セルゲイ・クズメンコの四人が選出された。[37]

ヤケメンコは、反プーチンを標榜する組織をまとめて批判し、「青年組織「ナーシ」は現況下でプーチンを支えていく。これは、プーチン個人という意味ではなく、彼の政治方針を支持するということだ」と述べた。続けて「ロシア的価値観および主権の保持」「国家の現代化」など、政権が進めるプロジェクトの重要性を訴えた。[38]

大会で採択されたマニフェストには、プーチン政権を支えていくというヤケメンコの基本理念が明記されている。第一に、ロシアの世界史的役割を強調した。ロシア革命や大祖国戦争に勝利して新しい世界秩序を創り上げ、ロシアは二〇世紀に重要な役割を果たしてきた。ゆえにロシアの歴史は恥ずべきものではなく、むしろ愛国心を抱くにふさわしい。マニフェストは、ソヴィエト期のように祖国に尽くす若者の育成を謳う。

第二に、ロシアをユーラシア大陸の中心的戦略空間と位置づけた。また、「今日、ユーラシア大陸や全世界の支配を望んでいるのはアメリカである」と、特に一極支配を強めるアメリカを名指しで批判した。

第三に、「強い国家」を掲げた。脆弱な国家はオリガルヒが牛耳る資本主義制度を支えるばかりか、国家主権や国民の安全を脅かすため、強い国家の創設が不可欠だと主張する。連邦中央の弱体化を招いたエリツィン期の政治的混乱の反省を踏まえており、そのような事態は二度と繰り返さないというプーチン政権の強い意気込みが感じられる。

第四に、多民族国家ロシアでは文明の衝突が国家解体の危険につながるため、民族間の相互理解が必須である。

第五に、ロシアの統一性（一体性）の堅持を謳った。これは明らかに、ナーシがスルコフの提唱する「主権民主主義」(39)を信じていることを示す。スルコフが音頭を取ってナーシができたのだから、彼の思考が反映されるのは当然だろう。なおこの場合の「主権民主主義」では、「主権」に力点が置かれる。つまり、民主主義の名を借りた欧米諸国、とりわけアメリカの内政干渉を排除する意味が込められているのである(40)。

第六に、国家の近代化を重視した。これは、プーチンがなんども力説してきた案件である。「敗北主義者」の排除と近代化を進めるとした。

第七に、反プーチン勢力を批判した。リベラル派・左派・ファシストはこぞってプーチン政権の打倒を唱えている。リベラル派は「個人の自由」を過信し、左派やファシストは「国家の自立性」のみ尊重する傾向があるとして、野党との違いを明確にした(41)。

以上見てきたように、ナーシは「カラー革命」の影響を食い止め、愛国主義や強い国家を確立しようとするなど、大統領就任以来プーチンが強調してきたことを理念に掲げており、プーチン親衛隊といっても過言ではない組織だった。また、主権の堅持を謳っており、スルコフの「主権民主主義」論を理論的支柱にしていた[42]。これはプーチンの政治方針でもあり[43]、ナーシはプーチン政権支持を隠そうともしなかった。

大会後に記者会見が開かれ、記者らの質問に代表のヤケメンコをはじめ参加者たちが答えた。大会に招待されたトヴェリ州知事のドミートリー・ゼレニン（Д.В. Зеленин）は「〔グルジアやウクライナの〕旧ソ連諸国と同様の事態に陥らないために、〔バラやオレンジといった〕変な色に染まるのを防がねばならない」と語った[44]。このように政治エリートの肝いりで設立されたナーシは、プーチン政権を積極的に支持し、「カラー革命」の波及をくい止めるための組織であることは明らかだった。政治エリートが旧ソ連諸国の政変にある種の危機感を抱いていたためと言えよう[45]。ある研究者は「クレムリンの統制が青年運動のレヴェルにまで及んでいる」と述べ、中央政府の息がかかったナーシをみて、ロシアの民主主義に疑問を呈している[46]。国内外のメディアは「プーチン紅衛兵」[47]「コムソモール」[48]「ヒトラー・ユーゲント」などと表象し[49]、一躍注目を浴びる存在となった。一方、ナーシの前身である「共に歩む」は、パーヴェル・タラカノフ（П.В. Тараканов）を新代表に据えて活動すると発表した[50]。こうして親プーチン派は着々と勢力を拡大していった。

以後、ナーシは頻繁にメディアで取り上げられるようになった。『コムソモーリスカヤ・プラウダ』は「われわれは大統領を支持する」という見出しで代表ヤケメンコのインタヴューを掲載した。記者からナーシの運営方針を問われると、ヤケメンコはこう答えている。

私たちのマニフェストは〔プーチン〕大統領の方針を支持すると明記している。オリガルヒ体制の変更を指示した首脳はプーチン大統領が初めてである。しかし、国家を発展させるのは、一人が努力するだけでは困難だ。……〔内外で問題が山積するなか〕青年組織「ナーシ」は大統領を支持する。これは大統領個人を支えるという意味ではなく、国家主権の堅持、政治経済の発展、安定的非暴力的な発展の保障、国際的なリーダーになるという政治方針を支えるのである。何百万もの若者を国家の近代化のために取り込むことが私たちの課題である。そこから私たちの未来は見えてくる。(51)

次に戦う相手は誰かという質問には、政治改革に否定的な官僚主義者や敗北主義者を挙げた。マニフェストにも見られる「敗北主義者」に記者は関心を持ち、具体的な説明を求めた。ヤケメンコは次のように説明しながら、若者に着目する理由を語っている。

敗北主義者（пораженцы）とは、さまざまな理由で自分だけでなくロシアの未来を信じない人のことだ。我が国にはそのような人々が多く、彼らは落伍者という気持ちをもっている。客観的に見て我が国はこのような現状にある。敗北主義者は、国を良い方向に変えられるはずがないと頭から決めつける。彼らは「支援」を求めて過去にすがったり、欧米びいきになったりする。何事にも誰にも負い目を持たない若者世代だけが、我が国の未来を信じ、見すえることができるのだ。新しい世代を奮起させ、彼らに可能性を与えることが私たちの仕事だ。これはロシアが世界のリーダーになるための第一歩である。(52)

青年層の教化

前章で紹介した「国家青年政策の戦略」でも若者の教化は重視されていて、ナーシにとってもそれは最重要事項であった。ナーシ幹部が力を入れたのが、サマー・キャンプである。短期間に集中してイデオロギーを叩き込むことができ、大勢を一度に教育するにはもってこいだったからである[53]。ナーシの加入希望者は、少なくともプーチン政権の政策に好意的だったと思われるが、国内外の反プーチン勢力の脅威については教えておく必要があった。

二〇〇五年七月一一日から二五日にかけて、トヴェリ州のセリゲル湖でナーシ初のサマー・キャンプが実施された。ナーシの幹部クラスから末端の活動家まで約三〇〇〇人が参加し、身体トレーニングから政権派の政治学者による講義まで充実した日程をこなした。講師には例えば、セルゲイ・マルコフ、ヴィチェスラフ・ニコーノフ、アンドレイ・パルシェフ、グレブ・パヴロフスキー、セルゲイ・カラ＝ムルザなどがいた[54]。

その一人であるセルゲイ・カラ＝ムルザは『革命の輸出』という本の著者としても知られ、彼は「カラー革命」が外からの影響によって起きたと指摘していた。「選挙はアメリカの特殊作戦だった」という節をわざわざ設けて、ウクライナの政権交代にはアメリカが一枚嚙んでいたと述べている[55]。キャンプの講義でも「反カラー革命」を前面に押し出し、「カラー革命の脅威を防ぎ、西側の思い通りの国家にしないことがナーシに課された使命である」と語ったほどである[56]。イギリスの『ザ・タイムズ』紙は、講義でパヴロフスキーが「オレンジ革命は外国の陰謀だった」「内外の敵はロシアでも同様の革命を起こそうとけしかけている[57]」と外敵の存在を強調したと報じた。このように、政治エリートはサマー・キャンプを通して青年層の意識を改革し、政権の支持者に育て上げることに勤しんだのである。

反プーチン派の急先鋒とされる「青年ヤブロコ」の代表イリヤ・ヤーシンは、このキャンプに関する詳細なレポートを『ノーヴァヤ・ガゼータ』紙に寄せた。それによれば、キャンプに参加した「若者たちは国を愛し、「オレンジの伝染病」に抵抗すること」を学び、講師の一人パヴロフスキーに「反憲法的変革の試みに物理的に抗する準備を進める必要がある」と助言されたという。[58]ヤーシンは別の媒体でも、このキャンプは「突撃部隊のラーゲリ」であると痛烈に批判している。[59]それに対しヤケメンコは、キャンプの参加者は「非常に謙虚な男女であり、突撃部隊員とは似ても似つかない」と反論した。キャンプに招待されたテレビ番組司会者のミハイル・レオンチェフ（M.B. Леонтьев）も「ロシアには多くの敵がおり、その敵に抗するこの若者たちを応援したい」と述べ、ナーシへの期待感を露わにした。[60]

ナーシが大統領を支持していることはもちろんプーチンも承知しており、期待もかけていた。サマー・キャンプが始まる一カ月も前にナーシの幹部と面会し、国内外情勢について意見交換するなど興味を示した。[61]キャンプ終了後にも会談して、ロシア社会に影響を与える活動をあてにしていると語った。[62]

もっとも政治エリートは、プーチン路線の維持や「反カラー革命」を唱えるナーシの活動だけでは十分ではないと考え、より多くの若者を引き付けるため、愛国心に着目した。二〇〇一年一一月に「世論財団」が二一〇〇人のロシア国民を対象に実施した世論調査によれば、七一％もの若者（一八～三五歳）が愛国主義・愛国心を肯定的に評価していたし、[63]別の調査でも愛国心は現在も重要だと答える若者が多かった。[64]若者の大半が愛国者を自任しており、[65]政治エリートがその感情に訴える戦略は間違っていないことが証明された。

愛国心を喚起するため、歴史は大いに利用された。特に大祖国戦争の勝利はそのシンボルだった。ロシア国民のアイデンティティを形成する上で、ナチスに対する勝利は重要な位置をしめていた。若者の間でも大祖国戦争についての関心は高かった。[66] 政治エリートにしてみれば利用価値のあるシンボルだったといえよう。[67]

そこでナーシは大祖国戦争六〇周年を記念する、「われわれの勝利」なる大規模なパレードをモスクワのレーニン大通りで実施し、若者六万人を動員して力を誇示した。ナーシは市民になじみ深い戦争記念行事でも大きな存在感を示すのに成功したのだった。このパレードに参加したナーシの会員は退役軍人らと面会し、祖国を守り抜いた功績を讃え、自分たちも愛国者としてその意を継ぐと誓った。[68] 愛国者プーチンのイメージアップを図るのも当然忘れない。ナーシは、エリツィン時代に政治を牛耳ったとオリガルヒを悪者に仕立て上げ、その魔の手からロシアを救った愛国者プーチンの政権の支持を拡大しようと目論んだ。つまり、プーチン派は愛国者、反プーチン派は非愛国者とわかりやすい対立構造を描き、世論を誘導したのである。

国内外のメディアや識者などは、派手に活動するナーシの資金源に注目したが、ヤケメンコは次のように説明している。

クレムリンが「ナーシ」の後ろ盾になっていること、大統領が幹部と面会したことは周知の事実である。そのおかげで、実業家と資金援助の話をすることもできるのだ。援助の拒絶は愛国心がないと言っているも同然であるから、私たちを支持する人は多い。そもそも当局の協力がなければ交通

規制を敷くのは不可能で，私たちはレーニン大通りで活動できなかっただろう。(69)

このように幹部自ら，政権中枢はもちろん，多方面からの支援があると明言した。(70) ナーシに反対する

サンクトペテルブルグの地下鉄「勝利公園駅」の近くの広場にあるゲオルギー・ジューコフ元帥の像。ジューコフは1896年ロシア帝国のカルーガ県に生まれ，大祖国戦争ではソ連を勝利に導いた立役者であり，スターリン死後にソ連国防大臣を務めた。1974年に死亡。2013年5月8日筆者撮影。

人は非愛国者であるという雰囲気は社会に浸透していった。その風潮を表すように、政権与党「統一ロシア」のオレグ・モロゾフ（О.В. Морозов）議員は「ナーシの方針を全面的に支持する」と述べ、同じく「統一ロシア」に所属するアンドレイ・イサーエフ（А.К. Исаев）議員も「ナーシの活動は興味深く、魅力的に思える」と応援する姿勢をみせた。[71]

ナーシの活動

潤沢な資金を有するナーシは、ロシア全土で活動を展開した。九月にロシア第二の都市サンクトペテルブルグでコンゴ人留学生が殺害される事件[72]が起きるとファシスト的行為と断罪し、国内で台頭する排外主義勢力と戦おうと声明を発表した。[73]

そしてロシア各地で排外主義非難キャンペーンを開始する。ヴォロネジ支部は、一〇月初旬に地元でペルー人女子学生が殺害されると、排外主義を批判するデモを行った。[74]一二月にはサンクトペテルブルグ支部が同じようなデモを行い、参加者は「ファシズムは広まらない」と連呼しながら民族の共生を訴えた。『コメルサント』は、「「ナーシ」、人種主義との闘いを支援」と見出しをつけてこれを報じた。[75]二〇〇五年末には、代表ヤケメンコが反人種主義闘争を全国で展開すると発表した。[76]しかし排外主義に基づく事件は後を絶たず、二〇〇六年にはサンクトペテルブルグで再度アフリカ人学生が殺害され、サンクトペテルブルグ支部は反人種主義デモを実施して民族共生を訴えた。[77]二〇〇五年時点で国内に六万人のネオナチがいるといわれ、プーチンも頻発する外国人襲撃事件を解決したいと表明したほどだった。[78]このようにナーシは、民族共生を推進しながら愛国の名のもとに国内の統一を図ろうとしたのである。[79]

ナーシは、マニフェストに掲げたように、反プーチン派を設立以来批判してきた。[80] 二〇〇五年一〇月には、反プーチンを標榜する政党「ヤブロコ」のサンクトペテルブルグ支部長マクシム・レズニク（М.Л. Резник）がロシアでも有数の左翼過激団体「ナショナル・ボリシェヴィキ党（Национал-большевистская партия）」との協力関係を模索しているという情報を得て厳しく問い質すとともに、「ヤブロコ」支部前でデモを実施した。[81] ナーシの設立宣言でも言及したように、リベラルと過激団体の「不自然な同盟」を牽制したのだった。

もちろん愛国心を育むための活動も忘れない。二〇〇六年二月には、サンクトペテルブルグでレニングラード包囲戦の英雄を哀悼するイベントを開催した。[82] 戦勝記念日が近づくと関連する活動を実施し、五月には前年より規模は小さいものの、大祖国戦争での勝利を祝う集会を開催した。[83]

このようにナーシは、愛国心を育成する活動を中心にしながら、排外主義勢力を批判し、プーチンの正当性を訴え、下院選挙では与党支持を呼びかけた。前身の「共に歩む」とは異なり、明確な理念の下に活動を展開した。政権の方針がすなわちこの組織の理念であった。

政府系メディアはナーシの取り組みを大々的に取り上げ、国内外に伝えた。ナーシ自身も積極的に発信し、支持者を募った。

メディアの活用

近年、ソーシャル・メディアと政治の関係が注目されている。[84] グルジアやウクライナの「カラー革命」や中東諸国の「アラブの春」などでは、ブログやフェイスブックを通じて多くの若者が動員されたといわれ[85]、ソーシャル・メディアは市民がつながる重要な道具と認識されるようになった。前章でも検討してきたように、グルジアやウクライナで反体制運動を担った青年グループもこれらのツールを活用して情報を瞬時に拡散し、共有化を図った。これに倣うかのようにナーシも公式サイトを作成し、目的や理念、日々の活動などについて発信を続けている。あるナーシの活動家は「インターネットは非常に便利な道具」であり、インターネットが無いと、青年組織は効率的に機能しないと指摘した[86]。

ナーシは広報でもインターネットを活用する。「ライヴ・ジャーナル」というブログでは、プーチンの政治路線や組織の情報を伝えた[87]。ライヴ・ジャーナルは西側ではそれほど知名度は高くないが、ロシアでは非常に人気があった[88]。公式サイトにはメンバーの写真を掲載したり、活動の様子を動画で公開した[89]。交流サイト「フコンタクチェ（Вконтакте）」でも情報伝達を図った[90]。このようにナーシは、組織の理念とは相容れない「クマラ」や「パラー」、野党の手法も取り入れてソーシャル・メディアを活用し、若者の教化に努めたのである[91]。

ナーシの会員になりたい人は名前、メールアドレス、電話番号などを公式サイト上で入力するだけでよかった[92]。ジャーナリストのエドワード・ルーカスは、ナーシは少なくとも一二万人もの会員を擁していたと指摘する[93]。もっとも諸説あって[94]、正確な人数は明らかになってはいない。

ナーシ第一回大会の開催

ナーシは設立から一年経った二〇〇六年四月一五日、第一回大会をモスクワで開催し、ロシア全土から七〇〇人以上の会員が集まった。まず全会員によって新連邦委員の選挙が行われ、ヴァシリー・ヤケメンコ、ナタリヤ・レベジェヴァ、アレクセイ・フィロノフ、ニキータ・ボロヴィコフ、アレクサンドル・アイジノフの五人が選出された(95)。

代表に留任したヤケメンコは壇上から「若者は敗北主義者の旗印の下で立ち上がったわけではない。彼らは私たちと共にあるのだ」と語り、若者が反プーチン陣営から遠ざかりつつあると主張した(96)。そして、若者の育成が今後の課題だとした。また、ナーシの幹部は与党「統一ロシア」で研修を受けるだろうと明かした。設立当初からプーチン支持を公言してきたナーシであるから、その支持母体である「統一ロシア」で研修し与党の役割を学ぶことは当然とされたのであろう。ついで、他民族と理解を深めようと訴えた。ロシアが多民族国家であることは周知の事実であり、民族間の対立は国を不安定にしかねず、排外主義勢力との闘いを改めて強調した発言であった(97)。最後にヤケメンコは、ロシア軍に対する若者のイメージ改善を図れと命じた(98)。このように第一回大会では、プーチン政権支持を確認するとともに軍のイメージアップが課題とされたのである。

大会終了後、ナーシの幹部はロシア南部ソチで前年同様にプーチンと面会し、組織の活動や政治経済など多岐にわたるテーマを話し合い、政権を支えていくことをアピールした(99)。七月のサマー・キャンプでは大会で提示された課題について講義を受けた(100)。とはいえ、ナーシが実際に選挙マシーンとして活躍しだすのは、下院選挙が迫った二〇〇七年からであった。

第三節　下院選挙に向けた政治運動

ネガティヴ・キャンペーン

二〇〇七年末の下院選挙を控え、野党陣営は前年から反プーチン運動を活発化させた。それに呼応するように、ナーシもネガティヴ・キャンペーンをこれまで以上に打ちだしていく。手始めとして、野党陣営と密に連絡をとっていた当時の駐露イギリス大使に抗議し、プーチン路線の正当性を有権者にアピールした。

二〇〇六年一〇月、駐露イギリス大使アンソニー・ブレントン（Anthony Brenton）が野党陣営の主催する会議に出席したのを受け、ナーシは抗議デモをイギリス大使館前で実施した。デモ参加者によれば、大使は野党支持を公言してはばからず、金銭的支援まで申し出てロシア国民を侮辱した、よって大使に謝罪を求めるという主張であった[101]。抗議活動が勢いを増すなか、ヤケメンコは「私たちは公正な選挙を望んでいる。数年前のウクライナと同じような事態にはさせない」と述べ、ロシアでの「カラー革命」を阻止する意気込みを見せた[102]。度重なるナーシのデモを受け、駐露イギリス大使館はロシア外務省に正式に抗議するに至った[103]。欧米メディアは頻繁にナーシの動きを取り上げ、イギリスの『ザ・タイムズ』紙は「嫌がらせ行為に他ならない」と強く非難した[104]。それに対しナーシは、反政府勢力を支援した大使に非があると反論して自らの活動を正当化し、さらに外国の内政干渉を促す野党を批判した[105]。

しかし、ナーシが過激化したため、ロシア当局も対応を迫られた。『コメルサント』紙によれば、二〇〇七年一月、セルゲイ・ラヴロフ（С.И. Лавров）外相はヤケメンコと会談し、法の遵守を求めたという。[106]ナーシの活動は愛国心の範囲を逸脱しており、ロシアの国際的な評価を落としたとみなす日本人記者もいた。[107]もっともナーシは、その種の批判を気にかけることなく、一二月の下院選挙に向けた運動を展開していく。

歴史認識をめぐる対立

また、ナーシは野党陣営を非難するだけでなく、プーチン政権の正当性を喧伝した。野党陣営側についた諸外国の歴史認識を批判し、政権与党の支持率向上に結びつけようと画策した。

ことの発端は、エストニア政府が首都タリンの中心部にあるソヴィエト兵の銅像の移転を決定したことだった。ロシアではナチス・ドイツからの解放を記念した重要な銅像と理解されていたが、エストニアではソ連占領の象徴として批判されていたためである。四月二八日未明、銅像は郊外の戦死者墓地に移転された。[108]

銅像が移転されると、ナーシは抗議デモを開始した。大祖国戦争の勝利を愛国心の要に据えていたのだから、エストニアの措置に反発するのは当然といえる。ある会員が語るように、ナーシの主張を否定したも同然だったのだ。[109]二〇〇七年のメーデーには、ナーシのほか「若き親衛隊（Молодая гвардия）」など親政権派の青年組織に所属する一五〇〇人がモスクワのエストニア大使館前でデモを実施した。[110]インターネットでも自らの正当性を熱心に訴えた。ナーシは、「私たちはここにやって来て、すでに三日間もデモを行っている。私たちはファシズムの再来を許すことは無い。それを認めてしまうと、二七〇〇万人ものソヴィエト兵の死が無意味だったことになる」とし、徹底抗議する構えを見せた[111]。

エストニア大使館は事態の鎮静化を図るため、駐露大使の会見を五月二日に新聞社で開いた。すると一五〇人ほどの活動家が会見場に現れ、「ファシズムを広めない」と叫びながら大使を威嚇した。ロシア当局は静観するにとどめたが、翌日からナーシは大使館前の抗議活動を中止した[112]。大使がロシアから一時出国したからだといい、ヤケメンコらはそれを確認するため空港まで同行したと語っている。ナーシは満足いく結果になったと自賛するが、実際はアメリカやドイツがロシア政府にナーシを抑えるよう求めたからだと言われる[113]。モスクワ本部ではひとまず騒ぎは終息したが、地方支部はそうではなかった。サンクトペテルブルグ支部はエストニア総領事館前で「ロシア国民を侮辱した」「ファシズム国家エストニアの恥だ」と叫んだ[114]。

各地でデモが続いたため、当局は重い腰を上げた。プーチンは五月九日の戦勝記念日で演説した際、「戦争の英雄記念碑を冒瀆する者は国民も侮辱したことになり、国家間や人々の間に新たな不和や不信感を広める」と述べ、エストニアの銅像の移転を暗に取り消すよう求めた[115]。こうして銅像の移転を機に、ロシアと諸外国の歴史認識の違いが明らかになったのだが、ナーシはこれも利用して政権の政策を正当化し、与党の支持に結びつけようとしたのである。

二〇〇七年のサマー・キャンプ

第三回めのサマー・キャンプは七月一六日から二七日までトヴェリ州セリゲル湖で実施され、ロシア全土（五〇の地域）から一万人が集まったという。年末に下院選挙や大統領選挙が控えているため、講義の内容もそれに対応したものとなった。ヤケメンコは「一二月に私たちを待ち受けているのは選挙ではなく、プーチン路線を選ぶのか、それともカオスの時代に逆戻りするのか、国家の命運をかけた重要事項であるということを明確にしておきたい」と述べた。[116] 政治学者パヴロフスキーも「古い時代は終わりを迎えており、今回の選挙は新たな時代の始まりとして非常に重要だ。プーチンは大統領としてできることをすべて行った。次の大統領は、その路線を継承しなければならない」と語った。[117] このように、キャンプでは「ウラジーミル・プーチンの後継者のエネルギー政策」「ウラジーミル・プーチンの革命は継続される」といったプーチン後を見据えた講義が組まれた。[118] 第一回に引き続きキャンプに参加したセルゲイ・マルコフは、「ナーシの敵はロシアの独立を脅かす連中だ」と断言し、与党支持を訴えた。[119] グルジアやウクライナでは選挙の不正疑惑を契機に親欧米派が権力を掌握したが、ロシアではそれを防がなければならないというのである。

また今回のキャンプには、メドヴェージェフ、イヴァノフ両第一副首相が視察に訪れ、メンバーらと会談した。[120] ヤケメンコはナーシの可能性が評価されたからだとし、今後も政権に重視されるだろうとした。[121] だが反プーチン派のイリヤ・ヤーシンは冷めた見方をしていた。彼は、ナーシは「オレンジ革命」をロシアで実現させないために動員されているのであり、[122] 単なる「消耗される兵隊」、つまり政権の道具に過ぎないと語った。[123]

プーチンの本心はともかく、彼はキャンプ終盤にナーシをはじめ青年組織のメンバーを大統領公邸に招待し、下院選挙と二〇〇八年三月に実施される大統領選挙に若者が積極的に参加し、現在の政治路線を維持するために政権与党を支援するように訴えた。それだけではなく、プーチン批判を繰り返す欧米諸国を痛烈に非難した。特に、内政干渉と受け取られかねないイギリス政府の対応を念頭に置いてロシアの正当性を主張した。それには次の事件が関係していた。プーチンを批判してイギリスに亡命した元連邦保安庁（ＦＳＢ）職員アレクサンドル・リトビネンコ（А.В. Литвиненко）が死亡した事件である。イギリス政府は、殺害に関与したとされる元ソ連国家保安委員会（ＫＧＢ）職員のアンドレイ・ルゴボイ（А.К. Луговой）の身柄引き渡しを求めたが、憲法上それは認められていないとプーチンは拒否した。するとイギリス政府はロシア憲法の改正を求めた。激怒したプーチンは、「変更すべきは私たちの憲法ではなく、彼らの頭の中だ」と語気を荒げて批判し、諸外国の干渉を防ぐ必要性を青年活動家らに説いた。[124] キャンプ終了後にヤケメンコは記者会見で、ナーシは野党陣営による煽動を防ぐために本格的な選挙キャンペーンをこれから展開し、一部の幹部は下院選挙で政権与党「統一ロシア」から出馬する予定だと明かし、組織を挙げてプーチン路線を支えていくと宣言したのである。[125]

選挙マシーンとしてのナーシ

ソ連崩壊後、ロシアの下院選挙は小選挙区比例代表制で半数ずつの議席（二二五議席ずつ）を選出する方式をとってきた。しかし、二〇〇七年下院選挙から完全比例代表制によって全議席を選出することになった。[126] キャンプやプーチンとの対話を受けて、ナーシは政権与党「統一ロシア」の選挙運動を展開する。[127] しかし与党は今回の選挙で勝利すると予測されていたので、ナーシが集票マシーンになる必要はあまりなかった。とはいえ、支持率が高いプーチンが「統一ロシア」の比例名簿筆頭候補に登録されたことから、[128] 同党の獲得議席数が焦点になったのである。[129] つまり今回の下院選挙は、二期八年を務めたプーチンにとって事実上の信任投票であった。そこで政権は、実質的に支配下にあるメディア、とりわけテレビを活用し有権者の投票行動に影響を与えようとした[131]。[130]

それと並行して、政治エリートはナーシを集票マシーンとして動員した。先述したように、この頃ロシア国内では「民主化」を目標に掲げる「青年ヤブロコ」や「ダー」といった反政権派の青年組織が次々に設立されていた。序章でも簡単に説明したように、青年層には民主的な価値観を有する人も多く、若者の取り込みを図るナーシとしては看過できなかった。

そこでナーシは、プーチンのこれまでの実績を強調し、野党の能力は不透明だと不安を煽った。ナーシは一〇月三日、親政権派の青年組織「若き親衛隊」[132]や「若きロシア」とともに選挙運動を開始した。参加者は、与党の選挙綱領である「プーチン・プラン」はロシアを確実に発展させ、政権批判を繰り広げる野党は国内を分裂させる集団だと痛烈に批判した[133]。七日はプーチンの誕生日ということもあり、ナーシは約一万人の会員を動員して誕生祝いをかねた選挙集会を開いた[134]。

ヤケメンコは『コメルサント』紙のインタヴューに応じた。ヤケメンコは、ナーシはグルジアやウクライナでの政変を事前に防ぐために、街頭に出て野党を牽制しようとモスクワを訪れている。今回の選挙は国の指導者を決める選挙であり、プーチンの政治路線継承を求める信任投票に他ならないと述べ[135]、ナーシが選挙運動を精力的に行っていることを明かした。ナーシは路上でもインターネット上でも、若者に投票を呼びかけた[136]。選挙運動に関わった会員は、「下院選挙でのわれわれの使命は、カラー革命を防ぐことだ[137]」と述べており、野党勢力の躍進を阻止するため力を注いだ。

またナーシは、プーチンが大統領に就任して以降、ロシアの政治経済は安定し、国際的な発言力が高まったこと、今後の発展には「プーチン・プラン」が必要であり、そのためには「統一ロシア」が勝たねばならないことを訴えた。野党陣営は西側と結託し、政権の転覆を図りそうだと喧伝した。このように「善玉」対「悪玉」というわかりやすい構図を有権者に印象づけ、与党への投票を促したのだった。とりわけ「民主化」を唱える野党陣営には、ロシアを貶める勢力だとレッテルを貼ったのである。[138]

一二月二日の下院選挙で、「統一ロシア」は単独過半数を獲得し（四五〇議席中三一五議席）、予想通り圧勝した。[139] ナーシからは、幹部のセルゲイ・ベロコネフとロベルト・シュレゲーリの二人が当選を果たした。[140] これを受けナーシは三日に大規模な集会を催し、およそ一万人の若者が集った。彼らはプーチンの顔をプリントしたシャツを着て、与党の勝利を祝ったのである。[141]

一二月末には第三回大会が開かれ、ヤケメンコに代わってニキータ・ボロヴィコフ（Н.С. Боровиков）が新代表に選出された。[142] ナーシは新代表の下で活動を続けることになった。

注

（1） *Щеголев К.А.* Кто есть кто в России: Законодательная власть, кто правит современной Россией, М.: Астрель, 2009, С. 602–603.

（2） *Савельев В.А.* Горячая молодежь россии: лидеры. организации и движения. тактика уличных битв. контакты, М.: Кванта, 2006, С. 77.

（3） Там же.

（4） Там же, С. 79–80.

（5） Там же, С. 81.

（6） Там же, С. 82.

（7） Там же.

（8）Огонёк, № 28–29, 23 июля 2001 г., С. 23.
（9）Там же, С. 23–24.
（10）Независимая газета, 9 ноября 2000 г.
（11）*Данилин П.* Новая молодежная политика 2003–2005, М.: Европа, 2006, С. 36.
（12）Независимая газета, 8 мая 2001 г.
（13）Коммерсантъ власть, № 19, 15 мая 2001 г., С. 9.
（14）Коммерсантъ власть, № 22, 5 июня 2001 г., С. 30.
（15）Огонёк, № 28–29, 23 июля 2001 г., С. 24.
（16）Коммерсантъ, 8 мая 2001 г.
（17）Коммерсантъ, 8 мая 2002 г.
（18）与党の設立過程については、中村裕「ロシアの政党再編の現段階」『プーチン政権下のロシアの内政動向――プーチン政権二年目の総括』日本国際問題研究所、二〇〇二年、六五―八一頁を参照されたい。
（19）Коммерсантъ, 8 мая 2004 г.
（20）Коммерсантъ, 21 января 2002 г.
（21）Коммерсантъ, 23 января 2002 г.
（22）Коммерсантъ, 25 апреля 2003 г.
（23）『レーニン全集』第二六巻、大月書店、一九五八年、一七七―一七九頁。
（24）Коммерсантъ, 23 октября 2002 г.
（25）Regina Heller, "Russia's 'Nashi' Youth Movement: The Rise and Fall of a Putin-Era Political Technology Project," *Russian Analytical Digest*, No. 50, 2008, p. 3.
（26）「カラー革命」の波及を警戒して、プーチン政権はＮＧＯ規制法を採択したとの指摘もあり（Bremen Diana Schmidt, "Russia's NGO Legislation: New (and Old) Developments," *Russian Political Digest*, No. 3, 2006, pp. 2-5）、「革命」が政策策定の一つの要因であったと考えられる。アメリカの「民主化」支援に対する「反動（backlash）」がロシアで生じており、プーチン政権の権威主義化を指摘する研究がある（Thomas Carothers, "The Backlash against Democracy Promotion," *Foreign Affairs*, Vol. 35, No. 2, pp. 55–68）。また、ナーシもその一つだという（Mark R. Bessinger, "Promoting Democracy: Is Exporting Revolution a Constructive Strategy?," *Dissent*,

Winter 2006, p. 23)。「反動」については、杉浦功一『民主化支援——21世紀の国際関係とデモクラシーの交差』法律文化社、二〇一〇年、五九—六三頁が詳しい。

(27) Коммерсантъ, 21 февраля 2005 г.

(28) *Емельянов В.А.* Создание прокремлевских молодежных общественно-политических организаций // Вестник Московского государственного гуманитарного университета им. М.А. Шолохова. История и политология, 2012, № 3, С. 106.

(29) Коммерсантъ, 21 февраля 2005 г.

(30) Коммерсантъ, 26 февраля 2005 г.

(31) *Исаев Б.А., Баранов Н.А.* Современная российская политика, СПб: Питер, 2012, С. 86.

(32) Там же.

(33) Коммерсантъ, 28 февраля 2005 г.

(34) Там же.

(35) Коммерсантъ, 2 марта 2005 г.

(36) *Емельянов.* Указ. статья, С. 106.

(37) 彼らの詳細については、次を参照。*Савельев.* Указ. соч., С. 98–99.

(38) Коммерсантъ, 16 апреля 2005 г.

(39) Известия, 13 сентября 2006 г.; *Сурков В.* Тексты 97–07, М.: европа, 2008, С. 73–106. 主権民主主義に関する研究としては、中村裕「「主権民主主義」論を通したプーチン・ロシアの一側面」『秋田大学教育学部紀要 人文科学・社会科学部門』第六二号、二〇〇七年、四九—六〇頁。袴田茂樹「ロシアにおける国家アイデンティティの危機と「主権民主主義」論争」『ロシア・東欧研究』第三六号、二〇〇七年、三一—一六頁。高山英男「スルコフ大統領府第一副長官の「主権民主主義論」に関する一考察」『大分大学経済論集』第六〇巻第三号、二〇〇八年、九一—一〇九頁。同「二〇〇七年の主権民主主義論争について」『大分大学経済論集』第六一巻第四号、二〇〇九年、一—三五頁などがある。

(40) 木村汎『現代ロシア国家論——プーチン型外交とは何か』中央公論新社、二〇〇九年、九九頁。

(41) 全文は Известия, 18 апреля 2005 г.; *Савельев.* Указ. соч., С. 100–112.

(42) *Сурков.* Указ. соч., С. 73–106.

(43) *Чадаев А.* Путин. Его идеология, М.: европа, 2006, С. 33–38.

（44）Коммерсантъ, 16 апреля 2005 г.
（45）袴田茂樹「プーチンが震撼する大ロシア崩壊の予兆――革命ドミノ現象と中央アジアの行方」『中央公論』第一二〇巻第六号（二〇〇五年六月）、二二二―二二九頁。
（46）ロデリック・ライン、渡邊幸治、ストローブ・タルボット（長縄忠訳）『プーチンのロシア――21世紀を左右する地政学リスク』日本経済新聞社、二〇〇六年、七七頁。
（47）『読売新聞』二〇〇五年六月六日朝刊。
（48）Огонёк, № 1-2, 1-14 января 2007 г., С. 25.
（49）「ヒトラー・ユーゲント」になぞらえて「プーチン・ユーゲント（Путинюгенд）」と呼ばれることもある（Коммерсантъ, 22 октября 2007 г.）
（50）Коммерсантъ, 11 мая 2005 г.
（51）Комсомольская правда, 31 мая 2005 г.
（52）Там же.
（53）Известия, 15 июня 2005 г.
（54）Коммерсантъ, 11 июля 2005 г.
（55）*Кара-Мурза С.* Революции на экспорт, М.: эксмо, 2006, С. 213-218.
（56）ナーシのサイト（http://nashi.su/news/242）。
（57）The Times, 18 July 2005.
（58）Новая газета, № 52, 21-27 июля 2005 г.
（59）Коммерсантъ, 11 июля 2005 г.
（60）Там же.
（61）Известия, 1 июня 2005 г.
（62）Коммерсантъ, 27 июля 2005 г.
（63）「世論財団」のサイト（http://bd.fom.ru/report/cat/socium/val_/patriotizm/dd014533）。なお、他の世代も同様の結果であった。三五～五〇歳は八〇％、それ以上の年齢層でも七一％が肯定的に評価していた。
（64）*Зарицкий Т.* Ценности и идентификация молодого поколения российской и польской интеллигенции（по результатам

сравнительного исследования студентов вузов Москвы и Варшавы). Статья вторая // Вестник общественного мнения: Данные. Анализ. Дискусии, 2006, № 5, С. 59.

(65) 「世論財団」のサイト (http://bd.fom.ru/report/cat/socium/val_/patriotizm/dd064825)。

(66) *Афанасьева А.И., Меркушин В.И.* Великая отечественная война в исторической памяти Россиян // Социологические исследования, 2005, № 5, С. 16.

(67) 先にも述べたように、「愛国心プログラム」でも戦勝が中心的位置を占めていた。Valerie Sperling, "Making the Public Patriotic: Militarism and Anti-Militarism in Russia," in Marlène Laruelle (ed.), *Russian Nationalism and the National Reassertion of Russia*, New York: Routledge, 2009, pp. 237–240, 250; Marlène Laruelle, "Negotiating History: Memory Wars in the Near Abroad and Pro-Kremlin Youth Movements," *Demokratizatsiya: The Journal of Post-Soviet Democratization*, Vol. 19, No. 3, 2011, pp. 239–241.

(68) Известия, 16 мая 2005 г.; Коммерсантъ, 16 мая 2005 г.

(69) Коммерсантъ, 11 июля 2005 г.

(70) ちなみに、ロシア紙の報道によれば、ナーシは二〇〇七年から二〇一〇年の間に四億六七〇〇万ルーブルもの援助を受けていたという (Ведомости, 29 ноября 2010 г.)。

(71) Коммерсантъ власть, № 27, 11 июля 2005 г., С. 8.

(72) Комсомольская правда (Санкт-петербург), 16 сентября 2005 г.

(73) ナーシのサイト (http://nashi.su/news/354)。

(74) Коммерсантъ, 24 октября 2005 г.

(75) Коммерсантъ (Санкт-Петербург), 28 декабря 2005 г.

(76) Коммерсантъ, 23 декабря 2005 г.

(77) Коммерсантъ, 12 апреля 2006 г.

(78) The Times, 27 December 2005.

(79) もっとも、あるジャーナリストによれば、彼らはナショナル・ボリシェヴィキ党などの反政権派には容赦なく、サッカーのフーリガンを突撃隊員として派遣し威嚇するなど (Новая газета, № 50, 14–17 июля 2005 г.)、排外的で国粋主義的な組織だという (Железный Путин: взгляд с запада / Ангус Роксборо, пер. С анг. С. Бавина и У. Сапциной, М.: Альпина Бизнес Букс, 2012, С. 166)。実際、ナーシの活動家が敵対勢力を暴行した疑惑が報道された (Коммерсантъ, 31 августа 2006 г.)。

（80）　Коммерсантъ, 12 мая 2005 г.

（81）　Новые известия, 21 октября 2005 г.; Robert Horvath, *Putin's Preventive Counter-Revolution: Post-Soviet Authoritarianism and the Spectre of Velvet Revolution*, London and New York: Routledge, 2013, p. 117.

（82）　ナーシのサイト（http://nashi.su/news/2248）。

（83）　Коммерсантъ, 15 мая 2006 г.

（84）　*Исаев Б.А., Баранов Н.А.* Современная российская политика, СПб: Питер, 2012, С. 144–145.

（85）　伊藤昌亮『デモのメディア論――社会運動社会のゆくえ』筑摩書房、二〇一二年、一〇九―一一六頁。

（86）　Jussi Lassila, *The Quest for an Ideal Youth in Putin's Russia II: The Search for Distinctive Conformism in the Political Communication of Nashi, 2005–2009*, Stuttgart: *ibidem*-Verlag, 2012, pp. 92–93.

（87）　*Борсяк Л.* “Наши”: кого и как учат спасать Россию // Вестник общественного мнения: данные. анализ. дискуссии, 2005, № 5, С. 18; Horvath, op. cit., pp. 113–114.

（88）　Lassila, *op. cit.*, p. 94.

（89）　公式サイトは、http://nashi.su である（*Савельев.* Указ. соч., С. 100）。

（90）　http://vk.com/club15945323（ノヴゴロド）、http://vk.com/club18401845（トゥーラ）、http://vk.com/club20246739（トムスク）。

（91）　二〇一四年一一月にロシアの調査機関（TNS Russia）が実施した調査によれば、モスクワの若者は、テレビよりも「フコンタクチェ」のサイトを閲覧しており、サイト訪問者はテレビ閲覧者よりも二倍も多く、若者はサイトの情報をビジネスに活用しているという（Огонёк, № 48, 8 декабря 2014 г., С. 10–14）。このように、ロシアでは「フコンタクチェ」による交流が盛んと言えよう。

（92）　ナーシのサイト（http://nashi.su/join; http://nashi.su/join/anketa）。

（93）　Edward Lucas, *The New Cold War: Putin's Russia and the Threat to the West*, New York: Palgrave Macmillan, 2008, p. 79.　同書に活動家の人数が記されているが、具体的時期については言及されていない。

（94）　ある論者は、ナーシでは指導的立場に三〇〇〇人がおり、デモや集会に五〇〇〇人を動員できるとしている（*Ионова Т.А.* Политическое участие российской молодёжи в начале XXI в.: основные движения и организация // Практика коммуникативного поведения в социально-гуманитарных исследованиях: материалы международной научно-практической конференции 5–6 декабря 2010 года, Пенза, Ереван, Прага, Социосфера, 2010, С. 48）。

(95) *Лоскутова Е.* Юная политика. История молодёжных политических организаций современной России, М.: Центр «Панорама», 2008, С. 265.

(96) Коммерсантъ, 17 апреля 2006 г.

(97) Новые известия, 17 апреля 2006 г.

(98) Там же; Коммерсантъ, 17 апреля 2006 г.

(99) Коммерсантъ, 18 мая 2006 г.; 19 мая 2006 г.

(100) Коммерсантъ, 18 июля 2006 г.: 24 июля 2006 г.

(101) Коммерсантъ, 20 октября 2006 г.

(102) Коммерсантъ, 22 октября 2006 г.

(103) Коммерсантъ, 9 декабря 2006 г.

(104) The Times, 6 December 2007.

(105) Коммерсантъ, 6 декабря 2007 г.

(106) Коммерсантъ, 18 января 2007 г.

(107) 佐藤親賢『プーチンの思考――「強いロシア」への選択』岩波書店、二〇一二年、九一―九二頁。

(108) Коммерсантъ, 28 апреля 2007 г.

(109) Ekaterina Levintova, Jim Butterfield, "History Education and Historical Remembrance in Contemporary Russia: Sources of Political Attitudes of Pro-Kremlin Youth," *Communist and Post-Communist Studies*, Vol. 43, Issue 2, 2010, p. 161.

(110) Коммерсантъ, 2 мая 2007 г.

(111) Ivo Mijnssen, *The Quest for an Ideal Youth in Putin's Russia I: Back to Our Future! History, Modernity and Patriotism according to Nashi, 2005–2012*, Stuttgart: ibidem-Verlag, 2012, p. 110.

(112) Коммерсантъ, 3 мая 2007 г.

(113) Коммерсантъ, 4 мая 2007 г.

(114) Коммерсантъ, 5 мая 2007 г.

(115) Коммерсантъ, 10 мая 2007 г.

(116) Коммерсантъ, 16 июля 2007 г.

(117) Там же.
(118) Коммерсантъ, 18 июля 2007 г.
(119) The Times, 25 July 2007.
(120) Известия, 23 июня 2007 г.
(121) Коммерсантъ, 23 июля 2007 г.
(122) Независимая газета, 30 июля 2007 г.
(123) Коммерсантъ, 16 июля 2007 г.
(124) Известия, 25 июля 2007 г.; Коммерсантъ, 25 июля 2007 г.
(125) Российская газета, 1 августа 2007 г.
(126) Собрание законодательства Российской Федерации, 2005, № 21, Ст. 1919.
(127) 下院選挙時の各党の選挙運動については、上野俊彦「ロシアの議会選挙と大統領選挙を視察して」『ソフィア』第五七巻第三号、二〇〇九年、二七七—三一七頁が触れている。
(128) Коммерсантъ, 2 октября 2007 г.
(129) 政府や選挙委員会は投票率を高めることに腐心していた、と指摘されている。詳細は、永綱憲悟「ロシア国政選挙 二〇〇〇—二〇〇八——選挙民主主義か選挙権威主義か」『(亜細亜大学) 国際関係紀要』第一九巻第一・二合併号、二〇一〇年、二六頁を参照。
(130) 飯島一孝『ロシアのマスメディアと権力』東洋書店、二〇〇九年。
(131) メディアの与党偏重報道については、永綱、前掲論文、三三—三四頁が参考になる。
(132) 「統一ロシア」が発表した選挙綱領である (Российская газета, 9 ноября 2007 г.)
(133) Коммерсантъ, 4 октября 2007 г.
(134) Коммерсантъ, 8 октября 2007 г.
(135) Коммерсантъ, 17 октября 2007 г.
(136) Коммерсантъ власть, № 44, 12 ноября 2007 г., С. 70.
(137) 『朝日新聞』二〇〇七年一一月二八日朝刊。
(138) プーチン自身、支持者を前に「残念ながら、国内には国外基金や議会からの援助を期待している勢力が存在している」と述べており（Известия, 22 ноября 2007 г.）、この図式を意識していたようだ。つまり、外敵を作ることで、国内をまとめ上げようとしたのだ（Vladimir Shlapentokh, "Perceptions of Foreign Threats to the Regime: From Lenin to Putin," *Communist and Post-Communist Studies*, Vol. 42, Issue 3, 2009, pp. 305–324）。

(139) ナーシの活動が「統一ロシア」の得票結果に与えた影響については検討しない。

(140) Коммерсантъ, 15 декабря 2007 г.; *Лоскутова*. Указ. соч., С. 272.

(141) Коммерсантъ, 4 декабря 2007 г.

(142) Коммерсантъ, 26 декабря 2007 г.　ヤケメンコは二〇〇七年九月に新設された「青年問題委員会（Комитет по делам молодежи）」の代表に就任した（Собрание законодательства Росийской Федерации, № 40, 2007, Ст. 4717; Собрание законодательства Росийской Федерации, № 43, 2007, Ст. 5224）。なお、この委員会は後に「青年問題庁」に改編され、ヤケメンコはその長官に任命された（Собрание законодательства Росийской Федерации, 2008, № 28, Ст. 3404）。

第七章　ナーシの再編

サンクトペテルブルグ市内にある「ピオネール」50周年記念碑。ピオネールは1922年に創設され，10歳から14歳の少年少女を構成員としたソ連の共産主義団体である。2012年3月6日筆者撮影。

第一節　「反カラー革命」から「経済の近代化」へ

不要論の噴出

二〇〇八年に入ると、さまざまなメディアがナーシは不要だと報じるようになった。年明けの一月一六日には『独立新聞』が「一二月の議会選挙後、親クレムリン派の青年組織の展望はまったくもって不透明である。ドミートリー・メドヴェージェフの選挙キャンペーンに青年組織は関与しない。……主だった幹部が下院や社会院、政府へ転身を遂げたいま、「ナーシ」の活動に真剣に取り組む者などいない」と分析した(1)。

二〇〇八年一月二九日付の『コメルサント』紙は、「「ナーシ」は変わる」との見出しで組織改編を具体的に報じている。記事によれば、下院選挙と大統領選挙で野党陣営が惨敗し、ナーシの目的は達成された。そこで今ある五〇の支部を将来的には五つまで縮小するという。政治学者スタニスラフ・ベルコフスキー（С.А. Белковский）は『コメルサント』紙にこう説明する。

「ナーシ」の再編は、組織の静かな消滅を意味している。プーチンは欧米ともめ事を起こす「ナーシ」に満足していなかった。メドヴェージェフは西側諸国の友人を自負しており、攻撃的な「愛国心」を必要としていない。……「ナーシ」は「オレンジ」の脅威を排除する解毒剤として設立された。つまり、……革命を実現させないための道具であった。今日、「オレンジ」の脅威はないため、

「ナーシ」は必要ではないのだ。(2)

だが大統領府筋は、「『ナーシ』の解散はない。我が政権は若者をないがしろに放置などしないからだ」と語った。(3)

そうしたなかナーシは二月一日に記者会見を開き、新代表ボロヴィコフの他、前代表ヤケメンコや元メンバーで下院議員のセルゲイ・ベロコネフ（С.Ю. Белоконев）らが同席した。ここでボロヴィコフは、組織を再編していることを認め、今後も活動を継続すると述べた。(4)

ナーシの存続が公式に発表されたことを受け、メディアの論調も若干変化をみせた。プーチン政権を厳しく批判してきた『ノーヴァヤ・ガゼータ』は、「オレンジ革命」の脅威がなくなったので、「中央からの資金援助は今後見込めず、「ナーシ」は自分でスポンサーを探しまわらねばならないだろう」と厳しい運営を予想した。(5)他方ボロヴィコフは、グルジアやウクライナのような政変の可能性はなくなったが、ナーシは新たな課題を見つけ、邁進するだろうと言っている。前代表のヤケメンコも、今後は若年層の労働問題や愛国心教育といったものに関心を寄せるだろうとの認識を示した。(6)週刊誌『コメルサント・ヴラスチ』は、ナーシは縮小するのではなく、いくつかの専門グループに分かれると分析しており、(7)それは、二月一日の記者会見の内容とも合致していた。さまざまな噂が流れたが、二〇〇七年一一月の段階で資金援助することは決定済みであったため、クレムリンは当面ナーシの存続を認めているようだと伝えるメディアもあった。(8)いずれにせよ、「統一ロシア」の圧勝を受けてナーシの存在意義をめぐる議論が各方面で交わされたのである。(9)

二〇〇八年三月二日の大統領選挙でドミートリー・メドヴェージェフは、ロシア連邦共産党議長のゲンナジー・ジュガーノフやロシア自由民主党党首のウラジーミル・ジリノフスキーと戦った。結果は、メドヴェージェフが勝利した。[10] これを受け、ナーシはモスクワで早速集会を開いた。ナーシの集会はロシア各地の四〇の都市で行われ、四万人が参加したという。モスクワでは、ウクライナ・ホテル付近に五〇〇〇人以上が集まった。参加者の一人は、「一九九〇年代の政治的動揺期に逆戻りさせず、ウラジーミル・プーチンが示す計画を支持し、そして国民の関心を二〇二〇年までの国家発展計画に集中させる」と語った。「昨日私たちは、プーチン・プランを実現する新たな大統領を選出した」と、メドヴェージェフの今後の活躍に期待を寄せる会員もいた。[11]

このようにナーシはこれまでどおり、政権を支持し続けた。プーチンは四月二三日に「祖国貢献（За заслуги перед Отечеством）」賞に関する大統領令に署名し、前代表ヤケメンコの他、マリヤ・キスリツィナ（М.И. Кислицына）やマリヤ・ドロコヴァ（М.А. Дрокова）といったナーシの幹部に勲章を贈った。[12]『コメルサント』は、プーチンが「下院選挙と大統領選挙に支援してくれた人々に感謝の意を表した」と報じた。[13]

「タンデム体制」の成立

二〇〇八年五月七日にメドヴェージェフは正式にロシア連邦大統領に就任し、[14] その翌日にはプーチンを首相に任命する大統領令に署名して、[15] いわゆる「タンデム体制」が正式に成立した。これに合わせて不要論が唱えられてきたナーシも公式サイトを刷新し（図7−1を参照）、活動の継続を内外に向けて改

図 7-1　ナーシの公式サイト　2015 年 2 月 9 日

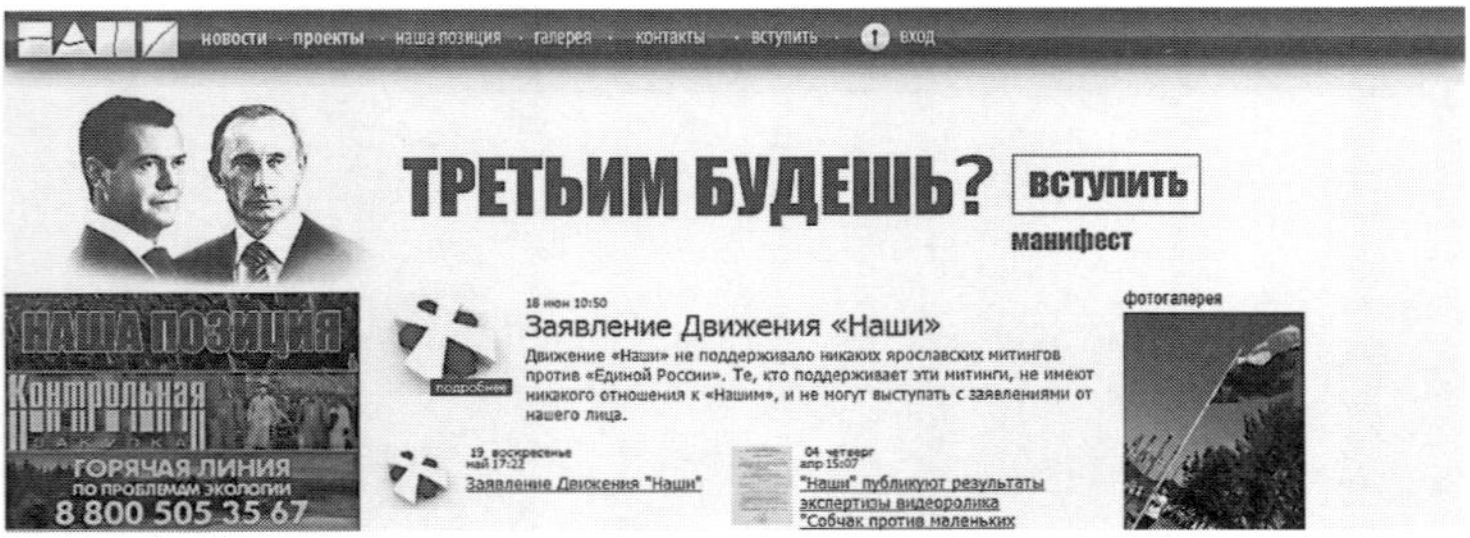

めて強調した。

サイトのトップページにはプーチンとメドヴェージェフの写真を載せ、これまでどおり政権与党を支持することを表明した[16]。これは、自らの重要性をクレムリンにアピールしていると捉えることもできる。だがナーシは、二〇〇七年まではロシア版「カラー革命」の阻止を掲げれば多くの若者を動員できた。その脅威が消えたいま、青年層を引き付ける新たな課題にむけて活動する必要性に迫られた。こうして新たなプログラムの模索が水面下で始まったのである。

ロシア正教への傾斜

しかし、新たな活動方針は、すぐには確定しなかったようである。なかには、ナーシのこれまでの言動にそぐわないものも見られた。その一つが、ロシア正教会への接近である。ソ連崩壊後、周知のように正教会はロシア社会で影響力を増し、正教は公教育の課程に組み込まれた。不要論に追いつめられたナーシは、そこに目を付けたのかもしれない。二月下旬にモスクワで開催されたロシア正教会青年部の会合に、ナーシの担当者たちも参加した。この様子は公式サイトで写真入りで紹介され、「正教は若者の宗教」というタイトルを付していたほどだ。[17] また、ヴァシリー・ヤケメンコは二月二二日、モスクワの「救世主ハリストス大聖堂」で「今までに無い新たなものを生みだす才能のある人を見つけださねばならない。そうした人を探しだし、支援することも国家青年問題委員会の仕事である」と委員会について簡単に説明し、また、ロシアの歴史は正教の歴史でもあると、その重要性を強調した。[18]

ヴァシリー・ヤケメンコの実の兄であり、ナーシのロシア正教部局代表であるボリス・ヤケメンコ（Б.Г. Якеменко）は、さらに旗幟を鮮明にした。彼は五月末に著書『正教文化の基礎（Основы православной культуры）』を刊行し、こうしたテキストの出版は、我が部局の大事な仕事の一つだと言った。同書は「世界観としての正教」「キリスト教のシンボル」など四章からなっている。[19] 六月下旬には正教部局のメンバーがモスクワ市内で、小学校で正教の基礎を教えようと書いたプラカードを持って宗教教育の重要性を訴えた。[20]

しかし、ロシアの伝統を前面に出しすぎると、マニフェストと矛盾することになる。ナーシは愛国心に基づき、民族に関係なくロシアに住む若者を一つに束ねようと努めてきたからである。そのためナーシはロシア正教部局を創設したものの、あくまでも一部局の活動にとどめ、組織全体の取り組みにはしなかった。結局、ナーシは正教会と組むことはなく他の課題に重点を置いた。それを決めたのは、またもや政府当局であった。

プーチンは二〇〇八年二月の国家評議会拡大会議で統計を示して実績を誇り、二〇二〇年までの長期的発展プランを発表した。[21] また、メドヴェージェフは二月一五日、クラスノヤルスクで開催された経済フォーラムで「制度、インフラ、イノベーション〔技術革新〕、投資（Институты. Инфраструктура.

Инновации. Инвестиции)」という四つの「И」を提唱し、ロシアの経済発展には産業部門の育成が重要だとした。ロシア経済は資源に依存しており、経済の近代化のためにはインフラストラクチャーの整備や技術革新が欠かせないというのである。近代化のために重要視されたのが、イノベーション、すなわち技術革新であった[22]。プーチンやメドヴェージェフの発言には、対外的脅威はうかがえず、むしろ今後の処方箋が示されており、ナーシの活動もそうした方針にそって組み立てられることになったのである。その方針が明確になったのが、ナーシ恒例のサマー・キャンプである。

二〇〇八年のサマー・キャンプと技術革新

二〇〇八年もサマー・キャンプを目前に控え、さまざまな意見が世間をにぎわせた。例えば、民間研究所「現代社会学・政治研究センター（Центр новой социологии и изучения политики）」所長アレクサンドル・タラソフ（А.Н. Тарасов）は、「ナーシ設立時の課題はすでに達成した。選挙が終わり、オレンジ革命の脅威が消えたいま、影響力と資金を失ったナーシの噂を聞かないのはごく当然である」と指摘した[23]。代表ボロヴィコフも「今年のキャンプはこれまでとは異なるだろう。国家主権を守るために体を張る必要がなくなった。今後は若者のサブカルチャーに注目するかもしれない」と述べていた。また、資金繰りについては「第一に複数の補助金を得ている。第二にわれわれの理念に賛同する人々が資金提供してくれる。もちろん州知事たちもその一人である」とし、ある程度余裕があることを明かした。しかし一八歳のあるメンバーはキャンプの交通費と参加費が自腹になったと嘆き、ナーシの財政が厳しいことをうかがわせた[24]。

ナーシは六月下旬に会見を開き、代表ボロヴィコフはロシアの経済発展を今後の課題に定めることを明らかにした。(25) また、元メンバーで下院議員のセルゲイ・ベロコネフは、「ナーシの役割は、国家戦略や経済といったあらゆる分野で必要な労働要員を育成することだ。それを実現するために政府や経済界の支援を期待する」と述べ、今年のキャンプが産業や経済を重視する理由を説明した。(26) 前年の「反革命」という主題はどこにも見あたらず、ナーシの方針転換がここにも表れていた。

もっとも記者らの関心はキャンプの目的ではなく、その開催費用にあったようで、そこに質問が集中した。代表は「支援は十分すぎるほどであり、全部を挙げてはきりがない」と述べ、公表しなかった。『独立新聞』は「それでも二つの社名だけは聞き出すことができた。海外ブランドのアディダスとアップルである」と報じた。(27) 各社の支出額は不明だが、補助金は総額二五〇〇万ルーブルといわれる。(28) ラジオ局「モスクワのこだま」のインタヴューに応じた幹部のマリヤ・ドロコヴァは、「懐疑主義者や野党支持者でもキャンプにご招待する。どんな方もキャンプの支出一覧を見て、妥当かどうか査定できる。『ナーシ』がもう不要だとしたら、なぜこれほど多くの人がお金を「ナーシ」に出し、メンバーの育成に投資しているのかわからない」と皮肉まじりに答えている。(29)

二〇〇八年のサマー・キャンプではビジネスへの関心を若者に喚起するため株式取引所が設けられ、独自通貨タラント（таланты）が導入された。(30) 公式サイトでも、「キャンプにはナーシの会員や幹部だけではなく、あらゆる団体の代表」が集まり、「世界経済のシミュレーションは今回の目玉の一つである」と宣伝した。(31) キャンプの性格が変わったことをアピールし、組織運営の刷新を告知したのである。

キャンプは七月一四日にトヴェリ州のセリゲル湖で始まり、(32) 約五〇〇〇人が参加した。(33) 開始早々、各参加者には現地で使用可能な二〇〇〇タラントが与えられた。キャンプ場に設けられた株式取引所ではこの独自通貨を使って市場取引を疑似体験でき、利益は後日ルーブルに換金できるシステムになっていた。[34] ナーシは、プーチンやメドヴェージェフのようなリーダーではなく、ビジネスマンや下院議員の登場を期待していると報じるメディアもあった。[35] ある参加者は「皆ここに来るのは国の未来を考えるためではなく、金や有力者とコネクションを作りたいからだ。ここには将来有望な人々がいる。現職下院議員や実業家もやってくる」と述べていた。[36] 全般的に経済に力を入れた内容で、これまでのキャンプとは明らかに性格が異なる。[37] 今回、政治エリートは来ないと報じられていたが、実際には、第一副首相イーゴリ・シュヴァロフ（И.И. Шувалов）やウラジスラフ・スルコフといった大物政治家、政治学者のセルゲイ・マルコフ、州知事らも参加し若者たちと交流を深めた。

彼らが若者に何を語ったか、ここで確認しておきたい。一八日にキャンプ場を訪れた政治学者セルゲイ・マルコフは、「ロシアのヒューマン・キャピタル：世界との競争の必要性」というテーマで講義し、国家の競争力のみならず、個人の競争力の重要性を説いた。[38] 同じ日にシュヴァロフ第一副首相もやってきてヤケメンコやボロヴィコフらとともにキャンプを視察し、その後、一部の参加者と会談した。その際シュヴァロフは、参加者には興味深いさまざまな計画を提示してもらった、[39] 来年のキャンプには政府関係者を派遣したいと語った。[40]

二一日にはスルコフも姿を見せ、「みなさんの多くは国家主権を守る戦略を練るために昨年参加され、無事達成された」と語りかけ、これまでのナーシの活動を称えた。その上で、「キャンプの雰囲気が昨年とは違うと感じた。これは国や社会が抱える問題が変化するのにあわせてのことと思う。ナーシは政治が揺れ動くなか設立され、新しい時代の精神を掲げて発展してきた。組織も問題意識もつねに更新するのは当然のことである」と述べ、技術革新を組織の課題に据えた意義を強調した。(41)

政府系の『ロシア新聞』は、「ロシアの技術革新を担う人材育成」が主題であると紹介し、スルコフやシュヴァロフといった要人がキャンプを訪問したと報じた。(42)『独立新聞』は、キャンプが政治よりも経済を前面に押し出すようになったという見方には若干批判的で、技術革新は経済だけでなく政治にもかかわると指摘した。だが「キャンプは技術革新の場と化した」とも言っている。(43)

七月二四日にキャンプが終了した後、代表ボロヴィコフは、「現在、国は経済や政治の抜本的な改革を必要としている。ナーシは全力でこれに当たるつもりだ」と方針転換を宣言し、(44)今後は技術革新に関する活動を続けると説明した。キャンプを見学したモスクワ国際関係大学准教授のアレクサンドル・テムニツキー（А.Л. Темницкий）は、「グルジアのような事件は当面ありそうもないという風潮もあって、キャンプは全体的に穏やかな休暇のようだった」と評した。(45)

ロシア・グルジア紛争の勃発

しかし、二〇〇八年八月にロシア・グルジア紛争が勃発すると、ナーシは再び政治色を強めた。八月八日にグルジア軍が南オセチアに侵攻したことに抗議して、ナーシは在露グルジア大使館前でデモを開始した。『コメルサント』によれば、大使館前に三〇〇人以上の活動家が集い、「恥を知れ、サアカシヴィリ」と大統領の名を連呼した。あるメンバーは同紙に「人道支援を開始し、南オセチアの子供たちを疎開させる」と語った。(46)ちょうど北京オリンピックが開催中だったので、ナーシはグルジア代表団の出

場停止を求める声明を同日付で発表した。(47)

翌日にはボリス・ヤケメンコの「戦争」と題する声明が公式サイトに掲載された。アメリカが南オセチアで戦争を始めたせいで、南オセチアの女性や子供は殺され、怒り、精神的苦痛を与えられたという内容である。われわれは勝利し、オセチアやロシア国民を守ると締めくくっている。(48)

ナーシは八月一二日、親政権派の青年組織「若きロシア」とともに在露グルジア大使館前で再度デモを行った。午前一一時に五〇名ほどが集まり、「サアカシヴィリは裁判所へ!」「サアカシヴィリ体制は二一世紀のファシズム」「〔大統領は〕グルジア国民の恥だ」などグルジア政府を厳しく批判するスローガンを叫んだ。(49)

街頭の抗議活動のみならず、ナーシはさらに「若き親衛隊」「若きロシア」と共同声明を発表し、インターネット上でも戦うことを誓った。「私たちは、グルジアのミハイル・サアカシヴィリ大統領政権に対し、情報戦争を布告する。アメリカとグルジアは二枚舌を使って混乱を起こしており、われわれはこれに対し、連帯してインターネットで戦う」と、(50)アメリカの政治方針を厳しく批判した。

このようにナーシはいちどは政治色を払拭しながらも、ロシア・グルジア紛争を契機に政治キャンペーンを展開し、南オセチアの後ろ盾となった政権を支持した。ではプーチン―メドヴェージェフの「タンデム政権」は、外敵の存在を若者に意識させる従来のやり方で、ナーシを利用するのだろうか。この点を明らかにすべく、次節では二〇〇九年の活動を改めて検討したい。

第二節　経済近代化と過去の遺産の狭間

全ロシア的イベントの開催

八月一二日メドヴェージェフ大統領はグルジア領内での軍事作戦の終了を宣言し、[51]フランスのニコラ・サルコジ（Nicolas Sarkozy）大統領の仲介でロシアとグルジアは停戦に合意した。[52]紛争の熱が冷めやらぬなか、メドヴェージェフ大統領は九月一八日、来年二〇〇九年を「青年の年（Год молодежи）」とする大統領令を出し、青年層の芸術や科学、職業における潜在力を向上させ、さらに愛国心教育を推進したいとした。[53]

大統領令の発令に伴い、一二月二四日には「青年の年」に関する特別委員会の創設を定める指令が出され、プーチンを筆頭に、[54]ロシア連邦スポーツ・観光・青年政策省（以下スポーツ観光省）大臣ヴィタリー・ムトコ（В.Л. Мутко）やヤケメンコら三〇人の委員が名を連ねた。注目すべきは、これまでナーシが主催していたサマー・キャンプを、二〇〇九年からはロシア連邦スポーツ観光省[55]と連邦青年問題庁が取り仕切ることになった点である。サマー・キャンプは七月から八月にかけて、「青年の年」のイベントとして実施するという。[56]二〇〇九年三月五日には下院でサマー・キャンプに関する質疑応答がなされた。キャンプでは若者に企業経営、観光業、ジャーナリズムを教え、先進技術をたたき込むべきだと主張する議員もいた。スポーツ観光相のムトコは、二〇〇九年のキャンプはイデオロギー色を前面に出すのではなく、希望者全員に開かれ、三万人近い若者が参加する予定だと明かした。もちろん、政治にかかわる講義もあり、大統領や閣僚がキャンプを訪ねる可能性を否定しなかった。[57]

趣旨が明らかになると、野党陣営の対応も変わった。例えば、ロシア連邦共産党青年政策担当書記は『コメルサント』紙のインタヴューに、青年党員が参加する予定だと述べた。キャンプは前年まで親政権派の組織を対象にしていたが、今年は国のイベントなので共産党青年部も参加できるという。共産党のイヴァン・メリニコフ（И.И. Мельников）も「我が党の若者は所属を隠すことなく、ある種、外交的な使命を帯びてキャンプに参加する」と語った。[58]「公正ロシア」党のドミートリー・グトコフ（Д.Г. Гудков）は、我が青年組織はキャンプに招待されていないが、数名はソーシャル・ネットワークを介して個人的に誘われたようだと語った。[59] このように、ナーシの会員だけで行っていたサマー・キャンプは、希望すれば誰でも参加できるようになったのである。

二〇〇九年のサマー・キャンプ

七月二日、二〇〇九年のサマー・キャンプがトヴェリ州のセリゲル湖で開会した。報道によれば、参加予定者はスポーツ観光相の予想を上回る五万人になるといい、セミナーに参加したり専門家らと面会するなど、自分の能力を伸ばすためにあらゆる機会を享受できる。二〇〇九年のキャンプは七月二日〜八月一五日まで実施され、例年よりも開催期間が長い。講義内容は、ビジネスや民族問題、観光など多岐にわたり、キャンプは八部で構成された。テーマが多彩なため、参加者は興味のある部会を選ぶことができる。[60]

七月二日に始まった第一部は、部会「ロシアはすべての人のために（Россия для всех）」と「ズヴォリキン計画（Зворыкинский проект）」からなり、七〇〇〇人以上が参加した。[61] サラトフから来た人は、「私たちは若者の排外主義を防ぎたい。あらゆる人は平等であることを学ぶ」と語った。『コメルサント』によれば、部会「ズヴォリキン計画」はテレビ技術の先駆者とされるウラジーミル・ズヴォリキン（В.К. Зворыкин）の名前を冠しており、まさに技術革新に特化していた。[62] 各プログラムの参加者は研究成果を発表し、プロジェクトを企業関係者に売り込んだ。

四日には、キャンプ場と大統領公邸を衛星回線で結び、参加者とメドヴェージェフ大統領のテレビ討論会が実施された。冒頭メドヴェージェフは「このような美しい場所にみなさんが集まったことを嬉しく思う。昨年サマー・キャンプを訪れたが、とても気に入った」と述べた上で、「何よりもイノベーション〔技術革新〕の問題は、国家の発展と切り離せない」とし、自らの政策の重要性を強調した。[63] その後、聴衆に発言が許された。部会「ズヴォリキン計画」の参加者の一人は自身が作成した風力発電機を紹介し、ロシアの投資ファンド、オネクシム社（ОНЭКСИМ）の資金援助を獲得したと話した。メドヴェージェフは、みなさんの活動を活性化させる画期的な出来事であり、オネクシム社があなたたちの要望を認めたためだと成功を祈った。[64]

このように、政治家や企業家と技術革新という現実的な問題を議論し、協力関係を構築できるなど、プログラムは充実していた。そして八日には第一部が閉幕し、各部会の代表が総括した。部会「ズヴォリキン計画」の代表でナーシの幹部であるドミートリー・コフ（Д.А. Кох）は、この部会に参加した企業と若者のあいだで、期間中に四八もの協定が結ばれ、契約金の総計は一億ルーブルにも達したと明かした。また「ロシアはすべての人のために」という部会では、三二もの支援協定が結ばれ、総額一五〇〇万ルーブルにも達した。同部会代表でやはりナーシの幹部であるマリヤ・キスリツィナは、この部会に参加した二〇〇人以上が、それぞれの地元で政治家や企業家を支えることに決まったと述べた(65)。第一部終了後に記者会見が開かれ、投資ファンドのアルマツ・キャピタル・パートナーズ（Almaz Capital Partners）の創始者アレクサンドル・ガリツキー（А.В. Галицкий）が、「ロシアが技術大国となるには、技術を磨くためのメカニズムが最低でも必要」だと指摘した(66)。アメリカ投資ファンドのヘリックス・ベンチャーズ（Helix Ventures）のジェネラルパートナーであるエヴゲニー・ザイツェフ（Е.В. Зайцев）も、ロシアの技術革新を進める上で今回のキャンプは有意義であったと評価した(67)。

周知のようにナーシはこれまで、アメリカは反政府運動を支援したと幾度となく批判してきたが、今回そのアメリカの財団関係者がキャンプに参加したことはロシア当局の対米政策が変化した表れといえよう。

第一部が盛況のうちに終わると、第二部がはじまった。第二部は部会「君は企業家だ（Ты - предприниматель）」と「情報流通（Информационный поток）」から構成され、第一部と同様に政治色はない。各部会の代表はそれぞれ、企業家の育成と、情報化社会の基盤となることを目標に掲げた(68)。『ロシア新聞』によれば、七〇〇〇人以上もの若者が参加し、その約半数が部会「君は企業家だ」に参加するのがキャンプの目的だったという。キャンプは一見、政治とは無縁のようだが、視察したあるジャーナリストは「キャンプでは至る所に大統領と首相の肖像画がある。毎朝国歌で起床する」と政治との関わりを示唆した。その上で、このキャンプがいかなる可能性を若者に与えているのか注目すべきだ。講義を受けた人がみな社会で成功するわけではないが、大臣と握手した学生は自然と政権寄りになる。キャンプは支持層を開拓していると分析した[69]。

七月一六日には第二部が無事終了した。第二部では、企業や組織との協力を約束する合意文書が七〇〇件も交わされ、若手企業家への投資額は一億三〇〇〇万ルーブルに達した。ウリヤノフスク州知事とカリーニングラード州知事は、二五〇〇万ルーブル以上の支援を表明した。また、五〇名の参加者は国内メディアでインターンシップを体験できることになった[70]。

二五日にはプーチン首相がキャンプ地を訪れ、「私たちを結びつけるものはなんだろうか。それは愛する祖国ロシアだ。私たちはもっとロシアが輝き、美しく、強くなってほしいと願い、それは必ずかなう。だが道のりはもちろん厳しい。目の前にある困難を一つずつ克服しよう」と若者たちに語りかけた[71]。こうして一カ月にわたるサマー・キャンプは終了した。

九月八日、連邦青年庁長官ヤケメンコは記者会見を開き二〇〇九年のサマー・キャンプを振り返った。大統領や首相のほかにも著名な政治家がキャンプに興味を示し、参加者の多くが企業と知りあい、キャンプを成功裏に終えることができたと指摘した[72]。

「反ソヴィエト」事件

とはいえ、ナーシは経済の近代化に向けた活動のみならず、大祖国戦争の勝利を讃える活動もこれまでどおり続けていた。

モスクワのレニングラード大通りに肉の串焼きシャシュリクの専門店「反ソヴィエト（антисоветская）」が店舗を構えていた。その向かいには「ソヴィエト（советская）」という名のホテルがあり、対照的な名前のため注目を集めていた。ところが、二〇〇九年九月なかばにモスクワ市北行政管区ベゴヴォイ地区役所が、名称を変えるようにレストランの経営者に指示を出した。[73] 退役軍人会が裏で動いていたのは間違いない。モスクワ退役軍人会の会長ウラジーミル・ドルギーフ（В.И. Долгих）[74] は、モスクワ市北行政管区に宛てた書簡で、レストランの名は「ソヴィエト時代の我が国も畏敬する退役軍人を侮辱している」と主張した。[75] 九月一七日にラジオ局「モスクワのこだま」に出演した北行政管区長オレグ・ミートヴォリ（О.Л. Митволь）は、「市当局がレストランをすぐさま閉店させることはできないが、経営者と会って退役軍人の方々の思いを逆なでするその態度は我慢ならないと説明することはできる。モスクワ中心部の大通りに「反ソヴィエト」という名のシャシュリク専門店があるのは、退役軍人の方々を当然傷つける。戦勝六五周年は、このようなレストランなしで迎えよう」と、退役軍人に理解を示した。[76]

こうして「反ソヴィエト」という看板は下ろされることになったが、レストラン関係者は、退役軍人会の代表と話す用意はあり、侮辱するつもりはなかったと述べた。だがミートヴォリは、「ソヴィエト政府に思うところがあってもかまわない。しかしソヴィエトの歴史とロシアの歴史は切り離すことはできず、レストランの店名もその点に配慮しなければならない。退役軍人の方にしてみれば「祖国ソヴィエト」のために仲間が犠牲になったわけで、それゆえ彼らの意見は重視してしかるべきである」と今回の措置を正当化した。[77]

ここで新たな人が登場する。フリー・ジャーナリストのアレクサンドル・ポドラビネク（А.П. Подрабинек）である。彼はウェブマガジン『日刊雑誌（Ежедневный журнал）』に退役軍人ドルギーフや市担当者ミートヴォリを批判する記事を発表した。「レストランの店主らがミートヴォリの圧力に屈服し、看板を撤去したことは非常に残念だ」と批判的な書き出しであった。そして「退役軍人の祖国はロシアではなく、ソヴィエト連邦であり、ありがたいことにそれがなくなってからすでに一八年も経つ」とまで言ってのけた。さらに、退役軍人会の会長ドルギーフを全体主義者だと罵り、「ドルギーフ氏は自分の過去を正当化するためにまた表舞台に立とうとしている。ソヴィエトの過去は血まみれで、虚偽の、恥ずべきものである」と続けた[78]。

ナーシはこの記事を見るやポドラビネクの批判を開始した。政権中枢にあってナーシを後見してきたスルコフは二一日に幹部らと面会し、政治的に不安定な社会では経済の近代化は進まないとして、国家の政治的安定を守るナーシの力に期待を寄せた。そして「みなさんは、政府にとって重要な先発部隊なのである」と示威活動の継続を保証したのである[79]。

ナーシは二五日、退役軍人の名誉を傷つけた罪で、ポドラビネクを訴えると発表した。幹部の一人は、「ポドラビネクには、大祖国戦争の退役軍人が作り上げた国に暮らしていることを知ってほしい。ソ連時代に整備された通りを歩き、退役軍人が準備したインフラやサービスを利用している。退役軍人を侮辱するとは自分も侮辱することである。退役軍人の経験に、まともな人であれば畏敬の念を抱くものである。それを失いかけているのは、まともな人間でいるのをやめたということなのだ」と厳しく批判した[80]。退役軍人のヴィクトル・セミョーノフ（B.B. Семенов）もナーシの後ろ盾を得て、ロシア連邦民法典第一五二条に基づき民事訴訟を起こし、公開謝罪を求めていくと語った[81]。

ナーシが抗議活動を続けるなか、「市民社会制度の発展と人権に関する大統領付属評議会」はこれを懸念し、次のような声明を発表した。「ナーシの活動は、思想の異なる者を迫害したソヴィエト時代の恥ずべきキャンペーンを想起させ、現在のロシアに対する理解を損なう。そればかりか、法を軽視する若者の手本となっており、本評議会はこれに深い悲しみと不安を抱くものである」[82]。

これを機にポドラビネクの記事をめぐってさまざまな意見が飛び交い、事態は錯綜した。作家のヴィクトル・シェンデロヴィチ（В.А. Шендерович）は「ポドラビネクの論考の中身は重要ではない。彼が国外退去処分の危機に晒されていることが重要なのだ」と述べ、行きすぎたナーシの抗議活動を非難した。一方、やはり作家のアレクサンドル・プロハノフ（А.А. Проханов）は「英雄の老人たちが国の主人だった頃は、偉大な時代であった。彼らはロシアを恐ろしい敵から守り抜き、大学や駅を建設し、宇宙を奪い取った。彼らがロシアを見捨てたら、ロシアは急速に衰退したことだろう」と退役軍人の功績を強調し、ナーシの主張を後押しした[83]。

議論の渦中にいた退役軍人たちも積極的に発言しだした。アレクサンドル・エフィモフは退役軍人委員会の全委員が評議会の見解を強く憂慮しており、全会一致でなかったことを祈ると述べ、評議会代表のエッラ・パンフィーロヴァ（Э.А. Памфилова）[84]を批判し、ポドラビネクは第二次世界大戦の歴史を歪曲していると非難した[85]。政権与党「統一ロシア」のアンドレイ・イサーエフも、ナーシのメンバーには自分の立場を表現する権利が法で認められていると全面的に擁護し、パンフィーロヴァが大統領付属評議会代表の地位を利用したと断罪した[86]。こうして解任要求が高まるなか[87]、ついにパンフィーロヴァは辞任に追い込まれたのである[88]。

第三節　愛国主義政策の再転換

二〇一〇年のサマー・キャンプ

二〇一〇年四月一五日にナーシの第五回大会が開催され、マリヤ・ザデミジコヴァ（М.П. Задемидькова）[89]が翌月、新代表に就任することになった[90]。しかし組織内にはこの決定に不満を抱く者がいたとされ、代わりにナーシ幹部であったマリヤ・キスリツィナが新代表となった[91]。国営放送「第一チャンネル」のインタヴューで幹部ドミートリー・コフは、「私たちは、イノベーション〔技術革新〕、発明に関する才能に溢れた若者を発掘したい。そういった若者には教育、インターンシップ、助言、行政的支援、プロデュースなど、必要な方策を講じる」と述べ、新体制でも技術革新に力を入れることを改めて強調した[92]。

新体制の発足からまもなく、連邦青年問題庁はサマー・キャンプの準備を開始し、二〇一〇年はロシアのみならず、世界の若者にも門戸を開放して参加者を募るなど、国際的な催しにすることを明らかにした[93]。

六月下旬にはナーシの公式サイトにサマー・キャンプの目的などが掲載され、前年同様に技術革新をテーマとし、国内外の若者が集う大規模なキャンプであることが発表された[94]。キャンプは七月二日に開会し、インドや中国、ラテンアメリカ、西ヨーロッパ諸国の若者も参加した[95]。プーチン首相は、「この夏みなさんは、一〇カ国から来た同世代の若者と交流し、興味ある問題について議論し、ロシア内外の

キャンプ場を訪れたメドヴェージェフ大統領。ロシア連邦大統領府 HP。

大学の先生方の講義を聴くという素晴らしいチャンスを手にした。みなさんはここで感動、鮮やかな思い出、新しい友達を得るだろう。さらに、現在のロシアや歴史ある文化遺産についても深く知ることができるだろう」と祝辞を寄せた。(96)『イズヴェスチヤ』紙は「セリゲル〔サマー・キャンプ〕は国際的になった」との見出しで報じ、その変化に注目した。(97)

しかし、通信社の多くはナーシの今後に関心を寄せた。インターファクス通信は七日、元ナーシ代表で連邦青年庁長官を務めているヤケメンコにインタヴューした。

インターファクス通信：〔設立から〕五年も経ち、ナーシに将来性はもはやないのではないか。今日、ロシアの青年組織は誰と闘うのか。

ヤケメンコ：現在、イノベーション経済は我が国の重要事項である。われわれはロシアの主権民主主義を守るため、大統領と行動を共にした。

世界各国から参加者が集まったことは，国旗を見てもわかる。ロシア連邦大統領府 HP。

今後も国家の近代化のために大統領とともに活動する。……いまの若者世代は、一九九〇年代の生活を知らない。国に反旗を翻す人々は、そうした若者を取り込もうと必死だ。「ナーシ」など青年組織は、その企みを防ぐのを課題とする。(98)

ヤケメンコはキャンプ期間中、『イズヴェスチヤ』紙の取材にも応じている。

イズヴェスチャ：若者は実際に国内情勢に影響を与えると思うか。若者が国内情勢に影響を与える方策はあるのか。

ヤケメンコ：ロシアの政治は現在、非常に興味深い段階にある。基本的な問題はプーチンやメドヴェージェフが解決済みだ。国民は九〇年代に貧困や借金、破綻、自由の剝奪の危機に見舞われたが、なんとか切り抜けてきた。

キャンプ場を視察するメドヴェージェフ大統領。左端の男性はヤケメンコ，その隣りの男性はスルコフ。ロシア連邦大統領府 HP。

国際舞台でロシアが侮辱されることはなくなり、国家崩壊の危機も消失した。国の指導者は、革新的発展のための目標を策定した。すると誰がこの課題を解決するのかという疑問が当然思い浮かぶ。プーチンやメドヴェージエフだけでこの課題を成し遂げることはできない。これは国民自身の課題である。いちばん活躍が期待できるのは若者だろう。(99)

イノベーションという新たな国家の目標に取り組むことが、若者らにとっての新たな愛国の形であった。

「愛国心プログラムIII」の策定

二〇一〇年一〇月、連邦政府は「二〇一一年から二〇一五年までのロシア連邦国民の愛国心教育に関するプログラム（Патриотическое воспитание граждан Российской Федерации на 2011–2015 годы）」を採択した（以下、「愛国心プログラムIII」と略記する）[100]。

これまで実施されてきた「愛国心プログラムI」や「愛国心プログラムII」の理念を継承しており、「国民統合の一環として国民の愛国心を今後も育成していく」と謳っている。そして、国民の愛国的な教育制度を発展させるため、政府機関の業務拡大や、若者の兵役に対するイメージアップを図るとした。

その実現には政府機関や地方自治体、民間団体の活動が重要だとし、具体的にロシア連邦教育科学省やロシア連邦の文化省、スポーツ観光省、国防省のほか、連邦政府付属の国立軍事歴史文化センターの名をあげている。もちろん連邦機関だけでなく、地方自治体の機関も含まれており、中央と地方は連携してプロジェクトに取り組む。

計上された予算は七億七七二〇万ルーブルで、「愛国心プログラムII」より多い。そのうち五億九六七五万ルーブルは連邦予算から、残りの一億八〇四五万ルーブルは民間団体からの支出となっている。

このプログラムの目的は、言うまでもなく国民の愛国心の向上であるが、そのほかにも①国民、とりわけ青年層の社会労働活動の活性化、②青年層の社会国家活動の発展、③特定の市民団体による不当な差別的言動の規制、④社会経済や政治の安定、国家安全保障の強化を挙げている。

注目に値するのは、プログラムが対象とする社会層である。「愛国心プログラムI」は全国民を対象とした。続く「愛国心プログラムII」は青年層や児童を対象とした。「カラー革命」で青年層が重要な役割を果たしたため、政権としても重視せざるを得なかったからである。しかし、そうした脅威も無くなり、ナーシの目的も変化したように、若者に特化した政策はもはや不要となったため、「愛国心プログラムIII」では再び全社会層を対象としたのであろう。この点は、政権の愛国主義政策の再度の転換といえよう。

とはいえ、「愛国心プログラム」の主な対象が青年層ではないことだけを根拠に政策の変化を強調するのは拙速にすぎる。二〇一一年末には下院選挙が実施されるため[101]、この年のナーシの活動を確認する必要がある。そこで、二〇一一年サマー・キャンプを概観し、政権の愛国主義政策の特徴を浮き彫りにしよう。

二〇一一年サマー・キャンプ

二〇一一年サマー・キャンプは七月一日から八月二日まで開催された。今回は八万人が参加を希望し、大統領や首相のみならずスルコフの訪問も予定され、スポーツや慈善事業のほか、政治がテーマの部会もあった[102]。八月一日にセリゲル湖を訪れたプーチン首相は、キャンプを視察すると若者らと政治経済など多岐にわたるテーマについて議論した。しかし、二〇〇七年の下院選挙前のように、外敵の存在を強調し、ロシア版「カラー革命」の阻止を訴えることはなかった[103]。政治学者ミハイル・ヴィノグラドフ(M.Ю. Виноградов)は「若者は選挙資源であるけれども、彼ら自身はいくら熱心に選挙活動に取り組んでも、社会的上昇には関係ないと知っている」と指摘し、若者が選挙に動員されることはないと見ていた[104]。また、二〇〇七年の下院選でセルゲイ・ベロコネフやロベルト・シュレゲーリなどの幹部が当選したが、今回彼らは不出馬を早い段階で表明したことから[105]、ナーシが率先して選挙キャンペーンを展開する必要はなかったのかもしれない。また、このころ反政府運動は若者だけでなく、さまざまな社会層で広がっていたため、青年層だけを焦点とする必要はなかった[106]。

「全ロシア国民戦線」の創設

プーチンは今回の選挙戦で新たな策を講じた。二〇一一年五月六日、プーチン首相は訪問先のヴォルゴグラードで「全ロシア国民戦線（Общероссийский народный фронт）」なる団体を創設すると明らかにした。国民戦線は労働組合、女性団体、青年組織、退役軍人団体などさまざまな勢力と協力し、超党派で政権与党を支えていくという。(107)「全ロシア国民戦線」という名称からフランスの極右政党「国民戦線」を想起させるが、政治路線は異なっている。プーチン自身が指摘するように、「全ロシア国民戦線」は愛国心、人々の慈善事業の発展、ロシアの国力強化といった一般的価値を共有する社会組織や政党だけでなく、ふつうの国民を会員とし、全国民をまとめるような団体なのである。(108)設立の背景には、政権与党「統一ロシア」の支持率低迷があり、プーチンは次期下院選挙を念頭に政権幹部として「新しいアイディアや提案、新しい人々を受け入れる必要がある」と述べ、(109)同党の立て直しを求めた。

野党の反応はさまざまであった。例えば、ロシア自由民主党党首のウラジーミル・ジリノフスキー（В.В. Жириновский）は「全ロシア国民戦線の創設は、「統一ロシア」が多くの票を獲得できるようにするためだろう。現在の政権与党「統一ロシア」が得票率七割を切るのは確実だと誰もが知っている」と指摘した。ヤブロコ党党首のセルゲイ・ミトローヒン（С.С. Митрохин）は「全ロシア国民戦線は「統一ロシア」とともにある」と述べ、政権与党の選挙運動として国民戦線が創設されたことを、みな見透かしていた。(110)

五月中旬には「全ロシア国民戦線」の目的や課題が発表された。まず目的として、「強く民主的で主権的なロシアの建設」「企業活動の自由や支援、労働者の競争や社会的協力、義務、権利の保護という

サンクトペテルブルグ市内のバス停付近に設置された大統領選挙の案内ポスター。2012年2月29日筆者撮影。

諸原則に基づく市場経済の構築」を掲げた。ただここで注目すべきは、国民戦線の目的よりも課題である。「社会の合意に基づいて、「統一ロシア」から出馬する候補者の名簿を作成」することを課題としていたが、ここでいう「社会の合意」を調達するのが国民戦線の役割だったのである。つまり、「全ロシア国民戦線」は政権与党を支援する選挙マシーンであった[111]。

プーチンは下院選に向けて「全ロシア国民戦線」を活用し、青年層に限らずあらゆる社会層を取り込もうと考えた。「カラー革命」の熱気はすでに冷め、グルジアやウクライナの二の舞になる恐れはないと見込んだ政治エリートは、「愛国心プログラムIII」の対象を全社会層に定め、次期選挙でも全有権者の取り込みを図ったのであろう。

二〇一一年下院選挙と二〇一二年大統領選挙

あまり期待されていなかったナーシだが、一二月四～六日の三日間、政権支持を訴える選挙キャンペーンを展開し、「統一ロシア」に投票しようと訴えた。ただ、投票日は四日なので、翌日以降のキャンペーンは集票を目的としていないことは明らかだった。代表のマリヤ・キスリツィナはインターファクス通信の取材に、「「ナーシ」はこれまでどおり、ロシアの政治過程に積極的に関わり続ける。私たちは、現在の政治路線やタンデム体制、そして「統一ロシア」の支持者の集まりである。選挙での煽動を許さないために、一二月四〜六日までモスクワに集う。私たちは、国民に対して「統一ロシア」を支持するように訴えていく」と答えたが(112)、選挙マシーンとしての意味はすでに失われていたのである。

投票日の様子を『コメルサント』は、「通常の祝祭のような、国や郷土を想う歌声はほとんど耳にしなかった」と報じた。記者に「「統一ロシア」に投票する」と答えたナーシのメンバーは、その理由として「今では、みなiPadを買うチャンスがあるから」と述べ、愛国心や「カラー革命の阻止」といった象徴的な言葉は吐かなかった。組織の意気込みも前回の下院選挙のときとは大きく異なっていたのである(113)。

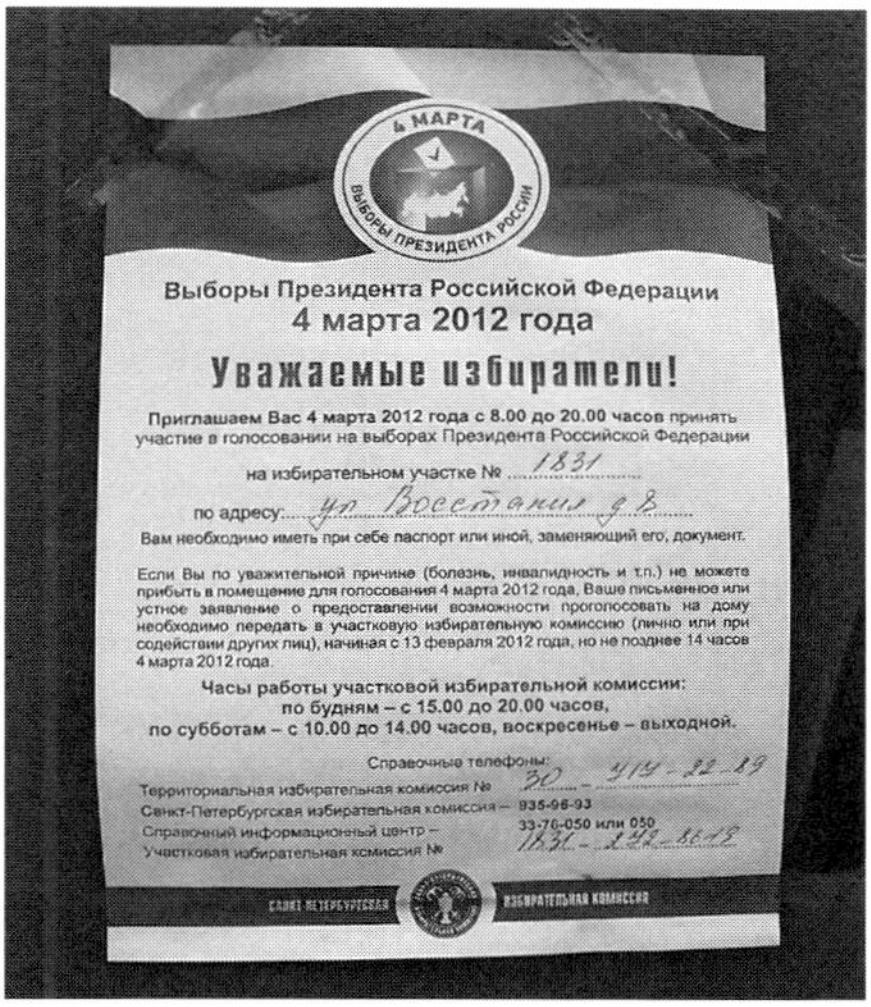

サンクトペテルブルグ市内の集合住宅の玄関ドアに貼られた大統領選挙の案内。2012 年 2 月 26 日筆者撮影。

その年末、これまでナーシの後ろ盾となってきたウラジスラフ・スルコフが大統領府第一副長官を解任され(114)、副首相に任命されることになった(115)。政治学者ドミートリ

サンクトペテルブルグ市内で投票を呼びかける市役所のものと思われる宣伝カー。2012 年 3 月 4 日筆者撮影。

ー・オルロフ（Д.И. Орлов）は、ナーシは「大規模な政権支持運動の担い手をこれまで演じてきた。今後は次第に影響力を失っていく」と解説した[116]。ナーシのメンバーのなかにも、組織の在り様に疑問を持つ人はいた。長年ナーシの地方幹部だった人は、「以前は〔元代表の〕ヤケメンコと面会する機会が常にあったが、今回はなかった。選挙が終わると、私たちの支部は意義を失ってしまった」と挫折感を吐露した[117]。

　翌二〇一二年の三月には大統領選挙が行われ、プーチンが返り咲いたことは周知のとおりである。反政府デモが盛り上がるなか、ナーシも対抗デモを実施し、プーチンの再選が明らかになると、勝利を祝う集会を開いた[118]。しかしナーシは今回、外敵からロシアを守ろうと愛国心に訴えたわけではなかった。あくまでも、経済発展のシナリオを描いたプーチンと、その支持母体である「統一ロシア」を支えるという形で動いただけであり、二〇〇七年の選挙に比べ規模は縮小された。ナーシの活動は、二〇一〇年の「愛国心プログラムIII」の採択により、全社会層の取り込みを図る方針に従ったといえる。こうして、ナーシは二〇〇八年の再編を経て、ロシアの政治過程に一定の影響力を与えてきたが、「愛国心プログラムIII」の策定と二〇一二年の大統領選以降、かつてのような影響力は失った。

第四節　ナーシの解散

ヤケメンコは四月にナーシ幹部と会談の場を設けた。ヤケメンコは「ナーシは終わりを迎えた」と述べ解散を示唆した。クレムリンや創設者さえナーシを必要としておらず、ヤケメンコに至っては新党を結成しようとしていると語る関係筋もいた。代表のマリヤ・キスリツィナは、現体制で活動を続けていくとしつつも、ナーシの一部会員や元会員が政党の結成を求めていると明かすなど、解散論の存在を暗に認めたかのようであった。また、ヤケメンコが長官を務める連邦青年問題庁の役人などは口をそろえて今後どうなるかわからないと語った(119)。

幹部のクリスチーナ・ポトゥプチクは『ノーヴァヤ・ガゼータ』紙に対し、「現在ヴァシリー・ヤケメンコは新たなプロジェクトを計画中であり、五月二一日の記者会見で発表する予定である」と水面下の動きを認めつつ、これはナーシとは無関係だとしたが、同紙は「『ナーシ』を基盤に新党を結成」と報じた(120)。

ヤケメンコは予告どおり五月二一日に記者会見を開き、「権力党（партия власти）」の創設を発表した。ここでナーシとの関係をあらためて否定し、自分は目標に向けて連邦青年庁長官を辞任すると宣言した[121]。この発言を受け、ポトゥプチクは数名の会員がナーシから独立し、別のプロジェクトに従事することになったと説明した。そのプロジェクトとは、政党「賢いロシア（Умная Россия）」の結成であり、ナーシの前代表ニキータ・ボロヴィコフの指揮の下で進められていると明かしたのである[122]。

記者会見から数日後、ヤケメンコは『ノーヴァヤ・ガゼータ』紙のインタヴューで「今年のキャンプには参加しない。今後、「ナーシ」のプロジェクトにはいかなる形であっても参加するつもりはない」と述べ、これまで率いてきた組織と距離を置く姿勢を強調した。また、「賢いロシア」党についても関与を改めて否定した[123]。

ナーシとヤケメンコの路線の違いが浮き彫りになるなか、ボロヴィコフを中心に結成を進めていた「賢いロシア」は六月二七日、ロシア連邦法務省によって正式に政党として登録された[124]。同じころメドヴェージェフ首相は、ヤケメンコの連邦青年庁長官辞任を認める指令書に署名した[125]。

一部のメンバーが新党を結成したり、ヤケメンコが連邦青年庁長官を辞任するなど、ナーシをめぐる情勢は大きく変わる。ある幹部は『モスクワ・ニュース』紙の記者に対して「これ以上支部を増やす予定はない」と述べ、ナーシの活動停止が近いことをにおわせた。ナーシを観察してきた政治学者のアレクセイ・マカルキン（A.B. Макаркин）は、ナーシは創設以来「カラー革命」の脅威を訴えてきたが、二〇一一年の下院選挙時にはそうした主張はしなかったという。そして、ナーシは活動を停止するか、改組されることになるだろうと推測を加えた[126]。

メディアが解散を報じるなか、ナーシは二〇一二年もプーチン大統領の誕生日を祝うデモを決行し、活動を続けたが[127]、二〇一三年になると沈静化した。『ヴェドモスチ』紙はナーシを基盤に新たな青年組織が設立され、今後、ナーシは活動を継続しないと報じた[128]。さらに幹部は別の組織を設立し、代表にヤケメンコを据えるはずだと伝えた[129]。近年、ナーシに関する報道はなく、組織から分裂して結成された「賢いロシア」の記事しか見つからない。こうして、二〇〇五年に設立されてからずっと政権を支えてきたナーシは、約八年の歴史に幕を下ろしたのである。

注

(1) Независимая газета, 16 января 2008 г.
(2) Коммерсантъ, 29 января 2008 г.
(3) Там же.
(4) *Лоскутова Е.* Юная политика. История молодёжных политических организаций современной России, М.: Центр «Панорама», 2008, С. 274.
(5) Новая газета, 4 февраля 2008 г.
(6) Итоги, № 6, 4 февраля 2008 г.
(7) Коммерсантъ власть, № 4, 4 февраля 2008 г., С. 22.
(8) Независимая газета, 7 февраля 2008 г.
(9) ナーシだけではなく、他の親政権派の青年組織の行方も注目されるようになった（См. Независимая газета, 14 февраля 2008 г.; Коммерсантъ, 14 февраля 2008 г.; 19 марта 2008 г.）。
(10) Российская газета, 8 марта 2008 г.
(11) Коммерсантъ, 4 марта 2008 г.
(12) Коммерсантъ, 26 апреля 2008 г.; *Лоскутова.* Указ. соч., С. 276. なお、この大統領令は法令集に収められておらず、全文はロシ

ア連邦大統領府のサイトに掲載されている。Указ Президента РФ от 23 апреля 2008 г. № 553 «О награждении государственными наградами Российской Федерации» (http://kremlin.ru/acts/bank/27233).

(13) Коммерсантъ, 26 апреля 2008 г.

(14) Российская газета, 8 мая 2008 г.

(15) Собрание законодательства Росийской Федерации, № 19, 2008, Ст. 2158.

(16) ナーシのサイトは「タンデム体制」の発足で図7-1のように更新されたが、プーチンが大統領復帰した二〇一二年以降も同じままであった。このサイトは二〇一五年六月以降に突然閉鎖された。

(17) ナーシのサイト（http://nashi.su/news/23331）。なお、正教部局は二〇〇七年に創設され、同年八月から活動を開始していた（Коммерсантъ, 16 августа 2007 г.）。

(18) ナーシのサイト（http://nashi.su/news/23337）。

(19) Коммерсантъ, 31 мая 2008 г.

(20) Коммерсантъ, 25 июня 2008 г.

(21) Коммерсантъ, 9 февраля 2008 г.; Российская газета, 9 февраля 2008 г.

(22) Коммерсантъ, 16 февраля 2008 г.; Независимая газета, 18 февраля 2008 г.

(23) Независимая газета, 21 мая 2008 г.

(24) Независимая газета, 17 июня 2008 г.

(25) Коммерсантъ, 26 июня 2008 г.

(26) Независимая газета, 26 июня 2008 г.

(27) Независимая газета, 26 июня 2008 г.

(28) Там же; Коммерсантъ, 26 июня 2008 г. なお、二〇〇七年にロシア国内の非営利団体支援コンクールが実施された際、ナーシはキャンプの資金援助として一〇〇〇万ルーブル以上を獲得したと『コメルサント』紙は報じた（Коммерсантъ, 7 ноября 2007 г.）。だが『ロシア新聞』は六〇〇万ルーブルと報じている（Росийская газета, 7 ноября 2007 г.）。

(29) Движение «Наши» проводит свой очередной форум «Селигер 2008» // Радио свобода, 20 июня 2008 г (http://www.svoboda.org/content/transcript/457079.html)。二〇一五年二月一二日閲覧。

(30) Коммерсантъ, 26 июня 2008 г.

(31) ナーシのサイト（http://nashi.su/news/25614）。

(32) 政権与党「統一ロシア」直属の青年組織「若き親衛隊」もサマー・キャンプを七月に開いた（Коммерсантъ, 15 июля 2008 г.）。ナーシのキャンプと比較検討すべきだが、本書の中心課題ではないので扱わない。

(33) Ivo Mijnssen, *The Quest for an Ideal Youth in Putin's Russia I: Back to Our Future! History, Modernity, and Patriotism according to Nashi, 2005–2012*, Stuttgart: ibidem-Verlag, 2012, p. 134.

(34) Независимая газета, 18 июля 2008 г.

(35) Там же.

(36) Там же.

(37) 自己利益獲得を目論む活動家の存在に注目し、ナーシと政権の関係を分析したものとして、西山美久「ロシア官製青年組織「ナーシ」の登場——プリンシパル・エージェント関係としての政権と組織」『政治研究』第五八号、二〇一一年、九五—一二六頁がある。

(38) ナーシのサイト（http://nashi.su/news/25628）。

(39) Коммерсантъ, 21 июля 2008 г.

(40) Независимая газета, 21 июля 2008 г.

(41) Независимая газета, 23 июля 2008 г.　ナーシのサイト（http://nashi.su/news/25643）。

(42) Российская газета, 25 июля 2008 г.

(43) Независимая газета, 25 июля 2008 г.

(44) Независимая газета, 5 августа 2008 г.

(45) *Темницкий А.Л.* Человеческий потенциал и гражданские позиции активистов молодежных объединений（На примере форума "Селигер – 2008"）// Социологические исследования, 2009, № 9, С. 50.

(46) Коммерсантъ, 9 августа 2008 г.

(47) ナーシのサイト（http://nashi.su/news/25670）。

(48) ナーシのサイト（http://nashi.su/news/25673）。

(49) Коммерсантъ, 13 августа 2008 г.

(50) Коммерсантъ власть, № 32, 18 августа 2008 г., С. 65.

(51) Коммерсантъ, 13 августа 2008 г.

(52) Коммерсантъ, 18 августа 2008 г.

(53) Собрание законодательства Российской Федерации, 2008, № 38, Ст. 4281.

(54) 二〇一六年一〇月、ムトコは副首相に任命された（Собрание законодательства Российской Федерации, 2016, № 43, Ст. 6009）。同省新大臣には二〇一〇年から次官を務めていた元オリンピック金メダリストのパーヴェル・コロプコフがなった（Собрание законодательства Российской Федерации, 2010, № 41, Ст. 5281; 2016, № 43, Ст. 6010; Коммерсантъ, 20 октября 2016 г.）。

(55) 二〇一二年、ロシア連邦スポーツ・観光・青年政策省は「ロシア連邦スポーツ省」に改編され、青年政策分野は教育科学省が、観光分野は文化省が担うことになった（Собрание законодательства Российской Федерации, 2012, № 22, Ст. 2754; Собрание законодательства Российской Федерации, 2012, № 26, Ст. 3523）。

(56) Собрание законодательства Российской Федерации, 2009, № 3, Ст. 420.

(57) Коммерсантъ, 6 марта 2009 г.

(58) Коммерсантъ, 25 июня 2009 г.

(59) Там же.

(60) リア・ノーヴォスチ通信のサイト（https://ria.ru/society/20090701/175953915.html）。

(61) Независимая газета, 3 июля 2009 г.

(62) Коммерсантъ, 3 июля 2009 г.

(63) ナーシのサイト（http://nashi.su/news/27106）。

(64) Независимая газета, 6 июля 2009 г.

(65) Независимая газета, 9 июля 2009 г.

(66) この会社については、Коммерсантъ, 24 апреля 2009 г. に情報が掲載されている。

(67) ナーシのサイト（http://nashi.su/news/27111）。

(68) ナーシのサイト（http://nashi.su/news/27112）。

(69) Российская газета, 16 июля 2009 г.

(70) 電子版『ロシア新聞』（http://www.rg.ru/2009/07/16/zakryto-seliger-anons.html）。

(71) Коммерсантъ, 27 июля 2009 г.

(72) Независимая газета, 9 сетнября 2009 г.
(73) 「ガゼータ・ル通信」のサイト（http://www.gazeta.ru/news/lenta/2009/09/17/n_1404691.shtml）。
(74) 一九二四年一二月五日生まれで、二〇一三年九月より上院議員となり、二〇一八年九月まで務めることになっている。また、上院のサイトによれば、ドルギーフは二〇の勲章を有している（http://council.gov.ru/structure/person/1073/）。
(75) Коммерсантъ власть, № 38, 28 сентября 2009 г., С. 20.
(76) ラジオ局「モスクワのこだま」のサイト（http://www.echo.msk.ru/news/620829-echo.html）。
(77) 「ガゼータ・ル通信」のサイト（http://www.gazeta.ru/social/2009/09/18/3262340.shtml）。
(78) Как антисоветчик антисоветчикам // Ежедневный журнал, 21 сентября 2009 г.（http://ej.ru/?a=note&id=9467）
(79) Российская газета, 22 сентября 2009 г.
(80) 「ガゼータ・ル通信」のサイト（http://www.gazeta.ru/news/lenta/2009/09/25/n_1407425.shtml）。
(81) 「ガゼータ・ル通信」のサイト（http://www.gazeta.ru/news/lenta/2009/09/30/n_1409076.shtml）。
(82) Коммерсантъ, 6 октября 2009 г.
(83) Аргументы и Факты, № 41, 7 октября 2009 г.
(84) パンフィーロヴァは二〇一六年三月に中央選挙管理委員会委員に選出され、同委員会委員長に就任した（Собрание законодательства Российской Федерации, 2016, № 10, Ст. 1400; Коммерсантъ, 29 марта 2016 г.）。
(85) Независимая газета, 6 октября 2009 г.
(86) Коммерсантъ, 7 октября 2009 г.
(87) Независимая газета, 7 октября 2009 г.
(88) 政治学者ドミートリー・オレシキン（Д.Б. Орешкин）は、「陰謀はなかっただろう。しかし、「ナーシ」の側やクレムリンの「ナーシ」支援者からの同調圧力はあった」とナーシによる圧力を示唆した（Огонёк, № 31, 9 августа 2010 г., С. 14）。他方、パンフィーロヴァは一〇月、『コメルサント』紙のインタヴューで「当然のことながら、私はナーシやその他の統一ロシア党員が原因で辞任したのではない。こういう指摘は、単に笑い話であり、二〇年間政治家として重要な経験をしてきた人物をばかにしたものである」と圧力の存在を否定し、辞任の経緯を記者に説明した（Коммерсантъ, 12 октября 2010 г.）。
(89) 一九八五年ヴォロネジ生まれで、二〇〇五年からナーシの活動に加わっていた（Коммерсантъ, 16 апреля 2010 г.）。
(90) Коммерсантъ, 16 апреля 2010 г.

(91) Коммерсантъ, 17 мая 2010 г.; Независимая газета, 4 ноября 2010 г.

(92) 「第1チャンネル」のサイト（https://www.1tv.ru/news/2010-04-15/149861-v_moskve_proshyol_pyatyy_s_ezd_molodyozhnogo_dvizheniya_nashi）。

(93) Mijnssen, *op. cit.*, p. 138.

(94) ナーシのサイト（http://nashi.su/news/32057）。

(95) Mijnssen, op. cit., p. 166.

(96) ナーシのサイト（http://nashi.su/news/32061）。

(97) Известия, 5 июля 2010 г.

(98) 「インターファクス通信」のサイト（http://www.interfax.ru/russia/144314）。

(99) Известия, 22 июля 2010 г.

(100) Собрание законодательства Российской Федерации, 2010, № 41, Ст. 5250. なお、「愛国心プログラムIII」はたびたび改正されている（Собрание законодательства Российской Федерации, 2011, № 41, Ст. 5754; Собрание законодательства Российской Федерации, 2013, № 3, Ст. 211; Собрание законодательства Российской Федерации, 2013, № 41, Ст. 5202）。

(101) 二〇〇九月に改正選挙法が採択されて下院の任期は四年から五年に延長されたため、二〇一一年に下院選挙が実施されることになった（Собрание законодательства Российской Федерации, 2009, № 20, Ст. 2391）。

(102) 「ガゼータ・ル通信」のサイト（http://www.gazeta.ru/politics/2011/07/01_a_3682249.shtml）。

(103) Коммерсантъ, 2 августа 2011 г.; Независимая газета, 2 августа 2011 г.

(104) Ведомости, 6 мая 2011 г.

(105) Ведомости, 28 июля 2011 г.; Ведомости, 7 сентября 2011 г.

(106) 反対運動は行われていたが、その主体は青年層ではなく、幅広い年齢層からなる「民主派」や人権活動家らであった（Огонёк, № 23, 13 июня 2011 г., С. 47; Коммерсантъ, 16 июня 2011 г.）。

(107) Коммерсантъ, 7 мая 2011 г.

(108) Российская газета, 11 мая 2011 г.

(109) Там же.

(110) Коммерсантъ, 10 мая 2011 г.

(111) Коммерсантъ, 16 мая 2011 г.
(112) 「インターファクス通信」のサイト（http://www.interfax.ru/russia/217080）。
(113) Коммерсантъ, 5 декабря 2011 г.
(114) 第一副首相には二〇〇八年に就任した（Собрание законодательства Российской Федерации, 2008, № 20, Ст. 2324）。
(115) Собрание законодательства Российской Федерации, 2012, № 1, Ст. 40. スルコフは二〇一三年五月に首相職を解任された後（Собрание законодательства Российской Федерации, 2013, № 19, Ст. 2410）、同年九月に大統領補佐官に任命された（Собрание законодательства Российской Федерации, 2013, № 38, Ст. 4808）。一連の人事をめぐってさまざまな憶測が流布されたが、これを明らかにするのはまた別の課題としたい。なお、スルコフの後任として大統領府第一副長官に就任したのは、ヴャチェスラフ・ヴォロジン（В.В. Володин）である。現在、ヴォロジンは下院議長を務めている（Собрание законодательства Российской Федерации, 2012, № 22, Ст. 2796; 2016, № 41, Ст. 5794; 2016, № 41, Ст. 5814）。
(116) 電子版『モスクワ・ニュース』（http://www.mn.ru/politics/20120213/311471202.html）。
(117) Новая газета, 6 февраля 2012 г.
(118) 電子版『イズヴェスチヤ』（http://izvestia.ru/news/517591）。
(119) 「ガゼータ・ル通信」のサイト（http://www.gazeta.ru/politics/2012/04/06_a_4151693.shtml）。
(120) Новая газета, 16 мая 2012 г.
(121) Новая газета, 23 мая 2012 г.
(122) 「ガゼータ・ル通信」のサイト（http://www.gazeta.ru/politics/2012/05/21_a_4595465.shtml）。
(123) Новая газета, 25 мая 2012 г.
(124) Росийская газета, 9 июля 2012 г.
(125) Собрание законодательства Российской Федерации, 2012, № 25, Ст. 3399; Независимая газета, 14 июня 2012 г.
(126) Московские новости, 27 сентября 2012 г.
(127) Коммерсантъ, 8 октября 2012 г.
(128) Ведомости, 5 марта 2013 г.
(129) Ведомости, 21 мая 2013 г.

終章　ロシアの愛国主義

レニングラード州ヴィボルグ市内の広場。戦勝記念の横断幕が掲げられている。
2013 年 5 月 12 日筆者撮影。

ソ連崩壊後のロシアでは、国家の体制を建て直すとともに、国民統合が緊急の課題とされた。プーチンは、首相時代から傷ついた国民のプライドを慰撫するかのごとく、愛国主義の重要性を幾度となく強調し、それに基づいた政策を実施していった。終章では、これまでの議論を踏まえ、愛国主義や国民統合の特徴をまとめるとともに、愛国主義政策の現状について概観する。そして最後に、今後の課題を提示したい。

第一節　愛国主義の特徴

二〇〇〇年に政権を掌握したプーチンは、国内の対立を煽りかねない特定民族のナショナリズム（民族主義）を抑制し、多民族国家ロシアを一つにまとめあげる理念として愛国主義に着目したところに、注目しなければならない。

プーチン政権は大祖国戦争での勝利を中核に据えた愛国主義に基づき、国民の一体感を創出しようとした。ところが、タタルスタン共和国がタタール文化の伝統を前面に押し出す民族主義的なスタンスを顕著にすると、政権はそれに歯止めをかけ、民族関係の調和を図って統合を促した。

プーチンは特定民族への帰属意識をナショナリズム、民族的差異を前提とした国家への帰属意識を愛国主義と捉え、後者による統合を推し進めることで、ナショナル・アイデンティティの形成を目指した。ロシアは民族文化など単一ではなく、個々の民族アイデンティティとロシア国民という意識が重なっているため、仮に前者に基づけば、民族共和国が連邦中央に過度の権利を要求したり分離独立運動が活発になるなど、ソ連崩壊直後に起きたことが再発しかねない。ひいては民族間の軋轢に発展する怖れがあるとプーチンが判断したためであろう(1)。こうしてプーチン政権は、ロシア内の諸民族が共有する伝統を愛国主義に接続し、ロシア国民意識の涵養を図って国民統合を進めた。

政権はこうした方針を前提に、民族共和国や地方のエリート、さらには退役軍人からの要求も上手く取り込みながら愛国主義政策を策定してきた。特定民族の文化伝統に依拠しない政権の統合手法は、多民族国家の統合のあり方に則ったものであり、その意味で他国における手法との関連性を指摘できる。こうした点を考慮すると、プーチン政権が奨励した愛国主義は、第一義的には、国民統合を促す理念としての役割を担っていたといえよう(2)。

ところが、プーチン政権は国内の少数民族の包摂に努めながらも、旧ソ連諸国で生じたいわゆる「カラー革命」を機に青年層を対象に愛国主義政策を策定し、青年組織ナーシの活動を支援するなど、ロシアの若者が欧米的な価値観や思想に染まるのを防ぐため、彼らの愛国心を育んでロシア的価値観の普及も図った。

こうして、愛国主義には欧米と結託し政権転覆を図る不安分子を排除し、政治的安定を追求する「反革命」の思想が新たに加えられた。愛国主義は当初の目的に加え、政権の支持を堅固にする道具として積極的に利用されることになった。政治エリートが愛国心で一体感を演出し、広く国民の支持を獲得する取り組みはロシアのみならず他国でも往々にして観察されるが、プーチン政権が国民の支持を期待し愛国主義を利用し始めた点は重要である。

もっとも、二〇一〇年に採択された「愛国心プログラムIII」では、初期プログラムの主旨が踏襲されたことから、政権の支持を促すのが目的の一つであるとしても、やはり政権はロシアの諸民族統一を重要視していたと思われる。つまり、プーチン政権による愛国主義政策は、内外情勢の影響を受け、時に揺れ動きながらも、多民族の統合を主眼としていたのである。

したがって、プーチン政権期に奨励された愛国主義とは、①特定民族に偏らない全ロシア的な価値観を基底にして諸民族の統合を奨励し、国家の一体性を担保する理念であった。②他方で、政権の支持拡大を企むイデオロギーとしての役割も期待されていた、とまとめることができよう。このような特質は、まさにプーチン政権の強力な後押しで形作られたのであり、その意味においてエリツィン期には抑制されていた愛国主義の制度化が進められ、それに基づく国民統合が進められたのであった。

第二節　国民統合の行方

では、国民統合という目的は達成されたのであろうか。民族共和国の動向を検討した第四章の議論をふり返ってみよう。ソ連崩壊後にタタルスタン共和国は分離独立を志向し、民族主義を高揚させたが、プーチン政権の愛国主義政策の推進により、自らの民族性を保ちながら、ロシア国民としての意識涵養を目指した。その結果、自らを「ロシア国民」と捉えるタタール人の割合は徐々にではあるが、増加に転じたのであった。カーネギー国際平和財団モスクワ・センター所長のドミートリー・トレーニンは、「タタール人、チェチェン人、ヤクート（サハ）人その他には、民族的な自負心が強い。ダゲスタン共和国にいる三六もの少数民族グループも、自分たちをロッシヤーネ（ロシア国民）と呼びながらも、自分たち自身の民族的共同体を守ることを非常に大切にする」[3]とみなす。このように見ると、ナショナル・アイデンティティの再構築を目的に策定された愛国主義政策はそれなりの効果を発揮し、プーチンの政治方針はある程度の成功を収めたと言えなくもない。

もっとも、下院選挙が実施された二〇一一年には、ロシアでソ連崩壊後最大級の反政府デモが実施されるなど、国民が果たして共通のアイデンティティを持つのか疑問を呈する人はいるだろう。確かに反政府デモは大規模であったが、その主なスローガンは「プーチンなきロシア」といったものであり、デモ参加者らはプーチンを批判しながら祖国ロシアを憂えた。その意味で、二〇一一年末から二〇一二年にかけて実施されたデモは、ロシア国民という意識がないからではなく、むしろあったからと言うことができよう。つまり、政権派も反政権派も同じアイデンティティを共有していたのであり、こうした状況はプーチンが強力に推進した愛国主義政策によってもたらされたのである[4]。クリミア問題のような対外的な場面でもロシア国民という意識は強まり、愛国主義政策が国民形成に影響を与えたと評価できる。ただ、プーチン政権が愛国主義を掲げたのは国民からの支持を磐石にしたかったという別の目的をみるならば、十分な成果を発揮したとは言い難い。

以上のように、戦勝を礎とする愛国主義は、諸民族のロシアへの統合を促し、ナショナル・アイデンティティの再構築に一定程度貢献したと評価できる。ソ連崩壊後の混沌とした状況と異なり、連邦内の各民族は自民族意識を保持しつつも、共通のアイデンティティたるロシア国民意識を持つに至ったと言えよう。

第三節　愛国主義政策の現在

以上を踏まえ、愛国主義政策の現状を簡単に確認しておこう。二〇一五年五月、戦勝七〇周年記念を控えたモスクワでは、オレンジと黒の「ゲオルギー・リボン（георгиевская ленточка）」が市内の地下鉄各駅で一般市民に配布された(5)。プーチンやメドヴェージェフを含む閣僚はリボンを左胸に付け、当局は愛国心を形で示すようにしたのである。この年の五月九日は戦勝七〇周年記念ということもあり、大規模なパレードが実施され(6)、各国の首脳も参列しセレモニーが行われた。その後、プーチン大統領は多くの市民が参加したパレード「不滅の連隊（бессмертный полк）」に加わり、自身の父親の肖像写真を掲げて一般市民とともに街を行進するなど、国民的な一体感の演出に余念がなかった(7)。

国営メディアはその姿をロシア全土に中継するだけでなく、戦勝七〇周年を記念した特別番組も制作し放送するなど、国民の愛国心を醸成する政権の基本方針は今日においても維持されている。政権は大規模な祝祭のみならず、メディアを通して愛国主義の普及を図り、国内の統一を図っているのである。

このように現在でも政権が主導して戦勝の意義を強調しつつも、退役軍人や彼らをサポートする国会議員らもこれまで通り政策過程に関与している。特に退役軍人は「歴史の歪曲」についてたびたび言及し、その対応を政治家らに迫っている(8)。例えば、ヴォルゴグラードでは、共産党系の議員が現在でもスターリンの復権を求めており、ロシアを二分しかねない問題が現在でも勢いを失っておらず、愛国主義政策の策定をめぐって攻防が繰り広げられている(9)。二〇一五年四月、「ロシア年金生活者党」党首で下

木に結びつけられた「ゲオルギー・リボン」。2013年5月15日筆者撮影。

院防衛委員会に所属するイーゴリ・ゾートフ（И.Л. Зотов）議員は『イズヴェスチャ』紙のインタヴューで、戦勝関連の称号を冒瀆する活動に刑事責任を問う法案作成に取り掛かると明かした。[10] 同じような動きは他にもあり、ソ連とナチズムを同列に見る試みに対しても刑罰を科す法案の採択が水面下で進められているという。[11] 一部の下院議員らは、小学校高学年から高校生を主な対象にして、モスクワやサンクトペテルブルグといった「英雄都市」の訪問の義務化を検討している。[12]

さらに、歴史学博士で「歴史発展基金」総裁のナタリア・ナロチニーツカヤ（Н.А. Нарочницкая）など保守派の論客が討論番組や自著で大祖国戦争の神聖性をたびたび強調している。[13] 政権はこれまでどおり主導しているが、下院議員や退役軍人らも政策策定プロセスに積極的に関与している。ロシアでは、「大祖国戦争を扱う歴史教科書は、……この戦争に直接参加した人たちが執筆すべきだ」との意見もあるほどだ。(14) いずれにせよ、大祖国戦争を中核とする愛国主義は現在もその意義を失っていないのである。

このような動きが見られるなか、二〇一五年末には「二〇一六年から二〇二〇年までのロシア連邦国民の愛国心教育に関する国家プログラム（Патриотическое воспитание граждан Российской Федерации на

サンクトペテルブルグの北部にある「ピスカリョフ墓地」。この墓地には，ドイツとの攻防戦で死亡した市民50万人が埋葬されているという。ドイツ軍はレニングラード（現サンクトペテルブルグ）を900日近くにわたって包囲したが，ソ連軍が1943年1月18日に反撃作戦を開始し陸上ルートが確保された。1944年1月にはドイツ軍が撤退し，包囲は完全に解かれた。2018年1月18日，プーチン大統領はレニングラード包囲突破75周年に合わせ犠牲者が眠るピスカリョフ墓地に献花した。2013年5月15日筆者撮影。

「ピスカリョフ墓地」に供えられた多くの花束。2013年5月15日筆者撮影。

2016–2020 годы)」が採択された[15]。この第四次プログラムもすべての社会層・年齢層を対象に、ロシアの安全保障や安定的発展のために社会の団結を強め、ロシアの歴史や文化への意識を強化し、祖国を愛する国民を育成しようとしており、大祖国戦争での勝利をこれまで同様に強調している。このプログラムは約一六億六〇〇〇万ルーブルが予算として計上された。

このように政治エリートは大祖国戦争での勝利を礎とする愛国主義を現在でも重視し、国民統合に努めている。プーチン政権下で具体化された愛国主義政策の基本理念は、これまでどおり維持されているのである。

第四節　残された課題

以上、本書の議論をまとめてきたが、残された課題も多い。ここでは、愛国主義とナショナリズムの関係に焦点を絞り、課題を提示したい。まず、愛国主義の制度化について、本書では連邦中央とタタルスタン共和国の政策に着目し、愛国主義をめぐる両者の複雑なやり取りを検討した。その上で、タタール人のロシア国民意識は上昇傾向にあり、政権の試みはある程度成功したと指摘した。とはいえ、ロシア連邦にはタタルスタン共和国以外にも、カルムイク共和国、サハ共和国、チェチェン共和国、チュヴァシ共和国など少数民族が多数を占める民族共和国がある。(16) これらの共和国で表面上は抑制されてきたナショナリズムが部分的に噴出し、政権主導の愛国主義の枠組みを突き破る（あるいは、現に突き破っている）可能性もあり、タタルスタン共和国の事例をもってして国民統合が成功したと判断できない。その意味で、他の民族共和国がプーチンの愛国主義にいかなる対応を示したのかを明らかにする必要があろう。

また、政権とロシア正教会の関係も重要である。周知のようにロシア正教会はプーチン政権の庇護の下、その影響力を高めてきた。プーチン政権は、本書で検討したように、諸民族の統合を目指して愛国主義政策を推進してきたが、他方で正教会との良好な関係構築も進めている。この点に着目すると、政権は多数派のロシア民族を意識してロシア・ナショナリズムに訴えかけていると捉えることもできる。とはいえ、現在のロシアでは人口の約八割をロシア民族が占めており、ロシア連邦全体と「狭義のロシア」の差が小さく、そのため愛国主義とロシア・ナショナリズムの区別が明確ではないとの指摘もある。(17) ともかく、両者の関係をよりきめ細かく整理する作業が課題として残っている。

その関連で、民族主義団体の動向も無視できない。プーチンは、ポーランド軍に占領されていたモスクワが解放された一一月四日を二〇〇四年末に「民族統一の日（День народного единства）」とし、翌年から祝日にすると発表した。[18] 祝日の名称からもわかるように、国内諸民族の統合を促す狙いがあった。しかし二〇〇五年の一回目の祝日には、民族主義勢力が「ロシアはロシア人のために」というスローガンを連呼するなど、ロシア人中心主義的な主張を繰り返した。以降、民族主義勢力は毎年一一月四日に集会やデモを開催し、極端な思想を喧伝している。[19] 国民統合を目指す愛国主義政策が推進されながらも、為政者の意図に反して民族主義団体の活動が盛んになる矛盾も目につく。であるから、民族間の軋轢をもたらしかねないロシア・ナショナリストの動向を検討することで、ロシアにおける国民統合の実態をより正確に浮き彫りにできると思われるのである。

以上、本書ではナショナル・アイデンティティの再構築を目的に策定された愛国主義政策を検討してきた。本書で提示したメカニズムは、ロシアの現状や今後を理解する上で重要であり、かつ不断に変化し続けるロシアの基層となるものと思われる。

注

(1) ソ連への忠誠を促した「ソヴィエト愛国主義」との類似性を想起させる。なお、本書では、プーチン政権が奨励する愛国主義と「ソヴィエト愛国主義」の相違点については検討しない。「ソヴィエト愛国主義」については、塩川伸明『民族と言語——多民族国家ソ連の興亡I』岩波書店、二〇〇四年が詳しい。

(2) 統合に関しては、チェチェン問題のように力による問題解決や、一連の連邦制改革といった制度面での影響も否定できない。

(3) *Тренин Д.* Post-Imperium: **евразийская история**, M.: РОССПЭН, 2012, C. 97（ドミートリー・トレーニン（河東哲夫・湯浅剛・小泉悠訳）『ロシア新戦略——ユーラシアの大変動を読み解く』作品社、二〇一二年、一一四頁）.

(4) 二〇〇〇年代の経済回復によって生まれた中産階級が今回のデモの中心的担い手であったとされる。本書はそのような指摘を否定するのではなく、「ロシア国民」意識の醸成も要因の一つであったと主張するものである。

（5）Известия, 20 апреля 2015 г.; Известия, 27 апреля 2015 г. リボンの配布は二〇〇五年にリア・ノーヴォスチ通信などが行ったのがきっかけである（https://ria.ru/spravka/20070423/64190392.html）。
（6）Известия, 18 марта 2015 г.
（7）Известия, 12 мая 2015 г.
（8）Коммерсантъ, 7 апреля 2015 г.
（9）Известия, 13 марта 2015 г.
（10）Извесия, 10 апреля 2015 г.
（11）Известия, 19 мая 2015 г.
（12）Известия, 22 июня 2015 г.
（13）*Нарочницкая Н.А.* Сосредоточение России. Битва за русский мир, М.: Книжный мир, 2015.
（14）*Микроков В.Ю.* О фальсификации истории Великой Отечественной войны // Вопросы истории, 2010, № 12, С. 81.
（15）Собрание законодательства Российской Федерации, 2016, № 2, Ст. 368.
（16）カスピ海の北西に位置するカルムイク共和国の人口構成は、カルムイク人五三・三%、ロシア人三三・六%、極東に位置するサハ共和国ではヤクーチア人四五・五%、ロシア人四一・二%、北コーカサスの北東（ロシア南西部）に位置するチェチェン共和国ではチェチェン人九三・五%、ロシア人三・七%、そしてヴォルガ川上流に位置するチュヴァシ共和国ではチュヴァシ人六七・七%、ロシア人二六・五%である（Регионы России. Основные характеристики субъектов Российской Федерации. 2008: Стат. сб, М.: Росстат, 2008, С. 261, 591, 282, 368）。なお、少数民族が多数を占めているわけではないが、バシコルトスタン共和国では、バシキール人二九・八%、ロシア人三六・三%、タタール人二四・一%という民族割合で均等に近く、愛国主義の制度化を検討する上で興味深い共和国と言えよう（Там же, С. 331）。ちなみに、北コーカサスに位置するアディゲ共和国の民族意識を調査した研究によれば、ロシア人の七〇・一%はロシア国民意識を持っていたが、アディゲ人のその割合は五七・三%であった（*Клименко Л.В.* Идентичность населения Республики Адыгея: соотношение общероссийского, регионального и этнического компонентов // Журнал социологии и социальной антропологии, 2011, Т. 14, № 1, С. 153–154）。
（17）塩川伸明『国家の構築と解体——多民族国家ソ連の興亡II』岩波書店、二〇〇七年、二七八頁の注173を参照。
（18）Собрание законодательства Российской Федерации, 2005, № 1, Ст. 27.
（19）Коммерсантъ, 7 ноября 2005 г.; 7 ноября 2006 г.; 6 ноября 2007 г.; 6 ноября 2008 г.

初出一覧

本書は、これまで発表してきた次の論文に加筆・修正を加えたものである。一貫した叙述となるように、論文の一部を利用したり、前後を入れ替えたりしている。なお、既発表論文と表記や訳語に差異がある場合、本書が正確なものとする。

序章　書き下ろし
第一章、第二・三節　「プーチン政権下における「愛国主義」政策の変遷——「カラー革命」と青年層」『ロシア・東欧研究』第三九号、二〇一一年、八四—八八頁。
第二章　「プーチン期における「愛国主義」政策の形成過程——連邦構成主体からのイニシアティヴに着目して」『政治研究』第六〇号、二〇一三年、二三九—二七三頁。
第三章　「現代ロシアの「愛国主義」と戦勝記念——名誉称号「軍事栄光都市」に着目して」『ロシア・ユーラシアの経済と社会』第一〇〇一号（二〇一六年二月）、一九—三三頁。
第四章　「現代ロシアにおける「愛国主義」の相貌——タタルスタン共和国の動向を中心に」『政治研究』第六二号、二〇一五年、六七—一〇一頁。

第五章　「プーチン政権下における「愛国主義」政策の変遷——「カラー革命」と青年層」『ロシア・東欧研究』第三九号、二〇一一年、八八—八九頁。「ロシア官製青年組織「ナーシ」の登場——プリンシパル・エージェント関係としての政権と組織」『政治研究』、第五八号、二〇一一年、九八—一〇四頁。「プーチン体制下における政治動員——選挙マシーンとしての官製青年組織「ナーシ」」『政治研究』第六一号、二〇一四年、五—八頁。

第六章　「プーチン体制下における政治動員——選挙マシーンとしての官製青年組織「ナーシ」」『政治研究』第六一号、二〇一四年、三—五、九—三五頁。

第七章　書き下ろし

終章　書き下ろし

あとがき

本書は、二〇一六年一月に九州大学大学院比較社会文化学府に提出した博士学位請求論文「現代ロシアにおける「愛国主義」――プーチン政権による国民統合政策の分析」を大幅に加筆・修正したものである。博士論文を書き終えてから既に二年以上が経過した。この間、ロシア情勢はめまぐるしく変化しており、様々な論点が世界の研究者らによって提示されている。筆者の力不足でフォローできなかった最新動向については、今後の課題としたい。

本書は、「愛国主義」をキーワードにして現代ロシアの国民統合について分析したものである。日本を含む各国のニュース番組では、眉間にしわを寄せ厳しい表情で語るプーチン大統領の姿が映し出され、政権による中央集権化や反対派への弾圧などがたびたびクローズアップされている。そうした側面を全否定するつもりはないが、「力」の行使だけで統合を実現できるとは思えなかった。政権は国家の制度構築を行いながら、国民統合を促す理念を模索していたと考えていた。しかし、現状分析の宿命なのだが、こうして「あとがき」を記している間にもロシア情勢は変化している。本書で示した解釈がどれほど説得力を持つかは読者諸氏のご判断を仰ぐほかない。本書が未知の国ロシアを理解する一助になれば幸いである。

さて、大学院修士課程以来、ロシア研究を始めて一〇年近く経とうとしている。この間、「なぜロシアを研究対象にしたのか」としばしば尋ねられた。九州という土地柄、アジア近隣諸国を研究対象にする大学院生が多いなか、筆者のようにロシアを研究対象に選ぶ大学院生は皆無に等しい。なんとなくロシア語を学び始め、気づけばロシアに興味を惹かれ、大学院にまで進学し研究を本格的に志すようになっていた。研究テーマで悩んだことは一度や二度ではなく、これまでに多くの方々の支えがあった。

九州大学大学院比較社会文化学府は複数指導教員制を採用しており、異なる分野の先生方から様々なことをご教示頂いた。政治学を専門とする大河原伸夫先生からは、明確な概念設定を意識して論文を執筆するようにと丁寧な指導を受けた。政治理論を専門とする岡﨑晴輝先生は、専門外にもかかわらず、筆者の原稿に細かく目を通し問題点をご指摘下さった。また、学会報告の仕方や論文の書き方など親身になって相談に乗って下さった。指導教官を引き受けて下さったのは、ソヴィエト史（政治社会史）がご専門の松井康浩先生であった。松井先生は修士・博士課程を通じてロシア政治分析の方法や研究のイロハを叩き込んで下さった。研究室の中でもとりわけ出来の悪かった筆者を最後まで根気強くご指導下さった。福岡市内のバーで松井先生と一緒にウォッカを飲みながら、ロシア政治について語り合ったことは昨日のようにはっきりと覚えており、研究者を志す筆者にとってとても刺激的であった。常に反発し続けた筆者を見捨てず最後までご指導下さったことに改めて感謝申し上げたい。九州大学名誉教授の高田和夫先生との出会いも重要であった。高田先生のご専門は近代ロシア史であったが、筆者の研究報告や論文に対して毎回鋭いコメントを寄せられ、研究の厳しさをご教示いただいた。

博士論文を執筆する上では、学外の先生方からも様々なアドバイスをいただいた。九州地区の大学に所属するソ連・ロシアの専門家を中心に運営されている「ソ連東欧史研究会」では、大学院修士課程入学後に初めて研究報告を行った場である。この研究会では多くの事を教えられ、研究者として鍛えていただいた。とりわけ、上垣彰先生（西南学院大学教授）、荻野晃先生（長崎県立大学教授）、佐藤正則先生（九州大学大学院言語文化研究院准教授）らに感謝申し上げたい。また、ロシア文化論を専門とする芳之内雄二先生（北九州市立大学名誉教授）や法哲学を専門とする重松博之先生（北九州市立大学教授）は、筆者の論文に対する感想や疑問点などをその都度送って下さった。

研究を続ける上ではロシアへの留学も非常に貴重であった。二〇一一年から二〇一二年にかけてサンクトペテルブルグ国立大学に留学する機会を得た。学部生に混じって講義を受け、論文や研究書を図書館で読み漁った日々は今でもはっきりと覚えている。この間、ネフスキー大通りで行われた大祖国戦争記念パレードを実際に見たり、戦勝関連の博物館などを集中的に訪問したりして調査を行うことができた。本書で用いた写真の一部はこの留学期間に撮影したものである。留学中にはいろいろな困難にも見舞われたが、サンクトペテルブルグで出合った人々の支えもあり、厳しい環境でも何とか研究を続けることができた。お名前を挙げることはしないが、お世話になった方々に感謝申し上げたい。

本研究は、九州大学大学院博士後期課程奨学金、日本学術振興特別研究員として平成二四年〜平成二五年度の科学研究費補助金（特別研究員奨励費）を受けた成果でもある。これらの助成金により、地方での学会報告やロシアでの資料収集が可能となり、博士論文を完成させることができた。記して心より謝意を表したい。

本書の刊行に当たっては、法政大学出版局の奥田のぞみさんに大変お世話になった。学術書の出版が非常に厳しい今日、筆者の博士論文に価値を見出し、「一緒に頑張りましょう」と仰ってくださった。編集の過程では、筆者の荒削りな原稿を非常に丁寧に読んでいただき、貴重なご指摘をくださった。また本書の出版までに、筆者を励まし暖かく見守って下さった。奥田さんのサポート無くして出版には辿りつくことはできなかった。この場を借りて改めて感謝申し上げる。

最後に、将来が不安な筆者を辛抱強く支えてくれた家族に感謝したい。

二〇一八年三月

西山美久

著者紹介

西山美久（にしやま よしひさ）

1985 年長崎県生まれ。九州大学大学院比較社会文化学府博士後期課程単位修得退学。博士（比較社会文化，九州大学，2016 年）。サンクトペテルブルグ国立大学留学, 日本学術振興会特別研究員（DC2），筑紫女学園大学，北九州市立大学，長崎県立大学の非常勤講師を務める。

主な業績に，「プーチン政権下における「愛国主義」政策の変遷——「カラー革命」と青年層」『ロシア・東欧研究』第 39 号，2011 年（第 2 回ロシア・東欧学会研究奨励賞受賞），「プーチン期における「愛国主義」政策の形成過程——連邦構成主体からのイニシアティヴに着目して」『政治研究』九州大学政治研究会，第 60 号，2013 年，「現代ロシアの「愛国主義」と戦勝記念——名誉称号「軍事栄光都市」に着目して」『ロシア・ユーラシアの経済と社会』第 1001 号（2016 年 2 月号）。

サピエンティア　**52**

ロシアの愛国主義
プーチンが進める国民統合

2018年 5 月 1 日　初版第 1 刷発行

著　者　西山美久
発行所　一般財団法人　法政大学出版局
〒102-0071 東京都千代田区富士見2-17-1
電話03 (5214) 5540／振替00160-6-95814
印刷　平文社／製本　誠製本
装幀　奥定泰之

ISBN 978-4-588-60352-5　　Printed in Japan

索　引

あ　行

か　行

さ　行

た　行

な　行

は　行

ま　行

や　行

ら　行

わ　行

参考文献

Ⅰ　一次資料

法令集，統計集

Вопросы статистики
Ведомости Государственного Совета Татарстана
Ведомости СНД и ВС РСФСР
Регионы России: основные характеристики субъектов Российской Федерации
Собрание законов СССР
Собрание актов Президента и Правительства Российской Федерации
Собрание законодательства Российской Федерации
『官報』

資料集・人物録・辞典・世論調査集

Внешняя политика России: сб. документов. 1990–1992, М.: Международные отношения.
Общественное мнение – 2012, М.: Левада Центр, 2012.
Общественное мнение – 2013, М.: Левада Центр, 2014.
Словарь руссеого языка / Академия наук СССР. институт русского языка, Т. 3, М.: Издательство «Руссеий язык», 1983.
Щеголев К.А. Кто есть кто в России: Законодательная власть, кто правит современной Россией, М.: Астрель, 2009.

新聞・雑誌

Аргументы и факты
Белгородская правда
Ведомости
Вечерняя москва
Волгоградская правда
Известия
Информационно-публицистический бюллетень «просвещение»
Итоги
Коммерсантъ
Коммерсантъ власть
Коммерсантъ деньги
Комсомольская правда

Красная звезда
Курская правда
Московсеие новости
Независимая газета
Новая газета
Новые известия
Огонёк
Орловская правда
Правда
Профиль
Республика Татарстан
Российская газета
Советская Россия
Советское исскуство
Социалистическое земледелие
Сталинградская трибуна
Труд
The Times
The St. Petersburg Times
『読売新聞』『朝日新聞』

インターネットソース
ナーシのサイト：http://www.nashi.su/
「レヴァダ・センター」のサイト：http://www.levada.ru/
「全ロシア世論調査センター」のサイト：http://www.wciom.ru/
「世論財団」のサイト：http://fom.ru/
インターファクス通信のサイト：http://www.interfax.ru/
「ガゼータ・ル通信」のサイト：http://www.gazeta.ru/
リア・ノーヴォスチ通信のサイト：http://ria.ru/
ラジオ局「モスクワのこだま」のサイト：http://www.echo.msk.ru/
「第一チャンネル」のサイト：http://www.1tv.ru/
ロシア連邦大統領府のサイト：http://kremlin.ru/
ロシア連邦上院のサイト：http://council.gov.ru
法令データベース「コンサルタント・プラス」：http://www.consultant.ru/online/

2　著書・論文

ロシア語文献

Андреев А.Л. Общество глазами студента: гражданская позиция российской учащейся

молодежи // Мониторинг общественного мнения: экономические и соцанальные перемены, 2005, № 1, С. 32–41.

Афанасьева А.И., Меркушин В.И. Великая отечественная война в исторической памяти Россиян // Социологические исследования, 2005, № 5, С. 11–22.

Билалов М.Ю. Социализация личности средствами музейной педагогики. Автореферат диссертации на соискание ученой степени кандидата педагогических наук, Казань, 2003.

Бойко Н. Процесс информатизации как демократизационная составляющая стиля жизни современной молодежи // Социология: теория, методы, маркетинг, 2006, № 1, С. 193–197.

Бондаренко Е. А. Республика Татарстан: национальные отношения // Социологические исследования, 1999, № 11, С. 68–72.

Борсяк Л. "Наши": кого и как учат спасать Россию // Вестник общественного мнения: данные. анализ. дискуссии, 2005, № 5, С. 17–29.

Бызов Л.Г. Контуры новорусской трансформации. социокультурные аспекты формирования современной российской нации и эволюция социально-политической системы, М.: РОССПЭН, 2013.

Вакулюк Е.Л. Военно-патриотическое воспитание школьников в процессе занятий физической культурой // Наука третьего тысячелетия: сборник статей международной научно-практической конференции / Отв. ред. А.А.Сукиасян, Уфа, 2013, С. 107–110.

Варенников В.И. 60-летие Победы: уроки истории и современность // Знание. Понимание. Умение, 2005, № 2, С. 51–55.

Волков Д.А. Протестные митинги в России конца 2011 – начала 2012 гг.: запрос на демократизацию политических институтов // Вестник общественного мнения: Данные. Анализ. Дискуссии, 2012, № 2, С. 73–86.

Внешняя политика России: сб. документов. 1990–1992, М.: Международные отношения, 1996.

Гарипов Я.З. Языковое развитие полиэтнического региона // Социологические исследования, 2012, № 4, С. 64–69.

Голосов Г.В. Демократия в России: инструкция по сборке, СПб: БХВ-Петербурк, 2012.

Горьев С.И. 17-летние россияне 1997 года: сочетание либеральных и антилиберальных ориентаций // Социологические исследования, 1999, № 8, С. 36–47.

Гройс Б. Поиск русской национальной идентичности // Вопросы философии, 1992, № 9, С. 52–60.

Громов Д.В. Движение «Наши». 2007 год // Молодежные субкультуры Москвы / Сост., Д.В. Громов, отв. ред., М.Ю. Мартынова, М.: ИЭА РАН, 2009, С. 115–172.

Гудков Л.Д. Массовая идентичность и институциональное насилие. статья первая: партикуляризм и вытеснение прошлого // Вестник общественного мнения: данные.

анализ. дискуссии, 2003, № 1, С. 28–44.

Гудков Л. Негативная идентичность. статьи 1997–2002 годов, М.: Новое литературное обозрение, 2004.

Гудков Л.Д. Время и история в сознании россиян (часть I) // Вестник общественного мнения: Данные. Анализ. Дискуссии, 2009, № 3, 84–102.

Гудков Л.Д. Время и история в сознании россиян (часть II) // Вестник общественного мнения: данные. анализ. дискуссии, 2010, № 2, С. 13–61.

Гудков Л.Д., Дубин Б.В., Зоркая Н.А. Молодежь России, М.: Московская школа политических исследований, 2011.

Давыдова-Мартынова Е.И. Проблемы влияния ресурсов сети интернет на политическую активность молодежи в современной россии: Автореферат диссертации на соискание ученой степени кандидата политических наук, М.: 2011.

Данилин П. Новая молодежная политика 2003–2005, М.: издательство «Европа», 2006.

Дилигенский Г.Г. "Запад" в российском общественном сознании // Общественные науки и современность, 2000, № 5, С. 5–19.

Долуцкий И.И. Отечественная история XX век. 10–11 классы. Учебник для общеобразовательных учереждений в двух частях. Ч 1, М.: мнемозина, 2003.

Дробижева Л.М. Идентичность и этнические установки русских в своей и иноэтнической среде // Социологические исследования, 2010, № 12, С. 49–58.

Дубин Б.В. Сталин и другие. Фигуры высшей власти в общественном мнении современной России (1) // Мониторинг общественного мнения: экономические и социальные перемены, 2003, № 1, С. 13–25.

Дубин Б.В. Россия нулевых: политическая культура, историческая память, повседневная жизнь, М.: РОССПЭН, 2011.

Емельянов В.А. Создание прокремлевских молодежных общественно-политических организаций // Вестник Московского государственного гуманитарного университета им. М.А. Шолохова. История и политология, 2012, № 3, С. 104–109.

Железный Путин: взгляд с запада / Ангус Роксборо, пер. С анг. С. Бавина и У. Сапциной, М.: Альпина Бизнес Букс, 2012.

Зарицкий Т. Ценности и идентификация молодого поколения российской и польской интеллигенции (по результатам сравнительного исследования студентов вузов Москвы и Варшавы). Статья вторая // Вестник общественного мнения: Данные. Анализ. Дискусии, 2006, № 5, С. 51–67.

Здравомыслов А.Г. Национальное самосознание россиян // Мониторинг общественного мнения: экономические и социальные перемены, 2002, № 2, С. 48–54.

Зоркая Н.А. Православие в постсоветском обществе // Общественные науки и современность, 2013, № 1, С. 89–106.

Зюганов Г.А. Сталин и современность, М.: молодая гвардия, 2009.

Зюганов Г.А. Ленин, Сталин, Победа, М.: ИТРК, 2010.

Иванов А.Ю. Фронтовые письма участников Великой Отечественной войны как исторический источник. Автореферат диссертации на соискание ученой степени кандидата исторических наук, Казань, 2009.

Измозик В.С., Рудник С.Н. История России: 11 класс. Учебник для учащихся общеобразовательных учереждений, М.: Вентана-Граф, 2012.

Ионова Т.А. Политическое участие российской молодёжи в начале XXI в.: основные движения и организация // Практика коммуникативного поведения в социально-гуманитарных исследованиях: материалы международной научно-практической конференции 5–6 декабря 2010 года, Пенза, Ереван, Прага, Социосфера, 2010, С. 46–49.

Исаев Б.А., Баранов Н.А. Современная российская полтитка, СПб: Питер, 2012.

Исследовательская группа ЦИРКОН. Молодежь и власть: в поисках взаимной опоры (Фрагменты аналитического отчета по результатам всероссийского опроса молодежи) // Полития, 2005, № 4, С. 34–47.

История России 1945–2008 гг.: книга для учителя / Под ред. А.В.Филиппова, М.: Просвещение, 2008.

История России 1945–2007 11 класс: учебник для учащихся общещбразовательных учереждений / Под ред. А.А.Данилова, А.И.Уткина, А.В.Филиппова, М.: Просвещение, 2007.

История России 1945–2008 11 класс: учебник для учащихся общещбразовательных учереждений / Под ред. А.А.Данилова, А.И.Уткина, А.В.Филиппова, М., Просвещение, 2008.

Кара-Мурза С. Революции на экспорт, М.: эксмо, 2006.

Карпенко О.М., Ламонов И.А. Молодежь в современном политическом процессе в России, Москва, Современная гуманитарная академия, 2006.

Клименко Л.В. Идентичность населения Республики Адыгея: соотношение общероссийского, регионального и этнического компонентов // Журнал социологии и социальной антропологии, 2011, Т. 14, № 1, С. 148–160.

Козырев А.В. Выступление на научно-практическая конференция МИД РФ (26–27 февраля 1992 года) // Международная жизнь, 1992, № 3–4, С. 91–98.

Козырев А.В. Преображение, М.: международное отношение, 1994.

Козырев А.В. Внешняя политика преображающейся России // Вопросы истории, 1994, № 1, С. 3–11.

Комлев Ю.Ю. Опыт мониторинговых исследований в Татарстане // Социологические исследования, 1993, № 1, С. 110–113.

Кортунов С.В. Национальная идентичность: Постижение смысла, М.: Аспект Пресс, 2009.

Кортунов С.В. Становление национальной идентичности: какая Россия нужна миру, М.: Аспект пресс, 2009.

Косолапов Н.А. Интегративная идеология для России: интеллектуальный и политический вызов // Вопросы философии, 1994, № 1, С. 3–24.

Локосов В.В. Влияет ли религиозность на политическую консолидацию общества? // Социологические исследования, 2006, № 11, С. 82–89.

Лункин Р.А. Православие в школах: русская вера как идеология // Вопросы образования, 2006, № 4, С. 301–309.

Лучшева Л.В. Влияние культурной политики на этносоциальные процессы русской части населения Республики Татарстан. Автореферат диссертации на соискание ученой степени кандидата социологических наук, Казань, 2006.

Лэйн Д. Оранжевая революция: “народная революция” или революционный переворот? // Политические исследования, 2010, № 2, С. 31–53.

Мазютова С.Р. Мой дед Акимышев Иван Яковлевич в годы войны // Социализация личности: формы и методы воспитательной работы в образовательных учреждениях / Глав. ред. А.А. Кайбияйнена, Казань, «Таглимат» института экономики, управления и права, 2005, С. 143–146.

Макарова Г.И. Динамика российской региональной и этнических идентичностей в Татарстане // Социологические исследования, 2011, № 5, С. 71–77.

Макфол М. Пути трансформации посткоммунизма: Сравнительный анализ демократического прорыва в Сербии, Грузии и Украине // Pro et Contra, Т. 9, № 2, 2005, С. 92–107.

Мацузато К. Субрегиональная политика в России: методика анализа // Третье звено государственного строительства России : подготовка и реализация Федерального Закона об общих принципах организации местного самоуправления в Российской Федерации / Под. ред. К.Мацузато, Саппоро, 1998, С. 12–35.

Микрюков В.Ю. О фальсификации истории Великой Отечественной войны // Вопросы истории, 2010, № 12, С. 74–81.

Миллер Алексей. Россия: власть и история // Pro et Contra, 2009, № 3–4, С. 6–23.

Миллер Алексей. Историческая политика в России: новый поворот? // Историческая политика в XXI веке / Под ред. А.Миллера, М.Липман, М., Новое литературное обозрение, 2012, С. 328–367.

Мирсияпов И.И. Национальная идеология и национальные взаимоотношения в Республике Татарстан, М.: Весь Мир, 2004.

Молодёжь и политика: современные очертания и история проблемы, роль государства и гражданского общества, ожидания и прогнозы / Под ред. Ф.Бомсдорфа и Г.Бордюгова, М.: Фонд Фридриха Науманна, 2006.

Нарочницкая Н.А. Сосредоточение России. Битва за русский мир, М.: Книжный мир, 2015.

Никонов В. Путинизм // Современная российская политика: курс лекций / Под ред. В. Никонова. М.: ОЛМА-ПРЕСС, 2003, С. 29–43.

О разработке истории Великой Отечественной войны Советского Союза // Вопросы истории, 1955, № 5, С. 3–8.

Осипов Г.В. Значение подвига советского народа // Социологические исследования, 2005, № 5, С. 9–10.

Покида А.Н. Специфика патриотических чувств россиян // Власть, 2010, № 12, С. 124–129.

Перегудов С.П. Этноконфессиональные отношения в России как фактор политического риска // Полития, 2011, № 4, С. 19–34.

Петров А.В. Ценностные предпочтения молодежи: диагностика и тенденцииизменений // Социологические исследования, 2008, № 2, С. 83–90.

Пономарёва Е.Г. Секреты «цветных революций»: современные технологии смены политических режимов // Свободная мысль, 2012, № 1–2, С. 87–98.

Пономарёва Е.Г. Секреты «цветных революций»: современные технологии смены политических режимов（продолжение）// Свободная мысль, 2012, № 3–4, С. 43–59.

Путин В.В. Избиратеранные речи и выступления, М.: Книжный мир, 2008.

Российское общество и радикальные реформы: мониторинг социальных и политических индикаторов / Под общий ред. В.К. Левашова, М.: Academia, 2001.

Савельев В.А. Горячая молодежь России: Лидеры организации и движения.Тактика уличных битв. Контакты, М.: Кванта, 2006.

Сагитова Л.В. Этнорегиональная идентичность: социальные детерминанты и конструктивистская деятельность СМИ（на примере Республики Татарстан）// Гражданские, этнические и религиозные идентичности в современной России / Отв. ред. В.С. Магун, М.: Института социологии РАН, 2006, С. 253–282.

Сальникова А. А., Галиуллина Д. М. «Считая вопрос разрешённым» : латинизация тюркских алфавитов и татарский национальный букварь конца 1920-х – 1930-е гг. // Проблемы современного образования, 2012, № 5, С. 39–56.

Саралиева З.Х., Балабанов С.С. Отечественная война в памяти трех поколений // Социологические исследования, № 11, 2005, С. 29–36.

Семенов В. Ислам и национальное татарское возрождение на рубеже тысячелетий // Власть, 2010, № 9, С. 108–112.

Сердалиева Д.А. Социологический анализ молодежных организации России // Южно-Российский вестник геологии, географии и глобальной энергии, 2006, № 6, С. 91–95.

Смирнов Д.Н. Манипулятивные технологии и их применение в условиях смены политического режима: опыт оранжевой революции на Украине. диссертации на соискание ученой степени кандидата политических наук, Нижний Новгород, 2008.

Солженицын А. Россия в обвале, М.: Русский путь, 2006（ソルジェニーツィン，アレクサンドル（井桁貞義・上野理恵・坂庭淳史訳）『廃墟のなかのロシア』草思社, 2000 年）.

Степнова Л.А. Социальная символика России // Социологические исследования, 1998,

№ 7, С. 90–100.

СтепенкоВ.П. “Оранжевая Революция”—природа событий и особенности национальной гражданской активности // Вестник общественного мнения: данные. анализ. дискуссии, № 6, 2005, С. 25–38.

Суворова В.Г. Мой дед Г.А.Насыбуллин в годы войны // Социализация личности: формы и методы воспитательной работы в образовательных учреждениях / Глав. ред. А.А. Кайбияйнена, Казань, «Таглимат» института экономики, управления и права, 2005, С. 154–156.

Сурков В.Ю. Тексты 97–07, М.: европа, 2008.

Суркова И.Ю. Стратегии развития патриотизма в молодежной политике российского государства // Молодежь современной россии: альтернативы выбора духовных и нравственных убеждений / Отв. ред. В.А.Зернова, Г.В.Хлебникова, М.: ИНИОН РАН, 2012. С. 262–269.

Тарцан В.Н. Государственная молодежная политика в современной россии // Политические исследования, 2010, № 3, С. 156–160.

Темницкий А.Л. Человеческий потенциал и гражданские позиции активистов молодежных объединений（На примере форума “Селигер - 2008”）// Социологические исследования, 2009, № 9, С. 1–32.

Тишков В.А. Единство в многообразии: публикации из журнала «Этнопанорама» 1999–2011 гг., Оренбург, Издательский центр ОГАУ, 2011.

Тренин Д. Post-Imperium: евразийская история, М.: РОССПЭН, 2012（ドミートリー・トレーニン（河東哲夫・湯浅剛・小泉悠訳）『ロシア新戦略——ユーラシアの大変動を読み解く』作品社，2012 年）.

Туровский Р.Ф. Парламентские выборы 1999 г.: региональные особенности // Полития, 1999, № 4, С. 102–121.

Филиппов А.В. Новейшая история России 1945–2006 гг.: книга для учителя, М.: Просвещение, 2007.

Хузиахметов А. Воспитать патриотов // Образование как интегративный фактор цивилизационного развития, Казань, Таглимат, 2005, С. 174–181.

Чадаев А. Путин. Его идеология, М.: европа, 2006.

Шапагин А. Религия войны. Субъективные заметки о богоискательстве в советском военном кинематографе // Искусство кино, 2005, № 5, С. 56–61.

Щепетин А.В. Деятельность общественных организаций военных ветеранов в современном политическом процессе российском федерации, диссертация на соискание ученной степени кандидата политических наук, Орел, 2011.

英語文献

Almond, Gabriel A., et. al, *Comparative Politics Today: A Theoretical Frameworks*, 5th edition, Pearson London, 2008.

Anderson, Benedict, *Imagined Communities: Reflections on the Origin and Spread of Nationalism*, Revised edition, London and New York: Verso, 2006（アンダーソン，ベネディクト（白石隆・白石さや訳）『定本 想像の共同体――ナショナリズムの起源と流行』書籍工房早山，2007 年）.

Arias-King, Fredo, "A Revolution of the Mind," *Demokratizatsiya: The Journal of Post-Soviet Democratization*, Vol. 15, No. 1, 2007, pp. 117–128.

Arias-King, Fredo, "Russians Must Shed Fear," *Demokratizatsiya: The Journal of Post-Soviet Democratization*, Vol. 15, No. 1, 2007, pp. 129–132.

Atwal, Maya, "Evaluating Nashi's Sustainability: Autonomy, Agency and Activism," *Europe-Asia Studies*, Vol. 61, No. 5, 2009, pp. 743–758.

Atwal, Maya and Edwin Bacon, "The Youth Movement Nashi: Contentious Politics, Civil Society, and Party Politics," *East European Politics*, Vol. 28, No. 3, 2012, pp. 256–266.

Benn, David Wedgwood, "The Teaching of History in Present-Day Russia," *Europe-Asia Studies*, Vol. 62, No. 1, 2010, pp. 173–177.

Bessinger, Mark R., "Promoting Democracy: Is Exporting Revolution a Constructive Strategy?," *Dissent*, Winter 2006, pp. 8–24.

Blum, Douglas W., "Official Patriotism in Russia: Its Essence and Implications," *POMARS Policy Memo*, No. 420, 2006, pp. 1–5.

Blum, Douglas W., "Russian Youth Policy: Shaping the Nation-State's Future," *The SAIS Review of International Affairs*, Vol. 26, No. 2, 2006, pp. 95–109.

Carothers, Thomas, "The Backlash against Democracy Promotion," *Foreign Affairs*, Vol. 35, No. 2, pp. 55–68.

Cohen, Stephen F., *The Victims Return: Survivors of the Gulag After Stalin*, Exeter, NH: Publishing Works, 2010.

Golunov, Sergei, "Patriotic Upbringing in Russia: Can It Produce Good Citizens?" *PONARS Eurasia Policy Memo*, No. 161, 2011, pp. 1–5.

Gorenburg, Dmitry, "Tatar Language Policies in Comparative Perspective: Why Some Revivals Fail and Some Succeed," *Ab Imperio*, No. 1, 2005, pp. 1–28.

Hahn, Jeffrey W. and Igor Logvinenko, "Generational Differences in Russia Attitudes towards Democracy and the Economy," *Europe-Asia Studies*, Vol. 60, No. 8, 2008, pp. 1345–1369.

Heller, Regina, "Russia's 'Nashi' Youth Movement: The Rise and Fall of a Putin-Era Political Technology Project," *Russian Analytical Digest*, No. 50, 2008, pp. 2–4.

Herd, Graeme P., "Colorful Revolutions and the CIS: "Manufactured" Versus "Managed" Democracy," *Problem of Post-Communism*, Vol. 52, No. 2, 2005, pp. 3–18.

Horvath, Robert, "Putin's 'Preventive Counter-Revolution': Post-Soviet Authoritarianism and the Spectre of Velvet Revolution," *Europe-Asia Studies*, Vol. 63, No. 1, 2011, p. 1–25.

Horvath, Robert, *Putin's Preventive Counter-Revolution: Post-Soviet Authoritarianism and the Spectre of Velvet Revolution*, London and New York: Routledge, 2013, pp. 85–122.

Hemment, Julie D., "Nashi, Youth Voluntarism and Potemkin NGOs: Making Sense of Civil

Society in Post-Soviet Russia" *Slavic Review*, Vol. 71, No. 2, 2012, pp. 234–260.

Hough, Jerry F., "Sociology, the State and Language Politics," *Post-Soviet Affairs*, Vol. 12, No. 2, pp. 95–117.

Karmalskaia, Elena, ""I am Concerned About the Quality of Reproduction...": Russian State Demographic Policy in the Eyes of Youth Movement Activists in Tver'," *Anthropology of East Europe Review*, Vol. 26, No. 2, 2008, pp. 56–67.

Korostelina, Karina, "War of textbooks: History Education in Russia and Ukraine," *Communist and post-Communist Studies*, Vol. 43, Issue 2, 2010, pp. 129–137.

Kuzio, Taras, "Civil Society, Youth and Societal Mobilization in Democratic Revolutions," *Communist and Post-Communist Studies*, Vol. 39, Issue 3, 2006, pp. 365–386.

Laruelle, Marlène, "Negotiating History: Memory Wars in the Near Abroad and Pro-Kremlin Youth Movements," *Demokratizatsiya: The Journal of Post-Soviet Democratization*, Vol. 19, No. 3, 2011, pp. 233–252.

Lassila, Jussi, *The Quest for an Ideal Youth in Putin's Russia II: The Search for Distinctive Conformism in the Political Communication of Nashi, 2005–2009*, Stuttgart: ibidem-Verlag, 2012.

Levintova, Ekaterina, Jim Butterfield, "History Education and Historical Remembrance in Contemporary Russia: Sources of Political Attitudes of Pro-Kremlin Youth," *Communist and Post-Communist Studies*, Vol. 43, Issue 2, 2010, pp. 139–166.

Lucas, Edward, *The New Cold War: Putin's Russia and the Threat to the West*, New York: Palgrave Macmillan, 2008.

McFaul, Michael, "Generational change in Russia," *Demokratizatsiya: The Journal of Post-Soviet Democratization*, Vol. 11, No. 1, 2003, pp. 64–78.

McFaul, Michael, "Transitions From Postcommunism," *Journal of Democracy*, Vol. 16, No. 3, 2005, pp. 5–19.

McFaul, Michael, "Ukraine Imports Democracy: External Influences on the Orange Revolution," *International Security*, Vol. 32, No. 2, 2007, pp. 45–83.

Mendelson, Sarah E. and Theodore P. Gerber, "Soviet Nostalgia: An Impediment to Russian Democratization," *The Washington Quarterly*, Vol. 29, No. 1, 2005–06, pp. 83–96.

Mijnssen, Ivo, *The Quest for an Ideal Youth in Putin's Russia I: Back to Our Future! History, Modernity, and Patriotism according to Nashi, 2005–2012*, Stuttgart: ibidem-Verlag, 2012.

Mitchell, Lincoln, "Georgia's Rose Revolution," *Current History*, Vol. 103, No. 675, 2004, pp. 342–348.

Nikolayenko, Olena, "The Revolt of the Post-Soviet Generation: Youth movements in Serbia, Georgia, and Ukraine," *Comparative Politics*, Vol. 39, No. 2, 2007, pp. 169–188.

Piattoeva, Nelli, "Citizenship Education as an Expression of Democratization and Nation-Building Processes in Russia," *European Education*, Vol. 37, No. 3, 2005, pp. 38–52.

Robertson, Graeme B., "Managing Society: Protest, Civil Society, and Regime in Putin's Russia," *Slavic Review*, Vol. 68, No. 3, 2009, pp. 528–547.

Schmidt, Bremen Diana, "Russia's NGO Legislation: New (and Old) Developments," *Russian*

Political Digest, No. 3, 2006, pp. 2–5.

Schwirtz, Michael, "Russia's Political Youths," *Demokratizatsiya: The Journal of Post-Soviet Democratization*, Vol. 15, No. 1, 2007, pp. 73–84.

Sieca-Kozlowski, Elisabeth, "Russian Military Patriotic Education: A Control Tool against the Arbitrariness of Veterans," *Nationalities Papers*, Vol. 38, No. 1, 2010, pp. 73–85.

Sherlock, Thomas, *Historical Narratives in the Soviet Union and Post-Soviet Russia: Destroying the Settled Past, Creating an Uncertain Future*, New York: Palgrave Macmillan, 2007.

Sherlock, Thomas, "Confronting the Stalinist Past: The Politics of Memory in Russia," *The Washington Quarterly*, No. 34, 2010, pp. 93–109.

Shiokawa Nobuaki, "Russia's Forth Smuta: What was, Is, and Will Be Russia?" in Ieda Osamu (ed.), *New Order in Post-Communist Eurasia*, Sapporo: Slavic Research Center, Hokkaido University, 1993, pp. 202–221.

Shlapentokh, Vladimir, "Perceptions of Foreign Threats to the Regime: From Lenin to Putin," *Communist and Post-Communist Studies*, Vol. 42, Issue 3, 2009, pp. 305–324.

Smith, Anthony D., *National Identity*, London; New York: Penguin Books, 1991（スミス，アントニー・D（高柳先男訳）『ナショナリズムの生命力』晶文社，1998 年）.

Sperling, Valerie, "The Last Refuge of a Scoundrel: Patriotism, Militarism and the Russian National Idea," *Nations and Nationalism*, Vol. 9, No. 2, 2003, pp. 235–253.

Sperling, Valerie, "Making the Public Patriotic: Militarism and Anti-Militarism in Russia," in Marlène Laruelle (ed.), *Russian Nationalism and the National Reassertion of Russia*, New York: Routledge, 2009, pp. 218–271.

Stepanenko, Victor, "How Ukrainians View Their Orange Revolution: Public Opinion and the National Peculiarities of Citizens Political Activities," *Demokratizatsiya*, Vol. 13, No. 4, 2005, pp. 595–616.

Sussman, Gerald, "The Myths of 'Democracy Assistance': U.S. Political Intervention in Post-Soviet Eastern Europe," *Monthly Review*, Vol. 58, No. 7, 2006, pp. 15–29.

Sussman, Gerald and Sascha Krader, "Template Revolutions: Marketing U.S. Regime Change in Eastern Europe," *Westminster Papers in Communication and Culture*, 2008, Vol. 5, No. 3, pp. 91–112.

Tymoshenko, Yuliya, "Containing Russia," *Foreign Affairs*, Vol. 86 No. 3, 2007, pp. 69–82.

Wilson, Andrew, "Ukraine's Orange Revolution, NGOs and the Role of the West," *Cambridge Review of International Affairs*, Vol. 19, No 1, 2006, pp. 21–32.

Zajda, Joseph, "The New History School Textbooks in the Russian Federation: 1992–2004," *Compare*, Vol. 37, No. 3, 2007, pp. 291–306.

日本語文献

天野尚樹「ロシアにおける日ロ関係史の現在――「複数の歴史認識」に向けて」木村汎・袴田茂樹編『アジアに接近するロシア――その実態と意味』北海道大学出版会，2007 年，171–187 頁。

飯島一孝『ロシアのマスメディアと権力』東洋書店，2009年。

伊東孝之「ロシア外交のスペクトラム——自己認識と世界認識のあいだで」伊東孝之・林忠行編『ポスト冷戦時代のロシア外交』有信堂，1999年，3–68頁。

伊藤昌亮『デモのメディア論——社会運動社会のゆくえ』筑摩書房，2012年。

猪口孝，マイケル・コックス，G・ジョン・アイケンベリー『アメリカによる民主主義の推進——なぜその理念にこだわるのか』ミネルヴァ書房，2006年。

岩﨑正吾・関啓子『変わるロシアの教育』東洋書店，2011年。

上野俊彦「ロシアの議会選挙と大統領選挙を視察して」『ソフィア』第57巻第3号，2009年，277–317頁。

内田健二「スターリン時代のナショナリズム」『ロシア史研究』第74号，2004年，41–49頁。

宇山智彦・前田弘毅・藤森信吉『「民主化革命」とは何だったのか——グルジア，ウクライナ，クルグズスタン（21世紀COEプログラム研究報告集）』第16号，2006年。

エリツィン，ボリス（中澤孝之訳）『エリツィンの手記』上・下，同朋舎出版，1994年。

エリツィン，ボリス（網屋慎哉・桃井健司訳）『ボリス・エリツィン最後の証言』NCコミュニケーションズ，2004年。

勝田吉太郎『勝田吉太郎著作集』第1巻，第2巻，ミネルヴァ書房，1993年。

加藤美保子『アジア・太平洋のロシア——冷戦後国際秩序の模索と多国間主義』北海道大学出版会，2014年。

河東哲夫『ワルの外交——日本人が知らない外交の常識』草思社，2014年。

木村英亮『スターリン民族政策の研究』有信堂高文社，1993年。

木村汎「ロシアと世界——“冷戦終焉”後におけるアイデンティティの模索」伊東孝之・木村汎・林忠行編『講座 スラブの世界⑦——スラブの国際関係』弘文堂，1995年，331–354頁。

木村汎『現代ロシア国家論——プーチン型外交とは何か』中央公論新社，2009年。

木村汎『メドヴェージェフ vs プーチン——ロシアの近代化は可能か』藤原書店，2012年。

木村汎・佐瀬昌盛編『プーチンの変貌？——9.11以後のロシア』勉誠出版，2003年。

木村汎・袴田茂樹・山内聡彦『現代ロシアを見る眼——「プーチンの十年」の衝撃』日本放送出版協会，2010年。

キーン，ジョン（森本醇訳）『デモクラシーの生と死』上・下，みすず書房，2013年。

黒岩幸子「ジュガーノフ・ロシア共産党党首の世界観——現代ロシアの反欧米思想に関する一考察」『（岩手県立大学）言語と文化』創刊号，1999年，55–70頁。

高山英男「スルコフ大統領府第一副長官の「主権民主主義論」に関する一考察」大分大学経済学会『大分大学経済論集』第60巻第3号，2008年，91–109頁。

高山英男「2007年の主権民主主義論争について」『大分大学経済論集』第61巻第4号，2009年，1–35頁。

小森田秋夫編『現代ロシア法』東京大学出版会，2003年。

斎藤元秀「ブッシュ政権と「九・一一」後の米露関係」『国際政治』第150号，2007年，135–149頁。

櫻間瑛「「受洗タタール」から「クリャシェン」へ——現代ロシアにおける民族復興の一様態」『スラヴ研究』第56号，2009年，127–155頁。

櫻間瑛「多・民族共和国の葛藤——タタール語歴史映画「ジョレイハ」を手がかりに」『ロシア・ユーラシアの経済と社会』第969号（2013年5月），25–33頁。

佐藤親賢『プーチンの思考——「強いロシア」への選択』岩波書店，2012年。

澤野由紀子「タタルスタン共和国の教育制度」『ロシア・ユーラシア経済調査資料』第790号（1998年3月），31–40頁。

塩川伸明「ソ連の解体とロシアの危機」近藤邦康・和田春樹編『ペレストロイカと改革・開放』東京大学出版会，1993年，276–313頁。

塩川伸明『現存した社会主義——リヴァイアサンの素顔』勁草書房，1999年。

塩川伸明『民族と言語——多民族国家ソ連の興亡I』岩波書店，2004年。

塩川伸明『国家の構築と解体——多民族国家ソ連の興亡II』岩波書店，2007年。

塩川伸明『ロシアの連邦制と民族問題——多民族国家ソ連の興亡III』岩波書店，2007年。

塩川伸明「国家の統合・分裂とシティズンシップ——ソ連解体前後の国籍法論争を中心に」塩川伸明・中谷和弘編『国際化と法』東京大学出版会，2007年，83–124頁。

塩川伸明『冷戦終焉20年——何が，どのようにして終わったのか』勁草書房，2010年。

渋谷謙次郎「現代ロシアの国家統一と民族関係立法（一）」『神戸法学雑誌』第52巻第4号，2003年，1–44頁。

渋谷謙次郎編『欧州諸国の言語法——欧州統合と多言語主義』三元社，2005年。

志水速雄訳『スターリン批判——フルシチョフ秘密報告』講談社学術文庫，1977年。

下斗米伸夫「ロシア政治と地域主義」木戸蓊・皆川修吾編『スラブの政治』弘文堂，1994年，91–116頁。

下斗米伸夫『ロシア現代政治』東京大学出版会，1997年。

下斗米伸夫『ロシア世界』筑摩書房，1999年。

下斗米伸夫「ロシア政治の制度化——タタールスタン共和国を例として」皆川修吾編『移行期のロシア政治』溪水社，1999年，183–221頁。

ジュガーノフ，ゲンナジー（佐藤優・黒岩幸子訳）『ロシアと現代世界——汎ユーラシア主義の戦略』自由国民社，1996年。

ショウォルター，デニス（松本幸重訳）『クルスクの戦い1943——独ソ「史上最大の戦車戦」の実相』白水社，2015年。

杉浦功一『民主化支援——21世紀の国際関係とデモクラシーの交差』法律文化社，2010年。

スミス，アントニー・D（一條都子訳）『選ばれた民——ナショナル・アイデンティティ，宗教，歴史』青木書店，2007年。

関啓子「民族アイデンティティの形成——タタルスタンの場合」『ロシア・ユーラシア経済調査資料』第790号（1998年3月），2–11頁。

関啓子『多民族社会を生きる――転換期ロシアの人間形成』新読書社，2002 年。

高田和夫『ロシア帝国論―― 19 世紀ロシアの国家・民族・歴史』平凡社，2012 年。

高橋和之編『(新版) 世界憲法集　第 2 版』岩波書店，2012 年。

武田善憲『ロシアの論理――復活した大国は何を目指すか』中公新書，2010 年。

田中良英「ロシア青年政治運動の現状――『ナーシ』の分析を中心に」『海外事情研究所　報告　2006』拓殖大学海外事情研究所，第 40 号，2006 年，133–142 頁。

ダニロフ，コスリナ，ブラント（吉田衆一ほか監修)『ロシアの歴史（下）19 世紀後半から現代まで――ロシア中学・高校歴史教科書』明石書店，2011 年。

田村栄子『若き教養市民層とナチズム――ドイツ青年・学生運動の思想の社会史』名古屋大学出版会，1996 年。

田村慶子『シンガポールの国家建設――ナショナリズム，エスニシティ，ジェンダー』明石書店，2000 年。

月村太郎『ユーゴ内戦――政治リーダーと民族主義』東京大学出版会，2006 年。

土岐康子「ロシア言語法改正の背景」『外国の立法』2003 年 5 月号，160–164 頁。

土肥恒之『ロシア・ロマノフ王朝の大地』講談社，2007 年。

中井和夫『ソヴェト民族政策史――ウクライナ 1917–1945』御茶の水書房，1988 年。

中井和夫『ウクライナ・ナショナリズム――独立のディレンマ 』東京大学出版会，1998 年。

中井和夫「ウクライナの「オレンジ革命」――大統領選挙後の混乱は何を意味したか」『世界』第 736 号（2005 年 2 月)，29–34 頁。

永綱憲悟「新ロシア共産党議長ジュガーノフ――愛国共産主義の相貌」『(亜細亜大学）国際関係紀要』第 4 巻第 1 号，1994 年，69–121 頁。

永綱憲悟「副大統領ルツコイ――ロシア政治風土論への一接近」『アジア研究所紀要』第 19 号，1995 年，23–71 頁。

永綱憲悟「ロシア国政選挙 2007–2008 ――選挙民主主義か選挙権威主義か」『(亜細亜大学）国際関係紀要』第 19 巻第 1・2 合併号，2010 年，17–63 頁。

永綱憲悟「プーチンと地方政治――知事任命制度の実際」『(亜細亜大学）国際関係紀要』第 20 巻第 1・2 号合併号，2011 年，57–120 頁。

中西健『中央アジア・クルグズスタン――旧ソ連新独立国家の建設と国民統合』明石書店，2011 年。

中道寿一『ヒトラー・ユーゲントがやってきた』南窓社，1991 年。

中村逸郎「サハリン州と南クリル地区の自治制度（ローカル・オートノミー)」『スラヴ研究』第 45 号，1998 年，287–304 頁。

中村逸郎『虚栄の帝国ロシア――闇に消える「黒い」外国人たち』岩波書店，2007 年。

中村裕「ロシアの政党再編の現段階」『プーチン政権下のロシアの内政動向――プーチン政権 2 年目の総括』日本国際問題研究所，2002 年，65–81 頁。

中村裕「ロシア連邦共産党――ロシアの政党（3)」下斗米伸夫・島田博編『現代ロシアを知るための 55 章』明石書店，2002 年，92–97 頁。

中村裕「「主権民主主義」論を通したプーチン・ロシアの一側面」『秋田大学教育学部

紀要 人文科学・社会科学部門』第 62 号，2007 年，49–60 頁。

中村裕「現代ロシアのユーラシア主義の検証――現実政治の脈絡のなかで」塩川伸明・小松久男・沼野充義・宇山智彦編『ユーラシア世界 1 ――〈東〉と〈西〉』東京大学出版会，2012 年，73–99 頁
西山美久「ロシア官製青年組織「ナーシ」の登場――プリンシパル・エージェント関係としての政権と組織」『政治研究』第 58 号，2011 年，95–126 頁。

日本国際問題研究所編『ロシアの政策決定――諸勢力と過程』日本国際問題研究所，2010 年。

袴田茂樹「プーチンが震撼する大ロシア崩壊の予兆――革命ドミノ現象と中央アジアの行方」『中央公論』第 120 巻第 6 号（2005 年 6 月），212–219 頁。

袴田茂樹「ロシアにおける国家アイデンティティの危機と「主権民主主義」論争」『ロシア・東欧研究』第 36 号，2007 年，3–16 頁。

ハザーノフ，ドミートリー，ヴィターリー・ゴルバーチ（小松徳仁訳）『クルスク航空戦（上）史上最大の戦車戦――オリョール・クルスク上空の防衛』大日本絵画，2008 年。

浜由樹子「プーチン政権下の「ユーラシア」概念」木村汎・袴田茂樹編『アジアに接近するロシア――その実態と意味』北海道大学出版会，2007 年，49–67 頁
浜由樹子『ユーラシア主義とは何か』成文社，2010 年。

濱本真実『「聖なるロシア」のイスラーム―― 17–18 世紀タタール人の正教改宗』東京大学出版会，2009 年。

廣岡正久「ユーラシア主義とロシア国家像の転換――スラブ国家からユーラシア国家へ」木村雅昭・廣岡正久編『国家と民族を問いなおす』ミネルヴァ書房，1999 年，61–81 頁。

廣岡正久『ロシア・ナショナリズムの政治文化――「双頭の鷲」とイコン』創文社，2000 年。

廣瀬陽子『旧ソ連地域と紛争――石油・民族・テロをめぐる地政学』慶應義塾大学出版会，2005 年。

藤森信吉「「オレンジ革命」への道――ウクライナ民主化 15 年」『国際問題』第 544 号，2005 年，47–54 頁。

兵頭慎治『多民族連邦国家ロシアの行方』東洋書店，2003 年。

ブッシュ，ジョージ・W（伏見威蕃訳）『決断のとき（下）』日本経済新聞出版社，2011 年。

プリマコフ，エヴゲニー（鈴木康雄訳）『クレムリンの 5000 日――プリマコフ政治外交秘録』NTT 出版，2002 年。

古矢旬『アメリカニズム――「普遍国家」のナショナリズム』東京大学出版会，2002 年。

ブレア，トニー（石塚雅彦訳）『ブレア回顧録（上）』日本経済新聞出版社，2011 年。

ボドナー，ジョン（野村達朗ほか訳）『鎮魂と祝祭のアメリカ――歴史の記憶と愛国主義』青木書店，1997 年。

堀江典生編『現代中央アジア・ロシア移民論』ミネルヴァ書房，2010年。

前田しほ「スターリングラード攻防戦の記憶をめぐる闘争――象徴空間としての戦争記念碑」『思想』第1096号（2015年8月），153–170頁。

松井康浩『ソ連政治秩序と青年組織――コムソモールの実像と青年労働者の社会的相貌 1917–1929年』九州大学出版会，1999年。

松里公孝「エスノ・ボナパルティズムから集権的カシキスモへ――タタルスタン政治体制の特質とその形成過程 1990–1998」『スラヴ研究』第47号，2000年，1–36頁。

嶺井明子編『世界のシティズンシップ教育――グローバル時代の国民／市民形成』東信堂，2007年。

宮川真一「現代ロシアにおける「ロシア正教ファンダメンタリズム」」『ロシア・東欧研究』第31号，2002年，181–198頁。

望月哲男「思想状況」木村汎編『もっと知りたいロシア』弘文堂，1995年，72–97頁。

モッセ，ジョージ・L（佐藤卓己・佐藤八寿子訳）『大衆の国民化――ナチズムに至る政治シンボルと大衆文化』柏書房，1994年。

森下敏男「ロシア政治の現段階と基本構図（下）――2003年下院議員選挙の分析を中心として」『神戸法学雑誌』第55巻第2号，2005年，37–87頁。

ライス，コンドリーザ（福井晶子ほか訳）『ライス回顧録――ホワイトハウス 激動の2920日』集英社，2013年。

ライン，ロデリック，渡邊幸治，ストローブ・タルボット（長縄忠訳）『プーチンのロシア――21世紀を左右する地政学リスク』日本経済新聞社，2006年。

ルツコイ，アレクサンドル（國井亮訳）『クーデター前夜』実業之日本社，1995年。

レベジ，A（工藤精一郎・工藤正広・佐藤優・黒岩幸子訳）『憂国』徳間書店，1997年。

若尾祐司・羽賀祥二編『記録と記憶の比較文化史――史誌・記念碑・郷土』名古屋大学出版会，2005年。

和田春樹『私の見たペレストロイカ――ゴルバチョフ時代のペレストロイカ』岩波新書，1987年。

NHK取材班『揺れる大国　プーチンのロシア』日本放送出版協会，2009年。